진화심리학으로 보는 연애 이야기

왜 당신은 동물이 아닌 인간과 연애를 하는가

이 책에 수록된 일부 도판은 저작권자와 연락이 닿지 않아 사용 승낙을 받지 못하였습니다.
저작권자와 연락이 닿는 대로 절차에 따라 사용 승낙을 받도록 하겠습니다.

진화심리학으로 보는
연애 이야기

왜 당신은 동물이 아닌 인간과 연애를 하는가

김성한 지음

연암서가

머리말

왜 동성애자를 제외한 대부분의 남성은 여성에게, 여성은 남성에게 매혹을 느낄까? 왜 그들이 매혹을 느끼는 대상은 하필이면 동물이 아닌 인간 종의 이성(異性)일까? 노인이나 아기에게 성적인 매력을 느끼도록 젊은 남성들을 교육한다고 그러한 남성들이 그들에게 성적인 매력을 느끼게 될까? 왜 젊은 남성은 글래머인 젊은 여성의 나신을 보면 성적인 자극을 받게 될까? 왜 이 세상에서 성범죄를 저질러 전자발찌를 차는 사람들은 거의 예외 없이 남성들일까? 왜 누구는 연애하는 데 전혀 어려움을 느끼지 않는데 왜 누구는 모태 솔로로 살아갈까?

우리가 이성을 대할 때의 모습을 살펴보면 남녀 간에 전형적인 특징이 있음을 알 수 있다. 예를 들어 여성은 일반적으로 신체가 건장한 남성을 좋아한다. 누가 왜소한 남성을 좋아하지 말라고 협박한 것도 아닌데 여성은 건장한 남성에게 호감을 느낀다. 반면 남성은 젊고 건강한 여성에게 성적인 매력을 느낀다. 누가 갓난아기나 호호백발 할머니에게 성적인 매력을 느끼지 말라고 가방 싸들고 따라다니며 말린 적도 없는데 이러한 대상에게는 그러한 느낌을 갖지 않는다. 아니 따라다니면서 매력을 느껴야 한다고 아무리 이야기해도 그와 같은 대상에게는 별 다른 느낌을 갖지 않을 것이다. 마찬가지로 동물 종(種)을 대상으로 성적 매력을 느끼도록 인간을 수십 년 교육한다고 해도 인간은 인간 아닌 다른 종에게 성적 매력을 느끼지 못할 것이다.

대체로 사람들은 이러한 현상들을 그저 당연하다고 생각한다. 그런데 과연 당연한 것인가? 사실 이들은 대부분의 사람이 그렇게 행동하고, 생각하고, 보아왔기 때문에 당연하다고 생각하는 것일 뿐 당연한 것이 아니다. 예컨대 인간이 동물에게 성적인 매력을 느끼지 말라는 법은 없다. 만약 필자뿐만 아니라 대부분의 사람이 동물에게 성적인 관심을 갖고, 인간 종에게 성적인 매력을 느끼지 못하는 세상에 살고 있다면 우리는 인간 종에게 성적인 관심을 느끼는 사람들을 이상하게 생각하고, 동물에게 관심을 느끼는 사람들을 정상이라고 생각할지 모른다. 이러한 가능성이 전혀 없지 않다면 우리는 인간이 다른 종이 아닌 인간 종의 이성에게 성적인 매력을 느끼게 된다는 사실에 대해 '왜 하필이면'이라는 의문을 정당하게 제기해 볼 수 있을 것이다. 어쩌면 우리가 그렇게 느끼고, 이를 당연하게 생각하는 배후에는 어떤 생래적인 기제가 작동하고 있을지 모른다.

실제로 인간에게는 이성(異性)을 보고 느끼는 전형적인 방식이 있다. 이에 대해서는 다양한 이론을 통해 다양한 방식으로 설명이 이루어지고 있다. 이러한 이론들 중에서 우리에게 생물학적으로 주어진 특성 때문에 이러한 현상이 나타나는 것이라고 생각하는 입장이 있는데, 이러한 입장에 따르면 우리가 이와 같이 반응하는 데에는 우리에게 진화 과정을 통해 주어진 생물학적 요인이 커다란 영향을 미친다. 이러한 입장에 따르면 성과 관련된 인간의 정서나 행동의 일부 특징들은 유전의 영향을 받는다. 이처럼 인간은 진화에 의해 주어진 생물학적인 특징의 제약을 받으며, 이러한 제약에 대해 다르게 반응(행동이 아닌)하는 것은 설령 불가능하지는 않다고 하더라도 어렵다.

진화심리학(Evolutionary Psychology)은 이처럼 생물학적으로 주어진 특징이 진화 과정을 거치면서 왜, 그리고 어떻게 나타나게 되었는지를 탐구하는 학문 분야다. 진화심리학자들은 진화론적인 측면에서 따져 보았을 때 남녀 내지 암수 사이에 전형적으로 생래적인 차이가 있으며, 이는 외형뿐만 아니라 내면의 특징에서도 살펴볼 수 있다고 주장한다. 즉 동일한 양육 과정을 거친다고 하더라도 남녀 간에는 심리에서의 차이가 나타난다는 것이다. 물론 그들이 환경이나 학습에 의해 주어지는 측면을 부정하는 것은 아니다. 그럼에도 그들은 환경이나 학습 이상으로 중요한 것이 진화 과정을 거치면서 생래적으로 갖게 된 생물학적 측면이라고 생각한다.

이 책은 바로 이와 같은 진화심리학에 바탕을 두고 남녀의 성 심리와 연애 문제를 풀어보고 있다. 이 책은 크게 두 부분으로 이루어져 있다. 먼저 전반부에서는 진화심리학에서 말하는 남녀의 성 특징을, 후반부에서는 이러한 설명을 바탕으로 한 연애 문제를 다루고 있다. 독자들은 책을 통해 남녀의 성 심리, 그리고 연애에 필요한 지식이나 기술 등을 어느 정도 파악할 수 있게 될 것이다.

본격적으로 이야기를 풀어가기에 앞서 책의 내용에 대한 변명(?)을 조금만 할까 한다. 먼저 부제에서 시사되고 있지만 이 책은 연애 일반에 관한 책이 아니라 진화심리학에서 말하는 남녀의 성 특징을 바탕으로 연애 문제를 조명해 보는 책이다. 이에 따라 책은 독자들이 다루어

주길 바라는 내용들을 모두 다루고 있지 못하다. 이 책은 연애를 할 때 중요하지만 진화심리학에서 말하는 남녀의 차이나 선호와 그다지 관계가 없는 내용들에 대해서는 집중하지 않고 있다. 예를 들어 책은 이별의 아픔을 극복하는 방법 등은 다루지 않고 있다(사실 필자도 이를 잘 모른다). 또한 어떤 현상에 대해서는 진화심리학뿐만 아니라 다른 이론을 통한 설명 또한 가능한데, 이러한 이론의 설명은 소개하고 있지 않다. 그렇게 하고자 한다면 책이 훨씬 두꺼워져야 할 것이고, 내용 또한 훨씬 딱딱하고 논쟁적이어야 할 것이다.

다음으로 이 책의 후반부에서는 연애 문제를 다루고 있는데, 여기서 집중적으로 조명하고 있는 것은 여성이 남성에게 바라는 특징인 '헌신'이다. 이러한 점에 대해 독자들은 이상하게 생각할 수 있는데, 다시 말해 이 책의 후반부가 진화심리학에서 말하는 여러 성 특징 중 한 가지에 불과한 헌신의 문제만을 지나치게 조명하고 있는 것이 아닌가라고 생각할 수 있다는 것이다. 연애를 할 때 헌신 외에 신경을 써야 할 것들은 많이 있을 수 있고, 진화심리학에서 말하는 남녀의 성 특징에도 헌신 외에 다른 것들이 있다는 사실을 감안한다면 연애를 다루면서 유독 헌신만을 이야기하는 것은 언뜻 납득하기 힘들다.

필자가 진화심리학에서 말하는 남녀의 여러 특징 중에서 '헌신'만을 가지고 연애에 관한 이야기를 풀어가는 이유는 첫째, 책에서 언급되고 있는 남녀의 생물학적 성 특징 중에서 연애를 잘 하는 데 참고할 수 있는 것은 헌신 외에 마땅히 다른 것이 없기 때문이다. 예를 들어 여성이 남성의 신체적 건장성에 관심을 갖는다고 해서 남성이 신체적 건장성을 어떻게 할 수 있는 것은 아니다. 이는 남성의 신체적 특성으로, 마음을 표현하는 것과는 상관이 없다. 이는 연애 기술과는 무관한 것이다. 둘째, 만약 남성이 선호하는 여성의 특징 중에서 '헌신'처럼 상대에 대한 태도와 관련된 것이 있다면 이에 대해서도 비교적 상세하게 다루었을 것이다. 하지만 적어도 책에서 소개한 남성의 생물학적 성 특징 중에는 이와 같은 특징이 포함되어 있지 않다. 바로 이와 같은 이유로 필자는 남성의 여성에 대한 '헌신'에만 초점을 맞추고 있다. 필자가 여성의 입장만을 중요하게 생각하여 '헌신'을 집중적으로 다루는 것은 아니다.

항상 받고만 살아가고 있는 필자는 이 책을 출간하면서도 주변 사람들의 도움을 많이 받았다. 먼저 원고를 읽고 많은 조언을 해 준 학생들에게 진심으로 감사한다. 그들이 없었다면 아마도 필자가 많은 부분을 보완할 생각을 하지 못했을 것이다. 실제로 책에는 그들이 지적한 내용들이 일부 포함되어 있다. 다음으로 필자가 이 책을 쓸 계획을 하고 있다는 말에 총각이 무엇을 안다고 그런 책을 쓰냐고 핀잔을 주면서도 많은 격려를 해주었던 선후배 및 동료들에게도 감사의 말을 전한다. 마지막으로 어떤 경우에도 자식을 사랑으로만 감싸주시는, 이런 책을 쓴 것에 어이가 없는 듯한 웃음을 지으실 부모님께 무한한 사랑을 보낸다. 아무쪼록 이 책이 남녀의 성 특징을 이해하는 데, 그리고 아름다운 연애를 하는 데 작으나마 보탬이 되길 바란다. 책의 일부 내용은 「진화심리학으로 성 규범 되짚어 보기」(『철학논총』 74호, 2013년 10월), 「진화심리학이 성매매에 시사하는 바는 무엇인가?」(『철학연구』 82호, 2008년 8월)에 포함된 것들이며, 책의 말미에는 보론(補論)으로 「진화심리학에 대한 비판과 대응」을 추가했다. 책을 읽다가 진화심리학 자체에 의문이 생긴 독자들은 이를 읽어보면 될 것이다. 만약 이론적인 내용들이 피곤하게 느껴진다면 1부부터 3부까지만 읽어라. 그러면 별다른 어려움 없이 페이지가 술술 넘어갈 것이다.

2014년 10월 20일
도서관 열람실에서
김성한

차례

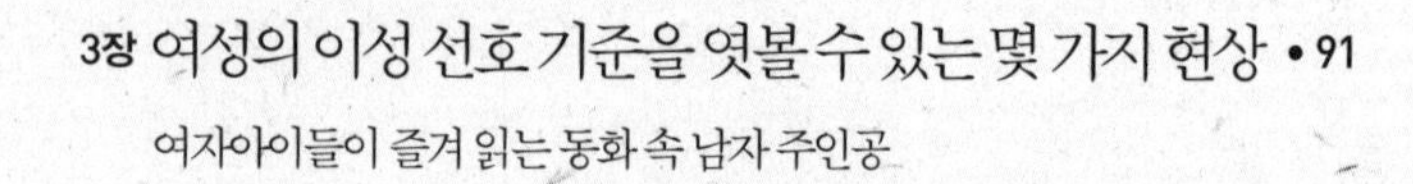

1부

진화심리학과 남녀의 성 특징*

* 이 책에서 말하는 성 특징은 대체로 이성異性을 선택하거나 대할 때 나타내는 성향이나 태도에 국한된다. 예를 들어 책에 나오는 적극성, 주도성 등의 이야기는 이성에게 접근할 때의 태도에 한정되는 것이지 사회를 이끌어가는 주체로서의 적극성이나 주도성 등과는 별다른 상관이 없다. 또한 남성은 수리, 여성은 언어 등을 이야기하는 경우도 있는데, 이러한 논의도 책과는 거리가 멀다.

왜 우리는 일정한 나이가 되면 이성(異性)에 끌리며 성적인 관심을 나타낼까? 우리가 어떤 이성에게는 매혹되지만 다른 이성에게는 별다른 매력을 느끼지 못하는 이유는 무엇일까? 많은 경우 우리는 이러한 현상을 당연하게 받아들이기만 하지 그 이유를 곰곰이 생각해 보지 않는다. 그런데 이러한 문제에 대한 심층적인 이해는 생각보다 중요할 수 있다. 특히 이성 관계를 포함한 다양한 성 문제에 관심을 가지고 있고, 이를 이해하거나 해결해 보고자 하는 마음이 있는 사람이라면 이에 대한 깊이 있는 이해가 필요하다.

만약 다양한 환경 속의 다양한 사람이 다양한 반응을 나타낸다면 우리가 굳이 남녀의 특징 등을 알려고 할 필요가 없을 것이다. 여성과 남성의 일반적인 특징이라는 것이 아예 없는데, 우리가 무엇을 알아서 현실 속에서의 남녀 문제에 참고를 하겠는가! 하지만 남녀나 암수의 특징을 자세히 관찰해 보면 '개별성'보다는 '일반성', 다시 말해 '차이'보다는 '유사성' 내지 '동일성'을 갖는 특징들이 발견된다. 진화론(The Theory of Evolution)은 바로 이러한 특징과 이의 발달사에 관심을 갖는 학문 분야로, 이러한 특징을 왜, 그리고 어떤 과정을 거쳐 갖게 되었는지 등을 탐구한다.

성(sex)은 진화론의 핵심적인 탐구 분야 중의 하나다. 이에 대한 진화론적 접근을 시도한 최초의 학자는 찰스 다윈(Charles Darwin)이다. 다윈은 인간을 포함한 동물들이 일정하고도 전형적인 기준을 가지고 이성(異性)을 선택한다고 주장했다. 그는 성선택(sexual selection)을 통해 인간을 포함한 동물들이 이와 같은 기준을 가지고 있는 이유를 설명하고자 했다. 성선택 이론에 따르면 특정한 종(種) 내의 한 성(일반적으로 수컷)의 입장에서 볼 때, 다른 성(일반적으로 암컷)은 일종의 제한적인 자원으로 파악된다. 이와 같은 제한된 자원을 획득하기 위한 경쟁이 치열하게 벌어지는데, 이때 어떤 특징이 경쟁을 하는 데 유리하게 작용한다면 그러한 특징은 존속되며, 그 반대의 경우는 자연스레 사라지게 된다. 진화론에 따르면 각각의 성에서 살펴볼 수 있는 일부 공통적인 특징들은 수없이 오랜 세월 동안의 진화 과정을 거쳐 우리에게 주어졌으며, 이것이 이성을 대할 때의 우리의 태도에 직간접적으로 영향을 준다.

다윈의 이와 같은 착상을 계승 발전시킨 오늘날의 진화론자들은 이성을 선택하거나 대할 때의 남녀의 성특징을 좀 더 상세하게 설명하고 있는데, 그들이 자신들의 견해를 뒷받침하기 위해 활용하는 이론적 도구 중의 하나는 유전자 선택(gene selection) 이론이다. 다음에서는 이를 간단하게 살펴보자.

유전자 선택과 (이)성에 대한 관심, 그리고 성 심리의 차이

조너선 하이트(Jonathan Haidt)는 여행을 떠난 오누이 간의 성관계를 상정하고 피실험자들에게 이에 대한 도덕적 평가를 요구한다. 이러한 성관계에서는 문제가 일어날 모든 가능성을 배제할 수 있도록 상황이 설정되어 있다. 그런데 이러한 관계에 대해 어떻게 생각하느냐고 물으면 많은 사람은 이를 잘못이라고 답한다. 그들에게 근거를 물어보면 이런저런 이야기를 늘어놓지만 문제가 생길 가능성이 원천적으로 봉쇄되어 있기 때문에 결국 자신의 주장이 정당하지 않다는 사실을 깨닫는다. 그럼에도 그들은 원래의 판단을 철회하지 않고 계속 자신의 견해를 고수하려 한다. 왜 사람들은 이와 같이 반응하는 것일까?

근친상간에 대한 혐오는 많은 사람이 잘 알고 있는, 진화론적 설명이 이루어지는 특징 중의 하나다. 우리가 이에 대해 극도의 거부감을 느끼게 되는 진화론적인 이유는 그것이 유전적 돌연변이를 일으킴으로써 유전자의 존속과 번영에 지장을 주기 때문이다. 만약 태고에 근친상간을 하는 사람들과 그렇지 않은 사람들이 있었고, 전자는 유전적 돌연변이가 나타나 그 후손들이 살아남지 못했음에 반해, 후자는 계속 존속할 수 있었다면, 나아가 단순히 근친상간을 하지 않을 뿐 아니라 이에 대해 극도의 혐오감을 느끼는 사람들이 가장 잘 살아남았다면 아마도 현재의 우리는 근친상간에 대해 극도의 혐오감을 가지고 있을 확률이 높다. 이러한 반응은 즉각적으로 일어나며, 우리는 이를 정당하다고 확신한다. 그리하여 위에서와 같은 상황을 설정하고 근친상간에 대해 질문해도 어떻게든 원래의 혐오감을 고수하려 하는 것이다.

리처드 도킨스(Richard Dawkins) 등 오늘날의 진화심리학자는 이와 같은 고정적인 반응이 일어나는 이유를 유전자 선택 이론으로 설명한다. 진화심리학(Evolutionary Psychology)은 우리가 인간을 포함한 동물에게서 살펴볼 수 있는 전형적인 심리적 특징이 나타나고 있는 이유를 진화론적으로 설명해 보고자 하는 학문 분야다. 진화심리학자들이 탐구하는 심리적 특징은 사유 능력이나 이의 소산이 아니라 이른바 본능적이라 일컬어지는 정서 반응이다. 진화심리학자에 따르면 동물이 특정한 반응을 전형적으로 나타내는 데에는 진화론적인 이점이 있기 때문인데, 진화심리학자는 그러한 반응에는 어떤 것이 있으며, 그렇게 생각하는 진화론적인 이유가 무엇인지를 연구하는 것이 자신들에게 주어진 과제라고 생각한다.

다소 논란이 없지 않지만 남녀의 성특징을 다루는 진화심리학자는 유전자 선택을 자신들이 주장하는 바의 근간으로 삼고 있다. 유전자 선택 이론은 선택의 단위가 집단이나 개인이 아닌 유전자라는 견해를 취한다. 이러한 견해에 따르면 생물체의 주요 기능은 유전자를 재생산하는 것이며, 생물체는 유전자의 임시 운반자 역할을 담당한다. 에드워드 윌슨(Edward Wilson)은 다음과 같이 말한다.

> 다윈주의의 의미에서 볼 때 생물은 그 자신을 위해서 살고 있는 것은 아니다. 생물의 주요 기능은 결코 다른 생물을 재생산하는 것이 아니고 단지 유전자를 재생산하는 것이며, 따라서 생물은 유전자의 임시 운반자로서의 역할을 하고 있다.[1]

유전자의 담지자로서의 개체는 자신들의 유전자의 존속·번영을 도모하려는 경향을 갖게 되는데, 이는 그러한 생물의 외형적 특징뿐만 아니라 행동, 나아가 심리적 특징에도 반영된다. 모성애는 이의 한 예로 들 수 있는 특징이다. 모성애는 인간뿐 아니라 원숭이, 심지어 악어나 물고기 등 우리가 비교적 하등동물이라고 생각하는 동물에서도 전형적으로 나타난

---

1 에드워드 윌슨, 『사회생물학 I』, 이병훈·박시룡 옮김, 민음사, 1992, 20쪽.

다. 만약 모성애가 전적으로 환경의 영향으로 형성된 특징이라고 한다면, 모성애를 나타내지 않는 동물들 또한 적지 않아야 한다. 하지만 심지어 자식에 대한 관심을 살펴볼 수 없는 환경에 놓여 있는 동물마저도 자식을 보호하려는 특징이 발견된다. 이러한 특징은 생래적으로 물려받았다고 설명하는 것이 자연스러우며, 진화심리학자는 이를 유전자 선택 이론으로 설명한다. 진화심리학자에 따르면 자식은 어미와 유전자를 공유한다. 그런데 어미가 자신의 유전자의 존속·번영을 도모하려 한다면 자식을 보호하지 않을 수 없다. 만약 자식을 잃어버린다면 어미로서는 자신의 유전적 투자 대상이 사라져 버린 격이 된다. 그렇기 때문에 어미는 부지불식간에 자식을 위해 헌신하려는 경향을 갖게 된다는 것이다.

진화심리학자는 성 문제에 대한 인간의 태도에서도 이러한 유전자 선택의 영향을 감지해 낸다. 먼저 인간은 일정 시기가 되면 전형적으로 이성에게 관심을 나타낸다. 비록 이와 같은 관심이 어떻게 표현되며, 어떤 대상에게 나타나는지가 다를 수 있어도 이성 자체에 대한 관심은 공통적이다. 이는 비단 인간뿐 아니라 유성 생식을 하는 모든 동물에게서 일반적으로 나타나는 현상으로, 이와 같은 특징은 유전자 선택으로 설명이 가능하다. 즉 수컷으로서는 암컷과 관계를 해야만 2세를 탄생시킬 수 있고, 2세가 탄생해야 자신의 유전자를 후대로 전할 수 있게 된다. 바로 이러한 이유로 성숙한 수컷은 본격적으로 생식을 하려는 경향을 갖게 된다.

그런데 단순히 (이)성에 관심을 갖는다고 해서 유전자의 존속과 번영을 최대한 도모할 수 있는 것은 아니다. 암수의 성 심리가 동일할 경우에 유전자의 존속과 번영이 가장 잘 도모될 수 있다면 아마도 암수의 성 심리에는 별다른 차이가 없었을 것이다. 하지만 신체적·생리적 구조 등으로 암수의 성에 관한 심리적 전략은 달라야 했으며, 이러한 전략을 갖추지 못할 경우에는 적자(適者)로 살아남을 가능성이 낮을 수밖에 없었다. 이로써 암수는 서로 다른 성 심리를 갖게 된 것이다. 실제로 임신 기간을 거쳐 직접 출산을 담당하는 암컷과 단지 정자를 제공하는 정도의 역할만 맡는 수컷은 유전자를 존속·보존하는 방법이 다를 수밖에 없다. 진화심리학자는 만약 수컷이 임신을 하고, 출산까지 하게 될 경우 암수 간의 특징이 지금과는 다르게 나타날 것이라 예측하는데, 실제로 이는 해마에게서 관찰되고 있다. 해마는 암컷이 수컷의 혈류에 태반을 연결하여 수컷의 육아낭(育兒囊)으로 암컷의 알을 이전하며, 일반적으로 암컷의 역할이라 일컬어지는 일을 수컷이 담당한다. 그 영향으로 해마는 암컷이 다수의 수컷과 교미하려 함에 반해, 수컷은 상대를 신중하게 고르려는 경향을 나타내는데, 이는 일반적으로 살펴볼 수 있는 암수의 특징과는 정반대다.

해마의 암컷과 수컷은 다른 동물과 반대되는 성 특징을 나타낸다.

그렇다면 유전자 선택 이론에 근거해 보았을 때 남녀 사이에는 구체적으로 어떤 성 심리에서의 차이가 있을까? 이하에서는 진화심리학에서 말하는 생래적으로 주어진 남녀의 특징을 살펴보자. 이러한 특징은 유전자 선택이라는 측면에서 생각해 보았을 때 인간이 진화 과정을 거치면서 주어졌다고 생각할 수 있는 것들이다.[2] 진화심리학자들은 생물학뿐만 아니라 포르노그래피나 성매매, 스와핑 등의 성과 관련한 현상과 문화 인류학, 심리학, 사회학에서의 조사 결과들을 통해 다양한 방식으로 자신들이 제시하는 남녀의 성 특징에 대한 목록들을 검증해 보고 있다.

2 남녀의 성 특징에 대한 설명을 상세하게 살펴보고자 한다면 도널드 시먼스, 『섹슈얼리티의 진화』, 김성한 옮김, 한길사, 2007, 1, 5, 7, 8, 9장을 참조할 것.

1장

남성의 성 특징

아주 오랜 옛날 네 명의 남자가 자식을 후대에 많이 남기기 위한 시합을 벌이는 상황을 가정해 보자. 그들의 이름은 각각 충실, 난봉, 충난, 그리고 변돌이다. 이름에서 짐작할 수 있는 바와 같이 충실이는 오직 한 명의 여성과, 난봉이는 여러 명의 여성과, 충난이는 붙박이로 한 명의 여성과 살아가면서 틈을 봐서 다른 여성들과 관계를 맺는 남성이다. 마지막으로 변돌이는 사람이 아닌 동물들을 선호한다. 이들 중에서 최종적으로 승리를 거둔 남성은 누구일까?

먼저 충실이는 오직 한 사람과 관계를 맺기 때문에 자식의 수가 매우 한정될 수밖에 없다. 아이는 9개월이라는 임신 기간을 거쳐야 태어나며, 여성의 나이와 몸 상태 등의 요인을 감안한다면 자식을 많이 두는 데에는 어느 정도 한계가 있다. 다음으로 여러 명의 여성과 관계를 맺는 난봉이는 시기를 적절히 맞추기만 한다면 많은 자식을 둘 수가 있다. 하지만 이를 제대로 맞추는 것이 쉬우리란 법은 없고, 최악의 상황에서는 자식을 전혀 두지 못할 수도 있다. 여성의 가임 기간을 계속 빗겨갈 수 있기 때문이다. 마지막으로 이중 전략을 취하고 있는 충난이는 조합형의 장점을 충분히 살릴 수 있을 것처럼 보인다. 그는 붙박이 여성과의 관계를 통해 비교적 확실하게 자식을 둘 수 있고, 추가적으로 다른 여성들과 관계를 맺음으로써 더 많은 자식을 둘 수 있다. 세 번째로 변돌이는 아무리 관계를 맺어 봤자 2세가 태어나지 않는다. 예컨대 변돌이가 개와 관계를 맺는다고 개-인간이 탄생하지 않고, 개나 인간이 탄생하지도 않는다. 결국 넷 중에서 충난이가 우승을, 변돌이가 꼴찌를 차지하게 될 것이다.

그런데 이러한 경쟁에서 확실하게 우승자가 되기 위해서는 충난이와 같은 특징 외에도 경쟁을 유리하게 이끌 수 있는 조건들을 두루 갖추고 있는 편이 유리할 것이다. 예를 들어 건강한 아이가 태어나는 것이 자식을 후대에 남기는 데 유리하다면 남성은 그와 같은 아이를 출산할 수 있는 여성에게 호감을 갖도록 조건화되는 편이 좋을 것이며, 이외에도 몇 가지 고정적인 특징을 갖는 편이 유리할 것이다. 그렇다면 진화심리학자들이 생각하는 이와 같은 남성 내지 수컷의 특징에는 어떤 것들이 있을까?

성 파트너를 다수 원한다

유전자 선택 이론에 입각해 보았을 때 남성이 가지고 있으리라 생각되는 대표적인 특징 중 하나는 여러 명의 여성과 관계를 맺고자 하는 경향이다. 이는 어느 정도 예측이 가능한 남성의 경향이다. 어떤 남성이 자신의 유전자를 최대한 존속·번영하고자 할 경우 오직 한 여성과 관계를 맺기보다는 자신에게 허용되는 범위 내에서 최대한 많은 여성과 관계를 맺는 편이 유리할 것이다. 다다익선(多多益善) 전략. 바로 이것이 남성이 진화 과정을 거치면서 채택하게 된 전략이다. 남성은 이러한 특징을 가지고 있기 때문에 기회가 되면 기꺼이 많은 여성을 얻으려 하고, 관계를 맺으려 한다. 한 예로 임금을 포함해 과거에 막강한 권력을 가진 남성은 흔히 자신의 권력을 이용하여 수많은 여성을 거느리고 살았다. 이러한 남성은 자연스레 아이를 많이 두었는데, 기네스북에 올라 있는 모로코 황제 물레이 이스마일(Moulay Ismail)은 자신의 아내들에게서 자식을 800명 이상 두었다고 한다. 이는 여성 중에서 으뜸인 러시아의 표도르 바실리에프(Feodor Vassilyev)의 아내가 자식을 69명 둔 것과 비교되지 않을 정도로 많은 숫자다. 이처럼 많은 자식을 두었다는 사실은 그가 자신의 유전자를 후대에 전달하는 데 크게 성공을 거두었음을 의미한다. 이렇게 극단적인 경우가 아니더라도 재력이나 권력이 있는 남성이 일부다처제를 채택하여 아내를 몇 명씩 두고 자식을 여러 명 두는 것은 문화인류학적으로 보았을 때 그리 드문 일이 아니다.

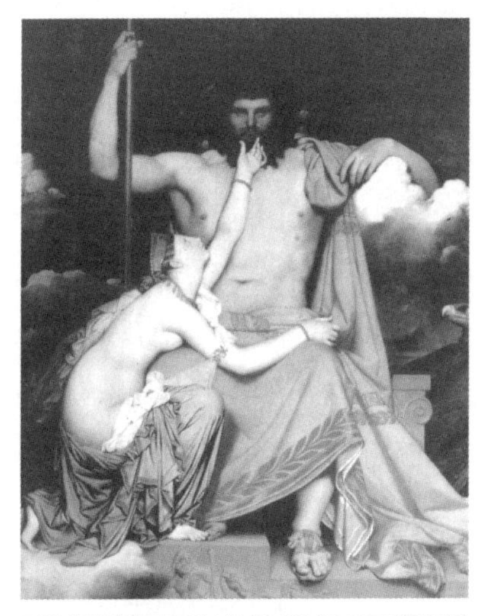

진화심리학에 따르면 남성은 천성적으로 바람둥이 기질을 타고 났다. 사진은 바람둥이로 유명한 고대 그리스 신화의 최고 신 제우스.

그런데 남성이 현실에서 관계를 맺은 여성이나 아내의 수는 남성의 다다익선 경향을 충분히 보여주지 못한다. 남성은 자신의 배우자나 애인, 상대방의 승낙 여부, 시공간상의 제약 등 다양한 이유로 실제로 관계를 맺는 여성의 수가 제한될 수밖에 없다. 그렇기 때문에 이러한 경향이 있는지의 여부는 남성이 현실에서 관계를 맺은 여성의 수보다 상상 속에서 관계를 맺은 여성의 수를 고려해야 좀 더 객관적인 평가를 할 수 있다. 그리고 이를 따져볼 경우 아마도 남성이 관계를 맺거나 맺고자 하는 여성의 수는 기하급수적으로 늘어나게 될 것이다. 실제로 데이비드 버스(David Buss)가 확인해 본 성적 환상에 대한 답변은 남성이 이러한 특징을 가지고 있음을 뒷받침한다. 그에 따르면 "남성의 성적 환상에는 낯선 상대, 다수의 상대, 익명의 상대가 더 자주 등장한다. 한 가지 환상에서도 남성은 상대를 바꾸는 경우가 많은 반면 여성은 거의 상대를 바꾸는 일이 없다고 응답한다."[3]

남성이 이러한 특징을 갖춘 것이 어느 정도 사실이라면 '사랑'과 '성관계'가 별개라고 생각하는 남성이 여성에 비해 훨씬 많을 것이라고 생각해 볼 수 있다. 물론 남성 또한 대부분 진정으로 사랑하는 상대와의 관계를 가장 이상적이라고 생각한다. 하지만 여러 명의 파트너와 관계를 맺는다고 했을 때 남성이 반드시 그와 같은 파트너들과 사랑에 빠지는 것은 아니다. 아무 정서적인 교감 없이, 그저 관계 자체에 대한 관심만으로 남성들은 관계를 맺기도 하는 것이다. 성매매는 이러한 남성의 특징을 잘 보여주는 사례라 할 것이다. 또한 남성은 사랑하는 사람을 따로 두고 다른 여성들과 관계를 맺기도 하는데, 이때 외도를 하는 남

---

3 데이비드 버스, 『위험한 열정, 질투』, 이상원 옮김, 추수밭, 2006, 215쪽.

성이 반드시 자신의 애인이나 배우자를 사랑하지 않아서 외도를 하는 것은 아니다. 설령 다른 여성들과 관계를 맺는다고 해도 남성은 자신의 아내를 진정으로 사랑할 수 있고, 심지어 오직 자신의 아내만을 사랑할 수도 있다.[4] 이처럼 남성은 '사랑하는 사람'과 '관계를 맺는 사람'이 일치하지 않는 경우가 여성과 비교해 보았을 때 훨씬 많다.

쿨리지 효과

수컷의 바람기를 잘 보여주는 현상으로 쿨리지 효과(Coolidge Effect)라는 것이 있다. 이 용어는 미국의 30대 대통령 캘빈 쿨리지(Calvin Coolidge) 부부의 일화에서 유래했다. 쿨리지 대통령 부부가 한 양계농장을 방문해서 이곳저곳 돌아보던 중 영부인이 우연히 수탉 한 마리가 암탉과 열심히 교미하는 모습을 보게 되었다. 영부인이 농장 주인에게 수탉이 얼마나 빈번하게 암컷과 관계를 맺는지 묻자, 농장 주인은 하루에도 수차례 관계를 갖는다고 답했다. 이를 들은 영부인은 놀라워하면서 이 사실을 반드시 대통령에게 전해 달라고 농장 주인에게 말했다. 얼마 후 대통령을 만난 농장 주인은 영부인의 요청대로 수탉 이야기를 들려주었다. 이야기를 가만히 듣고 있던 대통령은 농장 주인에게 그 수탉이 항상 같은 암탉과 교미하는지 물었다. 농장 주인은 그렇지 않으며 항상 다른 암탉과 교미한다고 대답했다. 이 말을 들은 쿨리지 대통령은 쑥스러운 웃음을 지으면서 방금 한 이야기를 부인에게 전해 달라고 요청했다고 한다.

이 이야기가 시사하듯이 수컷은 새로운 암컷을 만나면 새롭게 성적

---

4 물론 진정으로 사랑하는 사람이 있다면 당연히 한눈을 팔아선 안 될 것이다.

자극을 받는데, 이러한 현상을 쿨리지 효과라고 한다. 쿨리지 효과의 강도는 동물 종(種)에 따라 다소 차이가 나타나는데, 소와 양은 특히 이러한 효과가 강하게 나타나는 동물이다. 실험자들은 이러한 효과가 실제로 나타나는지 확인해 보기 위해 발정 난 숫양을 우리에 가두고 그 안에 암양을 들여보내 보았다. 우리 속의 숫양은 한동안 암양과 열심히 교미했는데, 어느 순간이 지나자 숫양은 더 이상 그 암양에게 관심을 나타내지 않았다. 이와 같은 모습을 보이자 실험자들은 처음 들여보냈던 암양을 내보내고 새로운 암양을 들여보냈다. 그랬더니 숫양은 어디서 힘이 솟았는지 그 암양과 또다시 열심히 교미를 했다. 시간이 흐르자 숫양은 또다시 소가 닭 쳐다보듯 암양을 대했는데, 새로운 암양을 우리에 들여보냈더니 숫양은 처음과 다를 바 없이 그 암양과 열심히 교미했다. 흥미가 발동한 실험자들은 이번에는 숫양에게 처음 들여보냈던 암양을 분장시켜 들여보내 보았다. 숫양은 이 암양을 거들떠보지도 않았지만, 새로운 암양을 울타리 안으로 집어넣었더니 숫양은 이 암양과 또다시 열심히 관계를 맺었다고 한다.

인간에게서는 동일한 현상이 소나 양에서처럼 뚜렷하게 나타나지 않는다. 그럼에도 일련의 실험은 남성에게 이와 유사한 특징이 있음을 짐작케 하는데, 스토니 브룩(Stony Brook)의 실험은 그 사례다. 그는 남성 40명을 두 집단으로 나누어 한쪽은 성행위 장면과 관련한 동일한 이미지를, 다른 쪽은 각기 다른 이미지를 다섯 번씩 보여주었다. 이 중 앞의 집단은 장면을 보면서 성적 흥분도가 낮아졌음에 반해, 뒤의 집단은 성적 흥분도가 계속 유지되었다.[5]

이와 유사한 현상은 포르노 배우에 대한 남성의 반응에서도 나타난다. 남성은 어떤 포르노 배우가 아무리 매력적이라고 하더라도 얼마 있지 않아 그 배우에게 싫증을 내고 다른 배우나 여성을 찾아 나선다. 포르노 사이트에서 아마추어는 포르노 배우 이상으로 인기가 있는데, 이는 남성이 새로운 성 파트너를 계속 찾으려 하지 동일한 대상에게 지속적으로 관심을 갖지 않는 경향이 있음을 보여준다.

대학생을 대상으로 한 성적 다양성 추구 실험

1989년 엘레인 하트필드(Elaine Hatfield)와 러셀 클라크(Russell Clark)가 플로리다주립대학교의 학생을 대상으로 한 실험은 다수의 파트너를 얻고자 하는 남성의 특징을 잘 보여준다. 그들은 남성과 여성을 각각 이성에게 접근시켜 ① 나랑 데이트할래요? ② 우리 집에 같이 갈래요? ③ 나랑 잠자리를 함께 할래요?라고 묻게 하고, 이러한 요청에 남녀 대학생이 어떻게 답할지 확인해 보고자 했다. 이러한 실험에서 여학생은 ①에 대해 56%가 승낙을 표시했고, ②, ③에 대해서는 각각 6%와 0%가 승낙을 했다. 반면 남학생은 50%가 ①번 질문에 승낙하여 여학생과 특별한 차이를 보이지 않았지만 ②와 ③에 대해서는 각각 69%와 75%가 그렇게 하겠다고 답하여 남녀 간의 현저한 차이를 보여주었다. 이 중에서 ②와 ③은 사실상 원나잇 스탠드(one night stand)의 의사를 물은 것인데, 여학생은 대부분 이에 대해 부정적인 답변을 했음에 반해 남학생은 대체로 긍

---

5 오기 오가스 & 사이 가담, 『포르노 보는 남자, 로맨스 읽는 여자』, 왕수민 옮김, 웅진지식하우스, 2011, 337쪽. 이러한 실험은 적절치 못하다는 지적이 있을 수 있다. 다시 말해 쿨리지 효과를 확인해 보려면 동일한 여성의 서로 다른 이미지와 동일한 정도의 매력을 갖춘 서로 다른 여성의 서로 다른 이미지를 보여주었을 경우를 비교해 보아야 하지 반복해서 동일한 이미지를 보여줄 경우 반복 자체가 흥미를 반감시킬 수 있다는 비판이 있을 수 있는 것이다. 그런데 이처럼 실험을 할 경우에도 남성들은 후자에 성적 자극을 더 받는다고 답할 가능성이 크고, 이를 통해 쿨리지 효과가 어느 정도 확인될 것이다.

정적으로 답했다. 아마도 여성이 접근해서 ③과 같은 제안을 하는 것에 대해 뭔가 이상하다고 생각하지 않았다면, 다시 말해 여성이 무엇인가 꿍꿍이속을 가지고 접근한다고 생각하여 경계심을 나타내지 않았다면 긍정하는 답의 비율은 더 올라갔을지도 모른다. 나아가 양심, 종교, 들킬 가능성 등에서 완전히 자유로운 경우를 상정했다면 그 비율은 더 올라갔을 수 있다.

이러한 실험에 맹점이 없는 것은 아니다. 예컨대 이러한 실험은 누가 요청하느냐에 따라 응답이 달라질 수 있고, 나이 등에 따라 답변의 차이가 나타날 수 있는데, 이러한 점이 어느 정도 감안되었는지는 분명치 않다. 예컨대 제안하는 남성이 강동원이나 김수현인 경우와 매력이 전혀 없는 남성인 경우는 차이가 매우 클 것이며, 성 경험이 있는 중년인지 아니면 전혀 경험이 없는 20대인지, 종교를 가지고 있는지 등에 따라서도 답변에 차이가 있을 것이다. 그럼에도 진화심리학자는 무작위 표본을 추출해서 조사할 경우 이상에서의 설문에 대한 남녀의 답변에 분명 차이가 나타날 것이라고 예측한다.

시도 때도 없이 느낀다

남성이 수시로 성욕을 느낀다는 사실은 남성의 다다익선 전략과 맞물려 있다. 물론 성욕을 빈번하게 느낀다고 해서 다수의 성 파트너를 얻게 되는 것은 아니다. 설령 그렇게 느낀다고 하더라도 오직 한 명의 파트너와 관계를 하면서 평생을 살아갈 수도 있다. 하지만 빈번하게 성욕을 느끼지 않는다면, 예컨대 한 달에 한 번 정도 성욕을 느끼는 남성이 있다면 그는 수시로 성욕을 느끼는 남성에 비해 자신의 유전자를 후대에 전하는 데 불리할 것이다. 이러한 남성은 자신이 성욕을 느끼는 시기와 여성의 가임기간을 맞추지 못할 경우 아예 자신의 유전자를 후대에 남기지 못하게 될 수도 있다. 이렇게 보면 수시로 성욕을 느끼는 것은 다수의 파트너를 얻기 위한 필요충분조건은 아니어도 적어도 필요조건이라 할 수 있다.

남성의 생리적 구조

젊은 남성은 시도 때도 없다고 해도 지나친 말이 아닐 정도로 빈번하게 성욕을 느낀다. 이는 여성과 다른 특징이라고 할 수 있는데, 이처럼 강렬한 욕구에 시달리는 것은 생리적인 특징 탓이다. 남성은 고환이라는 기관을 갖추고 있는데, 이는 정자 생산 공장이다. 이러한 기관에서 생산된 정자는 만들어진 지 3일까지는 매우 활발한 운동 능력을 갖지만 그 이후에는 운동성이 저하된다. 이와 같은 상황에 이르면 뇌는 정자를 배출하라는 명령을 내린다. 그렇게 해야만 운동 능력이 좋은 정자가 고환에 남아 있을 수 있게 되기 때문이다.

그런데 운동 능력이 좋은 정자가 고환에 남아 있어야 하는 이유는 무엇인가? 그 이유는 정자가 그러한 능력을 갖추어야 수태 가능성이 높아지기 때문이다. 운동 능력이 떨어지는 정자가 고환에 남아 있게 되면 수태가 이루어질 확률이 현저하게 낮아지게 된다. 이를 방지하기 위해 뇌는 정자 배출을 유도함으로써 운동성이 높은 정자를 고환에 남아 있도록 한다.

뇌에서 정자 배출 명령이 떨어지면 남성은 자신의 의지와 무관하게 욕구행동(appetitive behavior)을 하게 된다. 여기서 욕구행동이란 내적인 욕구가 강해졌을 때 적극적으로 해발인(解發因, releaser)[6] 또는 방출 자극(releasing stimulus)을 찾아 나서는 행동을 말한다. 남성은 이처럼 성욕이 느껴질 때 성 자극을 찾으려는 경향을 나타내게 된다. 이러한 자극을 찾아 목표를 달성하면 욕구행동을 더 이상 하지 않게 되지만 목표를 달성하지 못하고 시간이 흐르면 차츰 해발(解發)의 역치가 낮아진다. 이때에는 심지어 아무 대상이 없는 상황에서도 자신의 욕구를 해소하려는 경향을 드러낸다. 대부분의 남성이 일정한 나이가 되면 자위행위를, 그것도 빈번하게 하는 이유는 이러한 생리적 구조와 밀접하게 관련이 있다. 특히 생리 활동이 활발한 젊은 시기에는 신진대사가 활발한 만큼 짧은 간격으로 정자 배출 명령이 내려지게 되는데, 그만큼 젊은 남성은 성욕을 매우 빈번하게 느끼게 된다.

여성은 이와 같은 남성의 특징을 이해하지 못할 수 있는데, 그 이유는 여성이 고환이라는 기관을 가지고 있지 않기 때문이다. 만약 여성도 이러한 기관을 갖추고 있다면 아마도 여성도 남성과 마찬가지로 수시로 성욕을 느낄 것이다. 하지만 여성은 고환을 가지고 있지 않고, 그리하여 성관계를 통해 쾌락을 맛본 경험이 없다면 성욕을 특별하게 해소해야 한다는 생각을 하지 않고도 그럭저럭 살아갈 수 있다. 유의해야 할 점은 이것이 여성은 성욕이 약하고 남성은 성욕이 강하다는 말이 아니라는 것이다. 실제로 상대와 교감을 느끼는 경우처럼 특별한 상황에서는 오히려 여성의 성욕이 남성에 비해 더욱 강하게 나타날 수도 있다.

---

6 해발인은 같은 종의 개체에게 특정한 행동을 일으키는 자극이 되는 자세·동작·체색(體色)·음성·냄새 등을 말한다.

성폭행 기사를 읽었을 경우 남녀의 반응 차이

남성이 시도 때도 없이 성욕을 느끼고, 이러한 상황에서 해발인이나 방출 자극을 찾아 욕구를 해소하려는 경향을 나타낸다면 남성이 여성에 비해 상대를 가리지 않을 가능성이 높다고 생각해 볼 수 있다. 실제로 여성과 달리 남성은 기회가 되면 사랑 없이도 기꺼이 상대를 가리지 않고 관계를 맺으려 한다.[7] 남성은 이와 같은 경향이 있기 때문에 바람둥이 기질을 타고난다고 일컬어지며, 늑대라는 이야기까지 심심치 않게 듣게 된다. 늑대는 평소에는 우리에 갇혀 있지만 감시가 소홀하거나 빠져나갈 기회가 있으면 기꺼이 빠져나갈 만반의 준비가 되어 있다.

이러한 특징을 간접적으로 보여주는 사례 중 하나는 성폭행 기사를 읽게 되었을 때 남성이 나타내는 반응이다. 여성이 남성에게 성폭행을 당했다는 기사를 읽을 경우 여성은 자신도 모르는 사이에 피해 여성에게 감정 이입을 하게 된다. 그리하여 성폭행을 당한 여성과 아픔을 함께 나누려 하면서 가해자를 평생 감옥에서 나오지 못하도록 해야 한다거나 아예 성불구를 만들어야 한다고 비난을 퍼붓는다. 이처럼 여성은 일반적으로 남성의 성폭행을 극도로 불쾌해하면서 가해자를 맹렬히 몰아붙인다.

그런데 여성이 아니라 남성이 여성에게 성폭행을 당했다는 기사를 보게 되는 경우가 드물게 있다. 이러한 기사를 보는 남성의 반응은 일정치 않다. 어떻게 남성이 성폭행을 당할 정도로 나약할 수 있느냐고 묻는 남성에서부터 여성과 다를 바 없이 불쾌함을 나타내는 남성에 이

---

7 유의해야 할 것은 이것이 옳다는 말이 아니라는 점이다. 이는 단순히 남성의 경향에 대한 서술일 따름이다.

르기까지 다양한 남성이 있다. 하지만 여러 반응 방식 중에서 여성에게서는 거의 나타나지 않는 반응이 있다. 남성 중에는 '거기가 어디야?'라고 묻는 경우가 있는 것이다. 이렇게 묻는다는 사실은 자신도 유사한 경험을 하고 싶다는 의사를 은연중에 드러내는 것이다. 이것이 진담인지 농담인지 확인할 길은 없다. 그리고 성폭행을 당했을 때 남성이 실제로 즐겁다고 생각할 가능성은 극히 낮다. 성폭행이란 단순한 성적인 접촉이 아니라 개인의 신체적 자유를 짓밟음으로써 정신적·육체적 피해를 주는 범죄이기 때문이다. 하지만 설령 이와 같은 대응이 장난이고, 실제로 성폭행 경험을 했을 때의 반응은 다르다고 해도 '거기가 어디야?'라고 묻는 남성이 있다는 사실은 적어도 남성이 여성과 다른 성적 반응을 나타내는 경향이 있음을 시사한다.

중증 지적 장애인 친구의 행동

과거에 내가 자주 가서 잠을 잤던 장애인 시설에는 중증 지적 장애인이 한 명 있었다. 이 친구는 지적 장애가 무척 심해 거의 본능적인 욕구를 해소하는 데에만 관심이 있는 것처럼 보일 정도였다. 그런데 이 친구와 함께 자다 보면 간혹 곤혹스러운 일이 생기곤 했다. 왠지 발이 축축하다는 생각이 들어 잠에서 깨어 보면 이 친구가 내 발을 핥고 있었고, 숨이 막혀서 눈을 떠보면 이 친구가 내 위에 올라와 있었다. 물론 이 상황에서 내가 순결을 잃은 것은 아니었지만…….

이 친구가 남녀를 구분할 수 없을 정도로 심각한 지적 장애인이었는지를 확인할 방법은 없었다. 그 친구는 아예 말을 하지 못했고 의사소통이 거의 불가능했기 때문이다. 그 당시에는 혹시 이 친구가 나를 여자로 착각한 것이 아니었나 생각하기도 했는데, 진화심리학을 공부한 지금 생각해 보면 그 친구는 해발인을 찾고 있었고, 그러다 보니 우연히 옆에 있는 나를 선택했을 뿐, 나에게 연정을 품었거나 나의 섹시함에 이끌렸던 것은 전혀 아니었다. 군대에서 오랫동안 여성을 만날 기회가 없다 보니 진정한 의미에서의 동성애자가 아님에도 남성을 상대로 성적 욕구를 해소하려는 남성이 있듯이, 그도 유사한 맥락에서 나를 선택했던 것이다.

인간은 본성 못지않게 양육의 영향을 많이 받기 때문에 본능적인 행동이 무엇인지를 확인하기란 여간 어렵지 않다. 다른 동물과 달리 인간은 성장하면서 사유 능력 등을 이용하여 통제 능력을 갖추게 되는데, 이러한 능력이 아주 강력하게 내면에 장착되면 심지어 자기 자신마저도 정말 하고 싶은 것이 무엇인지 헷갈릴 수 있다. 그렇기 때문에 사람들의 말이나 행동에서 본능의 실마리를 찾아내기가 쉽지 않은 것이다. 이에 반해 지그문트 프로이트(Sigmund Freud)가 말하는 도덕적 자아인 초자아(superego)가 제대로 형성되지 못한 심각한 지적 장애인의 경우 검열망에 걸리지 않는 행동을 할 수 있는데, 이 때문에 지적 장애인의 행동은 인간의 본능이 무엇인지를 짐작하는 데 도움이 될 수 있다. 그 친구가 매우 심각한 지적 장애인이었음을 감안한다면 나에 대한 그의 행동은 거의 본능적인 것이었다고 생각해 볼 수 있다. 다시 말해 그는 일정 기간 성욕을 해소하지 못했을 경우 상대를 가리지 않고 해소하려는 남성의 특징적 행동을 보여주었던 것이다.

지적 장애인 시설에서는 내가 경험했던 것과 유사한 일이 비일비재하게 일어난다고 한다. 숙식을 제공하는 지적 장애인 시설은 남녀 시설이 엄격하게 나뉘는데, 이렇게 시설을 따로 마련하는 것은 성 문제와도 어느 정도 관련이 있다. 정상인보다 상대적으로 통제 능력을 갖추지 못했고, 자신의 행동 결과를 충분히 고려하지 못할 경우 자칫 성 문제와 관련된 사고가 일어나기 쉽기 때문에 남녀 시설이 따로 있는 것이다. 남성 지적 장애인 시설에서는 지적 장애의 정도가 특히 심한 원생이 잠자리에서 성욕을 해소하기 위해 이런저런 행동을 하는데, 이 때문에 다른 원생이 잠을 자는 데 방해를 받는 경우가 종종 있다고 한다. 그런데 남성 지적 장애인 시설과는 달리 여성 지적 장애인 시설에서는 이것이 전혀 문젯거리가 아니며, 이러한 일이 아예 일어나지도 않는다고 한다. 이는 여성과 남성의 생리적 차이를 적절히 보여주는 사례라 할 것이다.

성에 대한 독점욕이 강하다

진화심리학의 관점에서 보았을 때 남성이 여성보다 성에 대한 독점욕이 강한 것은 충분히 예상이 가능하다. 이는 동물의 왕국뿐만 아니라 인간의 세계에서도 흔히 볼 수 있는 특징이다. 성에 대한 독점욕은 크게 ① 자신의 배우자나 애인의 성에 대한 독점욕, ② 집단 내의 여러 여성에 대한 독점욕으로 나누어 볼 수 있다.

배우자나 애인의 성에 대한 독점욕

먼저 남성이 자신의 배우자나 애인의 성에 대한 독점욕이 강하다고 보는 진화심리학적 설명부터 간단히 살펴보자. A의 아내인 B가 A 외의 여러 남성과 관계를 맺는다고 가정해 보자. 이 경우 남편 A는 자신과의 관계가 2세 탄생으로 이어지게 될지, 다른 남성과의 관계가 2세 탄생으로 이어지게 될지를 확신할 수 없는 상황에 놓인다. 이와 같은 상황에서 아이가 태어날 경우 남성은 자신의 피가 전혀 섞이지 않은 아이에게 양육 투자를 하게 될 우려가 있다. 자신의 유전적 이익이라는 측면에서 보면 이는 말할 것도 없이 손해가 되는 일이다.

이번에는 다른 남성과 관계를 맺은 여성이 임신을 하게 되었다고 생각해 보자. 이렇게 되면 A가 아무리 노력해도 이미 기차는 떠났다. 임신이 된 상황에서는 더 이상 수정이 되지 않기 때문이다. 설령 임신을 하게 만든 남성이 누구인지 알아서 양육 책임을 그 남성에게 돌린다고 해도 A로서는 적어도 수개월이 지나고 나서 아이가 태어나야 비로소 자신의 피가 섞인 아이를 임신하게 할 기회가 생기게 된다.

이상과 같은 이유로 남성은 자신도 모르는 사이에 배우자나 애인이 정절을 지키기를 원하게 되는데, 이러한 "욕망은 배우자가 다른 남성과 성관계를 가질 때 침해"[8]당하게 된다. 이 때문에 남성들은 성 문제에서 "여성을 통제하고 격리시키고 제한하고 억압하고 한정하고 숨 막히게 한다. 또한 고립시키고 가두고 묶고 예속시키고 에워싸고 족쇄를 채운다."[9] 심지어 그들은 상식적으로 이해할 수 없는 여성의 성기를 절제하는 의식을 거행하기도 한다.[10]

이러한 경향은 남성 중심적인 사회에서 전형적으로 나타난다. 이러한 사회에서는 남성이 부성(父性)을 확보하기 위한 방편으로 결혼할 때 여성에게 처녀성을 요구하는 경우가 있으며, 여성이 숫처녀가 아닐 경우 마치 큰 잘못을 하기라도 한 양 여성을 몰아세우기도 한다. 이처럼 많은

---

8 데이비드 버스, 『위험한 열정, 질투』, 91쪽.

9 같은 책, 249쪽.

10 맬컴 포츠 & 로저 쇼트, 『아담과 이브 그 후』, 최윤재 옮김, 들녘, 2004, 335쪽 이하.

소설 『테스』는 여성이 혼전에 관계를 맺지 말아야 하며, 오직 남편과 관계를 맺어야 한다는 편견과 사회적 차별을 고발하고 있다. 사진은 로만 폴란스키(Roman Polanski) 감독의 영화 〈테스〉의 한 장면.

경우 남성은 자신들의 성적 독점욕을 당연시하는 경향이 있으며, 남성 중심 사회에서는 사회 분위기까지 이용해서 이를 정당화하려 한다. 토머스 하디(Thomas Hardy)의 『테스(Tess)』는 이를 잘 보여주는 소설이다. 『테스』는 여성이 혼전에 관계를 맺지 말아야 하며, 오직 남편과 관계를 맺어야 한다는 남성의 편견과 사회적 차별을 적절히 보여주고 있다.

어떤 사람은 혼전순결 규범을 여성에게 강요하는 것은 구시대의 유물이고, 남성도 이제는 그와 같은 문제에 집착하지 않을 것이라고 주장한다. 혼전에 순결해야 한다고 말하는 사람은 고리타분하다는 인상을 주기 십상이다. 그런데 많은 남성이 실제로 상대의 성관계에 그렇게 관대해졌을까? 최근 혼전에 관계를 맺어서는 안 된다는 의식이 점차 희미해지고 있는 것은 분명 사실이다. 하지만 그렇다고 남성이 이 문제에 전혀 신경 쓰지 않게 되었다고 생각하는 것은 오산이다. 여자 친구가 다른 남성과 관계를 맺었다고 고백할 경우 이를 아무렇지도 않게 생각하는 남성은 얼마 되지 않을 것이다. 특히 자신이 아닌 사람과 과거가 아니라 현재 관계를 맺고 있다는 사실을 고백했다고 했을 경우 아무리 성이 개방되었다고 하더라도 이를 쿨하게 받아들이는 남성은 거의 없을 것이다.

그렇다면 과거와 달리 최근 성 문제에 대해 우리나라의 젊은 사람들이 관대해진 이유는 무엇일까? 심지어 최근에는 사귄 지 3개월 정도면 잠자리를 같이 한다는 말까지 있다. 이렇게 된 데에는 혼전순결 규범이 여성을 억압하는 기제로 작용할 수 있음을 의식한 사람들의 노력이 한몫 했을 것이다. 이러한 노력이 사회적으로 파급되어 가면서 굳이 혼전순결 규범을 지킬 필요가 없다고 생각하는 여성들이 늘어나게 되었고, 인터넷 등의 발달로 사람들이 과거에 비해 훨씬 쉽게 성에 관한 정보를 접할 수 있게 되다 보니, 그리고 시도 때도 없이 성적인 자극을 받는 남성들이 자신들의 욕구를 충족시킬 수 있는 호의적인 상황에 놓이게 되다 보니 과거에 비해 훨씬 쉽게 관계를 맺을 수 있게 되었던 것이다.

하지만 이처럼 성관계를 맺는 것에 대해 비교적 자유로워졌음에도 만약 어떤 여성이 쉽게 원나잇 스텐드를 한다면 남성이 그러한 여성을 신뢰할 가능성은 크지 않다.[11] 그러한 여성은 그저 즐기기 위한 대상일 뿐 애인이나 배우자로서의 가치는 현저하게 낮게 평가될 것이다. 이를 거

11 이는 여성 또한 마찬가지다. 다시 말해 남성이 소위 말하는 난봉꾼일 경우 그러한 남성을 자신의 배우자나 애인으로 삼고자 하는 여성은 거의 없으리라는 것이다. 하지만 설령 나타난 현상으로서의 모습은 동일하다고 해도 막상 그 기제는 다른데, 남성의 경우는 그 여성이 성적인 독점욕을 충족시키지 않는 여성이기 때문에, 여성의 경우는 자신과 가족에게 헌신하지 않을 것 같기 때문에 상대를 불신하게 되는 것이다.

꾸로 말한다면 남성은 자신의 성적 독점욕에 부합하는 여성에게 신뢰감을 느낀다는 것이다. 예를 들어 미혼 남녀가 단둘이 여행을 갔는데, 여성이 잠자리를 같이하길 거부한다고 하자. 이 경우 남성은 두 가지 감정을 동시에 느끼게 된다. 한편으로는 상대가 자신의 요구를 받아들이지 않은 것에 섭섭함을 느끼지만 다른 한편으로는 끝끝내 상대가 자신의 몸을 지킨 데 신뢰감을 갖는 것이다.[12] 여기서 긍정적인 느낌은 여성이 자신의 성적 독점욕을 충족시켜 줄 수 있는, 신뢰할 수 있는 사람이라는 이유로, 부정적인 느낌은 여성이 자신과의 관계를 거부함으로써 자신의 성욕을 채워주지 않았다는 이유로 나타나는 것이라 할 수 있다.

남성에게 성을 독점하고자 하는 욕구가 있다면 여성이 굳이 이러한 욕구를 거스르는 태도를 내세워서 좋을 이유는 없다. 이 때문에 미혼 여성은 남성이 있는 곳에서 자신의 성 경험을 시사하는 언행을 삼가려 하며,[13] 남성 앞에서 자신의 다양한 성 경험을 자랑하는 미혼 여성은 없다고 해도 지나친 말이 아니다. 미혼 여성은 풍부한 성 경험 또는 다른 남자와의 성 경험이 자랑일 수 없음을 너무나도 잘 알고 있다. 이에 따라 미혼 여성은 자신이 성 경험의 풍부함을 시사하는 어떤 언행도 보이지 않으려 하며, 나아가 자신이 쉬운 여자가 아님을 보이고자 한다. 비슷한 맥락에서 미혼 여성은 성관계를 할 때에도 과거의 경험을 시사

---

12 이는 2000년 6월 24일 방영된 SBS 토요스페셜 〈아름다운 성〉 '미혼 남자의 성심리' 편에 출연한 한 남성의 고백이다.

13 이는 남성의 시선에 여성이 어느 정도 얽매일 수밖에 없음을 시사하는데, 이는 그 반대의 경우도 마찬가지다. 남성도 여성에게 선택받고자 한다면 여성의 시선을 의식하지 않을 수 없는 것이다. 이 때문에 남성은 자신이 바람둥이임을 시사하는 이야기를 여성에게 하는 경우가 좀처럼 없고, 상대를 성적 욕구 대상으로만 생각한다는 것을 시사하는 언행을 보이지 않으려 한다.

하는 행동을 하기가 어려운데, 이른바 내숭을 떨지 않고 솔직해질 경우 상대가 자신을 어떻게 생각할지 잘 알고 있기 때문이다. 이러한 이유로 미혼 여성은 남성과 처음 관계를 할 때 적극적으로 콘돔을 사용하자거나 관계를 맺고 싶다고 솔직하게 이야기하기가 생각보다 쉽지 않다.

집단 내의 여러 여성에 대한 독점욕

가능한 범위에서 집단 내 암컷의 성을 최대한 독점하려는 경향은 수컷이 가지고 있는 또 다른 의미에서의 독점욕이다. 이 또한 어느 정도 예상이 가능한 수컷의 특징이다. 수컷으로서는 집단 내에 있는 암컷의 성을 최대한 차지하는 것이 그렇지 않는 경우에 비해 자신의 유전자를 존속·번영시키는 데 유리할 것이다.

이러한 성적 독점욕은 사회적 동물에서 두루 살펴볼 수 있는데, 얼마 전 텔레비전에서 방영된, 함께 살고 있는 수컷 개 '진돌이'와 '용댕이'의 이야기는 이를 잘 보여준다. 프로그램에서 힘 센 개 '용댕이'는 또 다른 수컷 진돌이를 집에서 한 발짝도 나오지 못하게 했는데, 이는 이 집에 사는 암캐 '춘자'에게 접근하지 못하게 하기 위해서다. 진돌이는 용댕이 때문에 무려 반년 동안이나 집에서 나올 수 없었다. 흥미로웠던 것은 '용댕이'가 이처럼 춘자에게 '진돌이'의 접근을 허용하지 않으면서 막상 자신은 동네에 사는 암컷을 대부분 건드리는 엄청난 난봉견이었다는 사실이다. 동네 암캐들을 대부분 아내로 두고 있으면서도 질투심을 폭발시키며 '춘자'를 절대로 양보하지 않으려는 용댕이의 모습은 수컷이 보여주는 성적 독점욕의 전형이었다.

이와 같은 성적 독점욕이 더욱 잘 드러나는 동물은 물개다. 물개는 성적 독점욕의 상징이라고 해도 과언이 아닐 정도로 독점욕이 발달해

물개는 수컷이 수십 마리의 암컷을 거느리는, 성적 독점욕이 두드러진 동물이다.

있다. 보통 물개 수컷은 40~100마리 정도의 암컷을 거느리고 살아간다. 이처럼 많은 암컷을 거느리고 있음에도 수컷은 어떤 암컷이 다른 수컷과 관계를 맺는 것을 용납하지 않으려 한다고 한다.

남성에게서도 이와 같은 특징은 흔히 나타난다. 남성은 권력을 갖게 되면 여러 여성을 차지하려 하는데, 과거에 군주가 수많은 궁녀를 거느렸음은 널리 알려진 사실이다. 하지만 인간 사회에서는 어떤 남성이 막강한 권력을 갖추었다고 해도 동물 세계에서만큼 남성이 집단 내의 여성을 철저히 독점하는 경우는 없다. 아마도 그렇게 하면 사회 내의 불만과 분란의 소지가 커지기 때문일 것이다. 그러한 집단은 외부의 적과 싸우면 패할 확률이 매우 높아질 것이다. 여성과 관계를 맺고 싶어하는 남성은 그러한 바람을 이루지 못할 경우 여성을 독점한 권력자에게 극도로 불만을 가질 것이며, 이에 따라 집단의 존속을 위해 노력하려는 의지를 보이지 않을 확률이 높기 때문이다. 이와 같은 이유 때문인지 동물 세계 못지않게 집단 내의 특정인이 여성을 완전히 독점하는 사례는 거의 발견되지 않는다.

남성의 이중 잣대

흔히 남성은 이중 잣대(double standard)를 가지고 있다는 이유로 비판을 받는다. 이중 잣대란 남성이 이성을 대할 때의 잣대로, 자신은 성 파트너를 여러 명 갖고자 하면서 막상 애인이나 배우자가 다른 사람과 관계를 맺는 것은 엄격하게 제지하려는 경향이다. 이중 잣대는 일관되지 못한 태도다. 만약 자신이 여러 명과 관계를 갖고자 한다면 자신의 배우자나 애인의 성적인 자유도 허용해야 할 것이다. 하지만 남성은 자신만 성적인 자유를 누리려 하지 배우자나 애인의 성적 자유를 허용하는 법은 결코 없다. 그런데 왜 이와 같은 특징이 하필이면 남성에게만 나타나는 것일까?

이 장 맨 앞에서 든 예에서 살펴본 바와 같이 남성이 많은 자식을 두어 자신의 유전적 이익을 극대화할 수 있는 방법은 성에 대한 독점욕과 성적 다양성 추구 경향을 동시에 갖는 것이다. 여러 명과 관계를 맺으면서 동시에 자신과 관계를 맺는 대상들의 성을 통제하는 데 성공할 경우 남성은 최대한 많은 자식을 둘 수 있게 되며, 이로써 유전자의 존속·번영을 가장 잘 도모할 수 있게 된다. 이렇게 보면 이중 잣대는 언뜻 일관성이 없는 태도로 보이지만, 생물학적 이익이라는 측면에서 생각해 보면 최대한 유전적 이익을 도모할 수 있는 매우 일관성 있는 태도다.

이와 같은 이중 잣대는 성매매와 성매매 종사자를 대하는 남성의 태도에서 어느 정도 드러난다. 단순화시켜 말하면 남성은 성매매가 존속

될 경우 성적 다양성을 추구하고자 하는 경향을 충족할 수 있는 출구를 얻게 된다. 이 때문에 남성이 성매매를 반대할 별다른 생물학적 이유가 없다. 반면 남성은 성매매 종사자들이 일정한 금액을 지불할 경우 대상을 가리지 않고 성관계를 맺는다는 이유로, 다시 말해 자신들의 성적 독점욕에 부합되지 않는다는 이유로 그들을 긍정적으로 생각하지 않는다. 이처럼 남성은 성매매 자체는 반대하지 않으면서 성매매 종사자에게는 긍정적인 시선을 보내지 않는데, 이는 남성의 이중 잣대를 반영하는 한 예다.

시각적인 자극에 민감하게 반응한다

남성이 시각적인 자극에 민감하다는 것은 널리 알려진 사실이다. 남성은 노출이 심하거나 벗은 여성을 보면 성적인 자극을 받게 된다. 만약 복잡한 기작을 거쳐 성적인 자극을 받는다면 남성은 상대와 관계를 맺는 데 매우 신중해질 것이고, 이로써 자신의 유전자의 존속과 번영을 도모하는 데 방해를 받을 것이다. 반면 시각처럼 간단한 반응 기작을 통해 쉽게 성적인 반응이 나타날 경우 남성은 더욱 많은 상대와 관계를 갖게 될 확률이 높아지게 되고, 궁극적으로 이를 통해 자신의 유전적 이익을 극대화할 수 있을 것이다. 바로 이러한 이유로 남성은 시각에 의해 쉽게 성적인 자극을 받도록 진화되었다.

시각적인 자극이 있을 때 성적인 반응이 일어나는 것은 남성의 의지와 무관하다. 간혹 심하게 노출한 여성을 보면 성적인 자극을 받는다는 남성의 이야기를 듣고서 자극을 받지 않으면 될 것 아니냐고 되묻는 사람이 있는데, 이는 남성의 생리적 특성을 모르고 하는 말이다. 성적인 자극은 남성이 스위치를 켜고 끄듯 마음대로 조절할 수 있는 것이 아니다. 예컨대 노출이 심한 모습을 보게 될 경우, 아무리 남성이 자극받지 않으려 해도 성적인 반응이 거의 자동적으로 일어나게 된다.

시각적 단서는 남성의 성욕을 촉발하는데, "어떤 시각적 그림이 흥분을 일으킨다고 남자의 두뇌가 확정하면, 남자는 얼마 안 있어 생리적·심리적 흥분을 경험한다."[14] 남성에게 벗은 모습, 노출이 심한 모습, 관계를 갖는 모습 등은 시각적 단서가 되고, 이러한 모습을 보게 될 경우 남성은 자신도 모르게 성적인 자극을 받게 된다. 남성에게 이러한 자극 자체는 매우 강렬하고 즐거운 경험이다. 이에 따라 남성은 이러한 자극을 추구하는 경향마저 나타낸다. 남성의 포르노에 대한 지대한 관심은 그 사례이며, 야한 복장의 여성이 지나갈 때 남성들의 시선이 쏠리는 것도 이와 관련이 있다. 이러한 여성이 지나갈 때 그 여성을 보지 말고 주변 남성들을 한 번 유심히 살펴보라. 그러면 어떤 반응이 나타나고 있는지 쉽게 알아차릴 수 있을 것이다. 그러한 여성을 제대로 쳐다보지 못하는 경우는 다른 사람의 눈을 의식하기 때문인 경우가 많은데, 특히 여자 친구와 함께 걸어갈 때 이러한 여성에게 시선을 돌리는 것은 자살행위다. 이런 경우에는 남자가 그러한 여성을 애써 외면할 수밖에 없다. 하지만 아마도 마음만큼은 그 여성 쪽을 향하고 있을 것이다.

돈을 벌고자 하는 사람들은 남성의 이와 같은 특징을 적절히 이용한다. 일부 광고에는 노출이 심한 여성의 모습이 비일비재하게 등장하는데, 광고업자들이 여성의 성을 상품화한다는 비판을 결코 모르는 것이

---

14 오기 오가스 & 사이 가담, 『포르노 보는 남자, 로맨스 읽는 여자』, 103쪽.

광고업자들이 성(性) 상품화에 대한 비난을 잘 알고 있음에도 성을 활용하는 것은 그만큼 성에 관한 광고가 사람들에게 강한 인상을 줄 수 있기 때문이다.

아니다. 이는 심지어 중고등학생들마저도 알고 있는 비판이다. 그럼에도 반복적으로 이와 같은 광고가 제작되고 있다는 사실은 그만큼 이러한 광고가 강한 인상을 남기고 효과가 있음을 보여주는 것이다.

이는 노출 논란을 심심치 않게 일으키는 걸그룹에게도 마찬가지로 적용되는 이야기다. 걸그룹들의 심한 노출, 그리고 선정적인 동작은 많은 사람이 비판을 하는 모습들이다. 그런데 만약 걸그룹의 그러한 모습에 비판만이 쏟아지고, 그리하여 인기를 누리는 데 전혀 도움이 되지 않는다면 그들이 그와 같은 모습을 보여줄 리 만무하다. 사람들, 특히 남성들이 그와 같이 비판을 하면서도 관심을 갖기 때문에, 그래서 인기를 얻을 수 있기 때문에 걸그룹들은 어느 정도의 비판을 감수하는 것이다.

남성이 시각적인 자극에 민감하게 반응한다는 증거로 언급되는 것 중에 흥미로운 것은 게이의 특징이다. 남성 동성애자인 게이는 성적 지향이 남성에게로 향해 있지만 생물학적으로 보았을 때는 남성이다. 이에 따라 그들은 진화심리학에서 말하는 남성의 특징을 그대로 가지고 있다고 일컬어지는데, 그중의 하나는 시각적인 자극에 쉽게 성적인 반응을 일으킨다는 것이다. 게이는 자신의 외모를 가꾸는 데 상당히 관심을 기울인다고 하는데, 이는 외모가 멋진 사람일수록 선택될 가능성이 높아지는 데 따른 결과다. 실제로 게이의 사진을 보면 외모가 조각 같은 남성이 적지 않다. 설령 타고난 외모가 평범하더라도 그들은 모자와 가죽점퍼, 반지와 목걸이 등으로 화려하게 치장하고, 근육을 키워 말 그대로 '몸짱'인 경우가 흔하다. 이처럼 그들은 시각적인 자극에 민감한 동성애 남성의 선호 대상이 되고자 하기 때문에 이성애자 남성에 비해 외모에 관심을 많이 갖는 편이라고 알려져 있다.

〈플레이보이〉와 〈플레이걸〉

남성이 시각적인 자극에 쉽게 반응하고, 이러한 자극을 적극적으로 찾으려 한다는 사실은 그들의 포르노물에 대한 관심에서 뚜렷하게 드러난다. 남성은 노골적이든 그렇지 않든 여성의 벗은 모습이 나오는 매체는 종류를 가리지 않고 즐겨 보는 편이다. 여성의 입장에서 보았을 때 이는 그다지 이해가 가지 않는 현상이다. 왜냐하면 여성은 단순히 벗은 모습이나 노출이 심한 남성을 보는 것 자체만으로는 좀처럼 성적인 자극을 받지 않기 때문이다. 이러한 측면에서 남녀가 동일하다고 생각할 경우 자칫 이에 대한 혹독한 대가를 치를 수도 있는데, 〈플레이보이〉와 〈플레이걸〉이라는 잡지에 관한 뒷이야기는 이의 한 사례다.

인터넷이나 비디오가 발달하기 전까지의 시기에 사람들이 음란물을 접할 수 있는 수단은 주로 잡지였고, 이 시기를 대표하는 성인 잡지는 단연 〈플레이보이〉였다. 당시 〈플레이보이〉는 전 세계적인 명성을 누린 대표적인 성인 잡지였다. 그런데 이 잡지의 명성은 쉽게 이해가 가지 않는다. 이렇게 말하는 이유는 지면이 대부분 사진이 아니라 기사로 채워져 있고, 여성의 누드 사진에 할애되는 지면은 극히 일부에 불과하기 때문이다. 그뿐만 아니라 이 잡지는 명성에 비해 보여주는 수준도 상당히 소프트하다. 잡지에는 여성의 누드 사진이 실릴 뿐 성관계 장면은 아예 나오지도 않는다. 그럼에도 이 잡지가 감히 넘보기 힘든 명성을 누렸던 이유는 흔히 볼 수 없을 만큼 젊고 아름다운 여성의 누드를 실었기 때문이다.

어찌 되었건 〈플레이보이〉의 화려한 명성에 자극을 받은 사람들이 이와 대비되는 여성용 잡지를 제작하기로 결정했고, 잡지 이름도 〈플레이보이〉를 의식하여 〈플레이걸〉로 정했다. 제작자들은 〈플레이보이〉 정도까지는 아니라도 어느 정도 잡지가 팔릴 것이라 기대했는데, 뜻밖의 저조한 판매 실적에 울상이 되어버렸다. 당황한 제작자들은 난국을 헤쳐 나가기 위한 기초 자료로 활용하려고 설문조사를 해 보았다. 그런데 설문에 답한 사람들의 답변은 뜻밖이었다. 먼저 "당신은 왜 〈플레이걸〉을 구독하십니까?"라는 물음에 "남성의 누드를 보기 위해서"라고 답변한 사람에 비해 "특집 기사를 읽어보기 위해서"라고 답한 사람들이 더 많았다. 다음으로 응답자의 성별을 묻는 질문에 대한 답변이 더욱 충격적이었는데, 의외로 남성 구독자가 많았다. 왜 이런 현상이 나타났을까? 잡지를 구독한다고 답변한 남성 중 적지 않은 수가 시각적 자극을 즐기는 게이였던 것이다.

〈플레이보이〉와 〈플레이걸〉의 사례는 여성과 남성이 성적인 자극을 받는 방식에서 차이가 있음을 보여준다. 이성의 누드를 보았을 때 자극을 받는 쪽은 여성보다는 남성인 것이다. 그런데 일부 여성은 자신들도 시각적인 자극에 반응을 일으키며, 멋진 남성을 보면 섹시하다는 생각을 한다고 말한다. 이에 대해서는 어떻게 설명해야 할까?

여성도 남성의 멋진 육체를 보고 섹시하다는 생각이 들지 말라는 법은 없다. 마치 남성이 거의 자동적으로 자극을 받듯이, 여성 중에서도 남성의 육체를 보면 성적인 반응이 나타나는 여성이 분명 있을 것이다. 하지만 평균적인 비율로 보았을 때 그러한 여성의 수는 남성에 비해 많지 않을 것이며, 적어도 그 비율은 남성과 의미 있는 차이를 나타내리라고 진화심리학자는 예측한다.

또 한 가지 지적할 것은 남녀가 '섹시(sexy)'하다는 단어를 사용할 때의 느낌이 다소 다를 수 있다는 것이다. 설령 남녀 모두가 이성에 대해 섹시하다고 말해도 여성이 이러한 표현을 사용할 경우에는 '아름답거나 멋지다'에 초점이 맞추어져 있는 반면, 남성이 이를 사용할 경우에는 '성욕을 불러일으킨다'는 측면에 강조점을 둘 수 있는 것이다.

남성은 시각, 여성은 상대와의 교감

그럼에도 의문은 여전히 남는다. 우리나라의 경우는 다소 다를지 몰라도 서구에서는 여성도 포르노 영상을 즐겨 본다고 하는데, 만약 이것이 사실이라면 여성도 시각적인 자극에 따라 성욕을 느끼는 것은 아닐까?

여기서 한 가지 짚고 넘어가야 할 것은 위에서 언급한 남녀의 차이는 누드 또는 노출이 심한 장면에 대한 반응의 차이일 뿐 성관계 장면에 대해서는 남녀 모두 성적인 자극을 받는다는 것이다. 물론 이 경우마저도 남녀 간에는 미세한 차이가 있다고 한다. 남성은 포르노에 나오는 여성에게서 직접적으로 자극을 받는 데 반해, 여성은 그렇지 않다는 것이다. 여성은 포르노 영상에서의 성관계 장면이 이상(理想)으로 생각하거나 흠모하는 남성과의 관계를 떠올리게 하고, 그 과정에서 성적인 자극을 받게 된다고 한다. 이러한 이유 때문인지 전 세계적으로 명성이 있는 포르노 여배우는 적지 않지만 남성 중에서 그와 같은 명성을 얻는 배우는 거의 없다.

여성은 포르노 영상물보다는 로맨스 소설에 관심이 더 많다.[15] 물론 이러한 소설에도 관계를 맺는 내용이 포함되어 있다. 하지만 영상물 포르노와 달리 로맨스 소설은 시종일관 성관계 장면만 그리지 않으며, 전체적인 서사의 일부로 그러한 장면이 포함될 따름이다. 성관계가 묘사되는 장면에서도 남성의 몸이 상세하게 묘사되는 경우는 별로 없다. 초점은 그 상황에서의 여성의 느낌과 상대와의 상호작용에 맞추어져 있다. 이는 단순히 시각적인 자극보다는 상대와의 정서적 유대가 성적인 자극을 받기 위한 전제라고 여기는 여성의 특징이 반영된 것이라고 볼 수 있다. 실제로 여성은 성관계 장면이 로맨스의 일부이기 때문에 관심을 가질 뿐 여간해서는 성관계 장면 자체에만 초점을 맞추지 않는다. 그렇기 때문에 성관계 장면만 골라 읽기도 하는 남성과 달리, 그와 같이 로맨스 소설을 훑어보는 여성은 흔치 않다.

이러한 사실로 미루어 보았을 때, 여성이 포르노 영상물을 즐겨 본다는 이야기도 남성의 기준에 따라 판단해서는 안 될지 모른다. 시각적인 자극을 주는 어떤 포르노물에도 성적인 자극을 느끼는 남성과 달리 여성은 시종일관 아무런 줄거리 없이 눈만 마주치면 벗고 관계를 맺는 포르노에 혐오감을 나타낼 확률이 높다. 만약 여성이 포르노 영상을 즐겨 본다면 줄거리가 있는 것을, 관계하는 장면이 빈번하게 나오지 않아도 정서를 자극하는 로맨스를 담은 영상물을 선호할 개연성이 크다고 봐야 할 것이다.

---

15 이는 『포르노 보는 남자, 로맨스 읽는 여자』의 책 제목이 이미 시사하고 있다.

젊고 건강한 여성에게 관심을 갖는다

남성이 아름다운 여성을 선호한다는 것은 매우 잘 알려진 사실이다. 여성도 멋진 남성을 분명 선호한다. 하지만 여성에게는 외모가 상대방에게 끌리게 될 때의 필요조건 정도라고 한다면, 남성은 다소 과장해서 이야기하면 필요충분조건에 가깝다고 할 만큼 여성의 외모에 집착한다. 심지어 예쁜 여자가 곧 착한 여자라고 할 정도니 아름다운 여성에 대한 남성의 관심이 얼마나 큰지 가히 짐작할 수 있다. 그런데 왜 이토록 남성은 여성의 아름다움에 집착할까? 아름다움이라는 것은 구체적으로 무엇일까?

건강함의 지표를 두루 갖춘 여성에 대한 관심

아름다움의 기준은 시대와 사회에 따라 어느 정도 다를 수 있다. 하지만 진화심리학의 견지에서 보면 어떤 시대와 사회에서도 선호되는 아름다움의 기준이 대략 있는데, 이는 건강함을 나타내는 특징을 두루 갖추고 있으며, 젊다는 것을 말한다. 그렇다면 건강함을 나타내는 특징으로는 무엇을 들 수 있는가? 여기에는 여러 가지가 있을 수 있다. 예를 들어 균형 잡힌 얼굴과 몸, 굴곡이 있는 이른바 콜라병 스타일의 몸매, 윤기 나는 머리카락, 탱탱하고 밝은 피부, 반짝이는 입술 등이 이에 해당한다. 이들은 미인의 특징이라고 말할 수 있는 것들로, 이들을 두루 갖춘 여성은 다산을 할 수 있고, 건강한 아이를 출산할 가능성도 높은 여성들이다. 남성은 이와 같은 특징을 두루 갖춘 여성에게 매력을 느끼게 되는데, 유전적 이익이라는 측면에서 보았을 때 이는 당연한 현상이라 할 수 있다. 남성의 입장에서는 이와 같은 여성에게 관심을 가

동양의 최고 미인으로 꼽히는 양귀비는 오늘날의 기준으로 보았을 때 미인이라 할 수 없는 통통한 여인이다.

져야 건강한 자식을 많이 둘 수 있게 될 것이기 때문이다.

반면 병약함의 지표가 되는 특징을 많이 가지고 있고, 실제로 허약한 여성은 임신한다고 해도 난산하기 쉬우며, 출산해도 튼튼하지 못한 아이가 태어날 확률이 높다. 남성은 이러한 여성에게 상대적으로 덜 매력을 느낄 것이다. 남성이 이와 같은 여성에게 관심을 갖는다면 그는 자신의 유전자의 존속·번영을 이루는 데 불리하게 될 것이다.

하지만 오늘날의 서구나 우리나라의 남성은 마른 여성을 선호하는 것처럼 보인다. 실제로 그러하다면 이는 진화심리학으로 설명할 수 없는 현상이다. 아무래도 말랐다는 것은 신체적인 허약함을 드러내는 것이기 때문이다. 하지만 자세히 따져보면 우리나라나 서구의 남성이 선호하는 대상은 마른 여성이 아니라 몸매의 굴곡이 분명한, 콜라병형 몸매의 날씬한 여성이다. 마른 것과 날씬한 것은 후자에서는 전체적으로 몸매에 균형미가 느껴지면서 특정 부위는 잘 발달되어 있는 것을 이야기함에 반해 전자에서는 앙상함이 느껴진다는 점에서 차이가 있으며, 남성이 선호하는 마른 여성은 사실상 날씬한 여성을 말한다.

'마름'과 '풍만함'만을 비교해 보면 역사적·문화인류학적으로 다소 풍만한 여성이 선호의 대상이 되는 경우가 많다고 한다.[16] 동양 역사상 최고의 미인으로 꼽히는 양귀비는 그 대표적인 예다. 초상화 속의 양귀비는 오늘날의 우리나 서구의 기준으로 보았을 때에는 특별한 미인이라 할 수 없는 다소 풍만한 여성이다. 그럼에도 다산 가능성을 나타내는 지표라는 측면에서 보면 양귀비는 매력적인 여성임에 분명하다.

젊은 여성에 대한 관심

남성은 대략 10대 후반에서 30대 초반의 여성을 가장 매력적이라 생각한다. 이는 여성의 가임 능력과 직접적으로 관련이 있다. 예를 들어 남성이 임신 가능성이 전혀 없는 어린 아이나 폐경기가 지난 여성에게 성적인 자극을 받고, 그러한 여성과 관계를 맺고자 하는 경향이 있다고 가정해 보자. 그러한 남성은 자신의 유전자의 존속과 보존을 위해 결정적으로 불리한 상황에 놓이게 된다. 그와 같은 여성과의 관계는 임신으로 이어지지 않으며, 설령 이어진다고 하더라도 그러한 여성은 자식을 부양할 능력이 없기 때문이다. 반면 여성에게 10대 중반에서 30대 초반 정도의 연령은 전 생애를 통틀어 가임 능력이 가장 발달한 시기이고, 자식 부양 능력이라는 측면에서도 다른 연령대를 능가한다. 튼튼한 아이가 태어날 가능성이 가장 높은 것도 바로 이 시기다. 남성이 자신의 유전자를 후대로 가장 잘 전달하려면 바로 이 시기의 여성에게 관심을 가져야 한다. 이에 따라 남성은 자신도 모르는 사이에 이러한 나이의 여성들에게 매력을 느끼게 되는 것이다. 선호하는 연령대는 다소 차이가 있

---

16 오기 오가스 & 사이 가담, 『포르노 보는 남자, 로맨스 읽는 여자』, 79쪽.

을 수 있어도 젊은 여성에 대한 남성의 관심은 전 인류에게 공통적인 듯하다. 예를 들어 "야노마뫼족 남자들에게 어떤 여성을 좋아하느냐고 물으면, 그들은 주저하지 않고 모코 멋쟁이 여자라고 말하는데, 이는 사춘기와 첫아이 출산기 사이를 말한다."[17]

언뜻 생각하기에 10대는 10대에게, 20대는 20대에게, 60대는 60대에게 성적인 매력을 느끼는 것이 당연할 수 있다. 실제로 서로의 의사소통이나 이해의 정도 등을 따져보면 연령대가 비슷한 사람끼리 사랑에 빠지게 될 가능성이 높다. 하지만 성적 자극이라는 측면만을 고려하면 남성은 전형적으로 10대 중반에서 30대 초반 정도에 이르는 여성에게 성적인 매력을 느낀다. 한마디로 젊고 건강한 여성에게 성적인 관심을 갖는 것이다. 이는 인기 가수와 배우, 영화나 드라마의 주인공의 연령대를 보면 쉽게 알 수 있다. 주인공은 거의 예외 없이 10대 후반에서 30대 초반까지의 여성이다. 연령의 중요성은 심지어 포르노 배우나 누드 사진을 찍는 여성의 연령을 봐도 미루어 짐작할 수 있다. 포르노, 누드 사진 등에 등장하는 여성은 예외 없이 젊고 건강한 여성이지 할머니나 나이 든 중년 여성이 등장하는 경우는 흔치 않다.

연령이 남성의 심리에 미치는 영향은 피천득의 「인연」에서 극적으로 표현된다. 수필의 주인공 아사코는 피천득의 가슴 한구석을 늘 차지하고 있는 과거 속의 연인이다. 피천득은 단지 아사코가 성심여학교를 다녔다는 이유만으로 이 학교와 전혀 상관이 없는 춘천의 성심여대를 방문해 보고자 하고, 여자 우산을 보면 아사코의 연두 우산을 연상한다. 영화 〈쉘부르의 우산〉을 그렇게 좋아한 것도 모두 아사코가 아련하게

---

17 매트 리들리, 『붉은 여왕』, 김윤택 옮김, 김영사, 2002, 347~348쪽.

일반적으로 남성은 10대 후반에서 30대 초반의 젊고 건강한 여성에게 성적인 매력을 느낀다. 보티첼리가 그린 〈비너스의 탄생〉

떠오르기 때문이다. 이처럼 피천득은 아사코에 대한 기억을 떠올릴 수 있다는 이유만으로 그 대상에 관심을 기울이는 애틋한 마음만을 간직하고 살아간다. 하지만 안타깝게도 피천득은 아사코를 그리워하기만 하지 직접 만나지는 못한다. 제2차 세계대전과 해방, 그리고 한국전쟁이 두 사람을 오랫동안 갈라놓은 것이다. 〈쉘부르의 우산〉보다 더욱 〈쉘부르의 우산〉 같은 이 논픽션 수필 마지막에서 피천득은 그토록 그리워하던 아사코를 뒤늦게 만나게 되는데…….

정말 안타깝게도 피천득이 만난 아사코는 기억 속의 그 아사코가 아니라 "일본 사람도 미국 사람도 아닌, 그리고 진주군 장교라는 것을 뽐내는 사나이"와 결혼한 나이 든 아사코였다. 그는 자신의 아쉬움을 다음과 같이 표현했다. "백합같이 시들어가는 아사코와 나는 세 번 만났다. 세 번째는 아니 만났어야 좋았을 것이다." 아, 세월의 무상함이여!

피천득 같은 느낌은 아닐지라도 나도 최근 유사한 경험을 한 적이 있다. 인터넷 '유튜브'에 들어가 보면 없는 자료가 없다고 할 정도로 자료가 많다. 나는 '유튜브'에서 과거에 좋아했던 여가수와 배우를 검색해 보았는데, 그들을 다시 만나게 되는 것이 그렇게 즐거울 수가 없었다. 마치 노래방에 가서 옛날 노래를 부르거나 그러한 노래가 어디에선가 흘러나올 때 나도 모르게 그 노래를 즐겨 듣던 시절, 그때 만나던 사람들을 회상하면서 가슴이 아련해지듯이, 그들의 모습을 보면서 가슴 설렜던 시절로 되돌아가면서 자연스레 시간여행을 할 수 있었다. 하지만 옥에 티는 '유튜브'에서 그들의 과거 모습뿐만 아니라 최근 모습을 담은 자료까지도 볼 수 있었다는 점이다. 그들의 모습에는 흘러간 세월이 고스란히 담겨 있었다. 가는 세월의 무상함을 느끼기에 앞서 나는 그들이 내 가슴속에 남아 있는 꽃다운 모습이 아닌 그저 중·노년의 아줌마와 할머니가 되어 있음이 그렇게 속상하고 안타까울 수가 없었다. 만약 그들의 현재 모습을 보지 않았다면 책받침 사진 속의 그들을 놓고 내 것이다, 네 것이다 싸움을 벌였던 그 당시의 모습을 영원히 간직할 수 있었을 텐데…….

2장

여성의 성 특징

지금까지 우리는 진화심리학에서 말하는 남성의 특징을 살펴보았다. 우리가 살펴본 특징은 유전자 선택이라는 측면에서 고려해 보았을 때 남성이 갖추고 있으리라고 생각할 수 있는 것들이었다. 그렇다면 유전자 선택이라는 측면에서 보았을 때 여성이 가지고 있을 것이라고 생각할 수 있는 특징은 무엇일까? 여기서 잠시 앞에서 남성끼리 벌였던 시합을 다시 한 번 떠올려 보자. 이번에는 남성이 아니라 여성 두 명이 경쟁을 벌인다. 1번 후보자는 매우 신중하게 상대를 선택한다. 반면 2번 후보자는 상대를 가리지 않고 관계를 맺는다. 이들 중에서 최종적으로 승리를 거둔 여성은 누구일까? 답은 1번이다. 그 이유는 재레드 다이아몬드(Jared Diamond)가 밝히고 있는 바와 같이 "다양한 상대와 성관계를 갖는 것이 남자의 경우 유전자를 전달하는 데 도움이 되지만 여자의 경우 그렇지 않기 때문이다."[18]

상대를 고르는 데 신중하다

진화심리학에서 말하는 남녀의 성차에서 두드러진 것 중 하나는 여성이 상대를 고르는 데 매우 신중하다는 것이다. 이 말은 곧 여성이 아무하고나 쉽게 관계를 맺기보다는 상대가 일정한 기준 이상이 되어야 관계를 맺으려 한다는 것이기도 하다. 이처럼 여성이 상대를 고르는 데 까다로울 수밖에 없는 데에는 진화심리학적인 이유가 있다.

> 홍적세 시대의 여자에게 낯선 사람과의 섹스는 양육을 도와줄 남자의 조력을 얻기도 전에 또다시 임신할 가능성 자체였을 뿐 아니라, 기혼녀라면 남편에게 바람피운 대가를 치러야 하고, 아직 미혼이라면 독신으로 남아야 할 소지에 노출되는 것을 뜻했다. 이렇게 많은 위험 뒤에 따르는 보상은 아무것도 없었다. 그럴 바에는 한 명의 파트너에게 충실하여 아이를 갖는 것이 바람직한 듯했다. 남편의 도움 없이 아이를 기를 경우 아이를 잃게 될 수도 있었기 때문에, 이는 바람직하지 못했던 것이다. 결국 일시적인 성관계를 수용하는 여자가 상대적으로 더 적은 수의 자손을 남기게 되었기 때문에, 현대 여성이 일시적인 성관계를 별로 선호하지 않게 된 것 같다.[19]

태곳적 한 여성이 여러 남성과 관계를 맺는 상황을 가정해 보자. 이

---

18 재레드 다이아몬드, 『섹스의 진화』, 임지원 옮김, 사이언스북스, 2005, 87쪽.

19 매트 리들리, 『붉은 여왕』, 338쪽.

들 중에는 여러 장점을 두루 갖춘 남성도 있지만 그렇지 못한 남성도 있다. 그런데 하필이면 건강도 좋지 못하고, 능력도 없는 등 최악의 조건을 갖춘 남성과의 관계가 임신으로 이어졌고, 결국 아이가 태어났다. 이 경우 여성이나 아이는 생존에 매우 불리한 상황에 놓이게 된다. 먼저 아이는 훌륭한 형질을 타고날 확률이 낮다. 만약 아이의 아버지가 신체적으로 건강하지 못했다면 아이도 그와 같은 특징을 물려받기가 쉽다. 아버지가 생존에 도움이 될 만한 별다른 재능을 갖추지 못했다면 아이도 그럴 확률이 상대적으로 높다. 이 경우 아이의 생존 확률은 낮아지게 된다.[20]

다음으로 아이의 아버지가 가정적이라 임신 기간뿐만 아니라 아이가 태어난 후에도 계속 옆에 있으면서 보호해 주려 한다면 그나마 다행인데, 남성이 하필이면 바람둥이 기질까지 있고, 책임감마저도 없다. 설상가상격으로 이 남성이 상대를 사랑해서가 아니라 단순히 성적인 다양성을 추구하려는 차원에서 관계를 맺었다. 이 상황에서 여성이 임신하게 되었다면 남성은 아이와 여성을 책임지려 하지 않을 것이다.

그런데 여성이 아이 아버지뿐만 아니라 다른 여러 남성과 관계를 맺었을 경우 문제가 더욱 심각해진다. 아이 아버지는 책임을 회피할 변명거리를 갖게 되며, 다른 남성들도 태어난 아이가 누구의 아이인지 확실치 않다는 이유로 여성과 아이의 부양을 맡으려 하지 않을 것이기 때문이다.[21] 이 경우 여성은 자신과 태어난 아이를 책임지거나 보호할 남성

20 로버트 라이트, 박영준 옮김, 『도덕적 동물』, 사이언스북스, 2003, 72쪽.

21 같은 책, 123쪽. 암침팬지는 발정기에 다수의 파트너와 관계를 맺으며, 태어난 새끼를 돌봐주는 수침팬지는 없다고 하는데, 이는 부권이 확실하지 않기 때문에 나타나는 현상으로 설명할 수 있다.

이 없는 상태에서 살아갈 수밖에 없는데, 이러한 상황에서는 아이와 여성의 생존 확률이 낮아질 가능성이 커지게 되며, 이에 따라 여성 자신의 유전자를 존속·번영시킬 확률이 낮아지게 된다. "성관계에 동의하기 전에 상황을 정확히 판단하지 못한 과거의 여성들은 진화의 먼지 속으로 사라졌다."[22]

이렇게 보았을 때 여성으로서는 상대를 고르는 기준을 까다롭게 하고, 그 기준을 통과한 남성과 관계를 맺는 것이 유전적 이익을 도모하는 훌륭한 방법이 될 것이다.[23] 달리 말해 일정한 기준을 갖춘 남성임이 확인되지 않은 상황이라면 관계를 맺지 않는 것이 여성에게 유리한 전략이 되리라는 것이다.

한편 어떤 제도적 장치로 일정한 제한이 가해지지 않을 경우 남성이 여성과 아이를 책임지지 않을 가능성은 얼마든지 있다. 어느 순간 남성이 이런저런 이유로 떠나 버리면 남은 여성과 아이는 많은 위험을 감수하면서 살아갈 수밖에 없다. 만약 결혼 같은 제도적 장치를 마련하여 남성이 여성을 책임져야 할 사회적 구속력을 발휘하게 할 수만 있다면 여성의 입장에서는 결혼 등을 통해 남성이 자신과 아이를 책임져야 하는 의무를 갖게 된 상황에서 관계를 맺는 것이 자신의 유전적 이익을 도모하는 방법이 될 것이다. 물론 이와 같은 주장이 여성이 결혼하고 난 후 관계를 맺으려는 생래적인 성향을 타고난다는 말은 아니다. '결혼 이후'는 여성이 관계를 선택적으로 맺으려는 경향이 문화에 반영된 조건이다.

---

22 데이비드 버스, 『위험한 열정, 질투』, 220쪽.

23 로버트 라이트, 앞의 책, 79쪽.

결론적으로 여성은 어떤 경우에도 쉽게 관계를 맺어선 안 된다. 한마디로 유전자를 후대에 남기는 데 전혀 도움이 되지 않기 때문이다. 또 여성은 상대를 신중하게 골라야 한다. 이것이 자신의 유전적 이익을 극대화하는 방법이기 때문이다. 이러한 경향을 거스르는 처우에 대해 여성이 어떤 반응을 보이리라는 것은 충분히 예상이 가능하다. 다음에서는 이와 같은 관점에서 성폭행과 포르노에 대한 여성의 반응을 설명해 보도록 하자.

성폭행에 대한 여성의 반응

성 문제 중에서 도덕적 판단을 내리기 가장 쉬운 주제는 아마도 성폭행일 것이다. 성폭행도 여러 유형이 있을 수 있고, 성폭행인지가 미묘한 경우도 없지 않지만 생면부지인 사람의 성폭행은 논의의 여지가 없을 정도로 명백한 도덕적 잘못으로 간주된다. 이는 일차적으로 피해자에게 엄청난 고통을 야기한다. 피해자는 육체적·정신적 고통을 느끼게 되며, 정신적으로 받은 상처는 계속 남아 피해자를 괴롭히는 경우가 적지 않다. 이와 같은 고통의 정도와 크기는 피해 당사자가 아니면 가늠하기 어려울 만큼 커서 심지어 피해자가 자살을 시도하는 경우마저 있다. 그런데 이러한 고통은 단지 피해 당사자만을 괴롭히는 데 그치지 않고, 피해자의 부모와 애인, 친구 등 주변 사람에게까지 확산된다. 이처럼 여러 사람에게 깊은 상처를 주는 행동이기에 성폭행은 더 이상 논의의 여지가 없는 큰 잘못으로 간주된다.

그런데 같은 성관계(물론 성폭행이 성관계임을 아예 부인하는 사람도 있겠지만)임에도 사랑하는 사람과의 관계는 커다란 행복이 느껴짐에 반해 그렇지 않은 사람과의 강제적인 관계는 극단적인 불쾌감과 고통이 야기되는 이

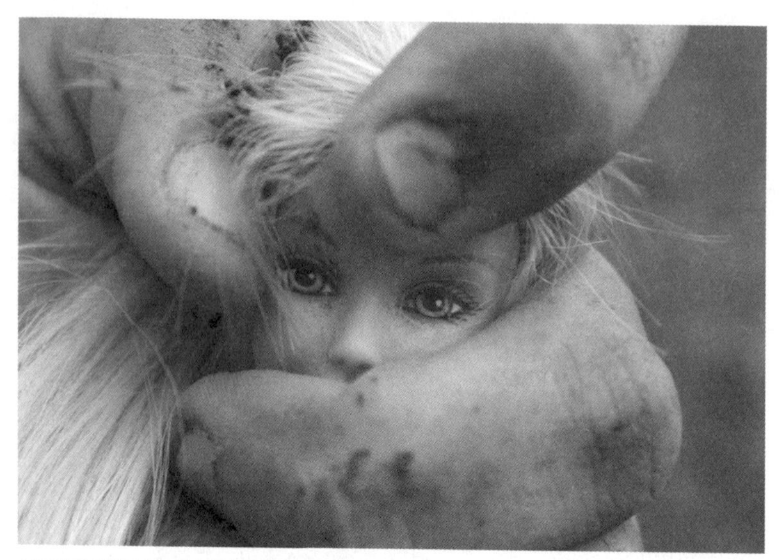

성폭행과 성희롱 등이 여성에게 극도의 불쾌감과 고통을 야기하는 이유는 이들이 선택적으로 관계를 맺고자 하는 여성의 성향을 거스르기 때문이다.

유는 무엇인가? 성관계라는 측면만 놓고 보면 동일한 성관계 아닌가? 또 성폭행 피해자는 대부분 여성이며, 성폭행을 포함해 성희롱, 성추행, 성적 농담 등의 피해로 상대를 처벌해 달라고 요구하는 성도 거의 여성이다. 물론 모든 남성이 성희롱을 사실상 희롱으로 받아들이지 않는 것은 전혀 아니다. 남성들 중에 이를 일반적인 여성 못지않게 불쾌하게 생각하는 경우도 당연히 있을 것이다. 그럼에도 여성이 동일한 행동을 했을 때 남성이 피해자로서 여성을 고발하는 경우는 드물다. 당장 직장에서 이루어지는 성희롱 예방 교육 내용이나 사례를 봐도, 또한 신문에서 접하게 되는 성희롱 관련 기사를 봐도 성희롱은 남성이 여성을 대상으로 이루어지는 경우가 압도적이다. 여성은 좀처럼 남성을 대상으로 그와 같은 행동을 하지 않는다. 이러한 불균형이 나타나는 이유는 무엇인가?

진화심리학에서 말하는 여성의 특징으로 미루어 보았을 때 이들은 어느 정도 예측이 가능한 현상이다. 먼저 성폭행이 여성에게 커다란 상처를 남기는 이유는 그것이 여성의 유전적 이익을 심각하게 침해할 수 있기 때문이다. 앞에서 언급한 바와 같이 여성이 자신의 유전적 이익을 극대화하기 위해서는 상대를 신중하게 골라야 하며, 일정한 기준을 통과한 사람과 관계를 맺어야 한다. 그렇지 않을 경우 여성의 유전적 이익이 침해될 확률이 높아지기 때문이다. 그런데 성폭행은 여성의 의지를 거스르는, 여성의 유전적 이익에 반하는 행위다. 이 때문에 여성은 성폭행에 극도의 혐오감을 나타내게 되는 것이며, 실제로 이러한 폭행을 당했을 경우 여성은 적지 않은 정신적·육체적 고통에 시달리게 된다. 그런데 성폭행 피해 여성이 살고 있는 사회가 혼전순결 규범 등 여성의 성관계를 통제하는 규범을 받아들이고 있거나 사람들의 시선이 이러한 사회의 규범에 물들어 있다면 그 여성은 이러한 환경적 장치 때문에 고통이 가중될 확률이 높다.

여성은 원하지 않은 성관계뿐만 아니라 원하지 않는 상대나 모르는 상대의 성관계를 암시하는 언행도 혐오한다. 여성은 모르거나 원하지 않는 사람이 신체적 접촉을 시도하거나 성적인 농담, 특히 자신과의 성관계를 암시하는 농담을 할 경우 극도의 불쾌감을 느낀다. 이 또한 여성이 쉽게 성관계를 맺지 않으려는 경향과 연결해 볼 수 있다. 다시 말해 여성은 이러한 경향을 거스르는 느낌을 촉발할 경우 심한 불쾌감이나 고통을 느끼는 것이다. 이처럼 불쾌감을 야기하기 때문에 성폭행, 성희롱 등은 도덕적으로 비판을 받을 뿐만 아니라 법적 제재의 대상이 되기도 한다.

특이한 사실은 똑같은 언행이 남성에게는 적어도 여성만큼의 불쾌감을 야기하지 않는다는 것이다. 이는 성적인 다양성을 추구하는 남성의 특징과 일정한 관계가 있다고 생각해 볼 수 있다. 남성은 상대방에게 얽매이게 될 가능성, 자신의 애인이나 배우자 또는 사회적·종교적 규범에 충실하고자 하는 등의 마음만 없다면 성관계 요청에 기꺼이 응할 확률이 여성에 비해 높다. 이 때문에 이성이 성적인 접촉을 하거나 농담을 했을 때 남성은 성관계를 할 기회를 갖게 된다고 생각하면서 이를 그다지 불쾌하게 생각하지 않는 것이다.

이와 같은 남녀의 차이를 무시하거나 아예 모를 경우 남성은 여성에게 커다란 해악을 끼칠 수 있다. 예를 들어 일부 성폭행범의 인터뷰를 보면 상대 여성이 처음에는 거부하다가도 나중에는 좋아할 것이라고 말한다. 이는 그러한 장면을 보여주는 포르노 등으로 갖게 된 오해이기도 하지만, 성관계를 생각하는 남녀의 처지가 다를 바 없으리라는 착각에서 기인한 말이기도 하다. 남성의 입장에서는 이성과의 성관계 자체로 불쾌한 경우는 많지 않다. 즉 어떤 상대와의 관계도 마다하지 않는 것이다. 심지어 지적 장애인이나 아동마저도 성폭행 대상으로 삼는 것을 보면 남성이 얼마나 늑대 기질을 가지고 있는지를 미루어 짐작할 수 있다. 하지만 여성은 결코 그렇지 않다. 여성에게는 '관계 자체'가 아니라 '누구와의 관계'이냐가 중요하며, '누구'라는 조건이 충족되지 않은 관계는 여성을 극도로 불쾌하게 할 따름이다. 어떤 경우에도 여성은 원치 않은 상대의 성적 언행을 매우 불쾌해한다. 따라서 분명하게 거부 의사를 밝혔음에도 그와 같은 언행을 계속한다는 것은 상대방에게 명백하게 피해를 주는 것이다. 남성은 남녀의 성 심리가 다르며, 성희롱, 성적 접촉 등이 여성에게 해악이 됨을 분명하게 인식하고 있어야 한다.

포르노에 대한 평가

일부 자유주의자는 볼 권리를 이야기하면서 포르노를 도덕적으로 정당화하려 하기도 한다. 하지만 포르노에 대해서는 대체로 부정적으로 평가하며, 긍정적으로 평가할 때마저도 '허용' 정도지 '적극적으로 봐야 한다'고 이야기하는 경우는 드물다. 이처럼 포르노를 긍정적으로 평가하기 힘든 이유는 무엇일까?

포르노는 사람, 특히 포르노에 출연하는 여성을 성적 욕구의 수단으로만 생각하게 한다는 점에서 비판이 제기된다. 여기서 유심히 살펴봐야 할 부분은 '여성'을 성적 욕구의 수단으로 생각하는 것이 비판의 요지라는 것이다. '남성'을 성적 욕구의 수단으로 생각하게 하기 때문에 잘못이라고 말할 경우, 이는 상대적으로 강력한 비판이 되기 어려울 수 있다. 상대를 비교적 가리지 않고, 기회가 되면 기꺼이 성관계를 맺으려는 경향이 있는 남성은 성적 욕구의 수단으로 간주되어도 선택적으로 관계를 맺고자 하는 여성에 비해 불쾌감을 느끼지 않을 확률이 훨씬 높기 때문이다. 실제로 일부 남성은 기꺼이 성적 욕구의 수단이 되고자 할 것이다.

여성 포르노 배우는 대개 철저하게 소외된 일을 할 수밖에 없다. 포르노 자체가 상대와의 신뢰가 쌓인 상황에서 관계를 맺으려 하는 여성의 특징과 상반되기 때문이다. 게다가 여성 포르노 배우는 자신들에 대한 남성의 시각이 유쾌할 수가 없다. 남성은 포르노 여배우를 성적인 욕구의 대상으로 생각할 뿐, 결코 배우자감이나 사랑을 바칠 상대라고 생각하지 않는다. 남성은 그녀들이 돈을 준다면 기꺼이 적나라한 모습을 보여줄 수 있는, 성적인 독점욕을 만족시켜 주기 힘든 여성이라는 이유로 그들을 이성으로 사귈 만한 대상이 아니라고 생각하는 것이다.

루벤스(Peter Rubens)의 작품으로 알려진 <노인과 여인>. 언뜻 보기와 달리 이는 독립투사인 아버지가 감옥에서 굶어 죽어가는 모습을 보다 못한 딸이 아버지에게 젖을 물려주는 감동적인 그림이다.

자신에게 헌신하기를 바라는데 그러한 처우는커녕, 남성이 그저 성욕을 해소하기 위한 대상으로만 자신들을 파악한다는 것을 의식할 때 여성 포르노 배우는 상처를 받지 않을 수 없을 것이다.

한편 포르노에 대해서는 단순히 벗은 모습과 성관계 장면을 보여준다는 이유 때문이 아니라 여성 일반을 보는 남성의 시각에 부정적인 영향을 미칠 수 있다는 비판이 제기되기도 한다. 포르노는 여성 일반에 대한 남성의 시각을 부정적인 방향으로 이끌 가능성이 크다는 주장이 제기되는데, 이는 포르노에 반대하는 커다란 이유 중의 하나다. 포르노를 반대하는 사람에 따르면 포르노는 출연 여배우만을 성욕의 대상으로 생각하게 하는 데 멈추지 않고 여성 일반에 대해서도 그와 같은 시각을 갖게 한다. 더욱 큰 문제는 남성이 그러한 시각을 갖게 됨으로써 여성이 성범죄에 더 많이 노출될 수 있다는 것이다.

이러한 생각이 적절한지를 떠나 이런 비판이 있다는 사실은 그 자체로 여성이 오직 성욕을 해소하는 데 초점이 맞춰진 대상으로 처우받는 것을 불쾌해한다는 점을 잘 보여준다. 포르노가 문제가 되는 것은 그것이 선택적으로 관계를 맺고자 하고, 불특정한 남성의 성욕 해소 수단이 되고 싶지 않다는 여성의 바람을 거스르는 방향으로 남성을 이끌기 때문이다. 만약 이에 영향을 주지 않거나 여성이 남성과 같은 성 특징을 가지고 있다면 포르노에 대한 평가는 지금과 다소 달라졌을지도 모른다.

독점욕이 상대적으로 덜 강하다

여성이 남성에 비해 독점욕이 덜 강하다는 이야기를 들으면 아마도 많은 사람이 고개를 갸우뚱할 것이다. 왜냐하면 주변에서 여성이 남성 이상으로 질투하는 모습을 흔히 볼 수 있기 때문이다. 실제로 남성이 애인이 아닌 다른 여성에게 관심을 갖는 아주 사소한 조짐이나 표시, 아니 그저 다른 여성과 이야기를 나누거나 서 있는 모습만이 목격되어도 남성은 한동안 애인을 달래기 위해 적지 않은 노력을 기울여야 한다. 이처럼 여성의 독점욕이 강한 것이 명백하고, 심지어 어떤 경우에는 남성에 비해 독점욕이 강한 것처럼 보임에도 그렇지 않다고 하는 이야기는 언뜻 납득하기 힘들다.

이는 독점욕을 '성'에 관한 것과 '자신에 대한 배려'에 관한 것으로 구

남성에 비해 여성은 성에 대한 독점욕이 상대적으로 강하지 않다. 그럼에도 사랑에 관한 독점욕은 오히려 여성이 남성을 능가한다. 사진은 틴토레토의 작품 〈은하수의 기원〉으로, 제우스가 헤라클레스에게 몰래 젖을 주려는데 질투의 여신 헤라가 이를 알고 잠에서 깨어나는 장면이다.

분하지 않음으로써 생긴 의혹이다. 여성이 후자와 관련한 독점욕이 강하다는 사실은 굳이 언급할 필요도 없으며, 이러한 독점욕만을 놓고 본다면 일반적으로 여성이 남성에 비해 독점욕이 강하다. 하지만 성에 대한 독점욕과 관련해서는 이야기가 달라진다. 성에 대해서는 일반적으로 여성이 남성에 비해 다소 관대하다. 이렇게 이야기하는 진화론적인 이유를 잠시 살펴보자.

예를 들어 A가 남편이고 B가 아내인데, A가 다른 여성들과 관계를 맺고 다닌다고 가정해 보자. A가 여러 여성과 관계를 맺는다고 하더라도 B의 입장에서는 자신과 유전자를 공유하는 아이를 탄생시키는 데는 전혀 문제가 없다. 이는 A가 다른 여성을 임신시켰다고 하더라도 다를 바 없다. 설령 A가 밖으로 나돌아 다닌다고 하더라도 A가 B의 가임기에 맞춰 관계를 맺을 경우 B는 자신과 유전자를 공유하는 아이를 출산할 수 있다. 이때 B는 태어난 아이가 자신의 유전자를 물려받은 아이임을 의심할 수가 없다. 자신의 몸에서 태어났는데 어찌 이를 의심할 수 있겠는가?

물론 B는 A가 밖으로 떠돌아다니는 것이 심히 불쾌할 수 있다. 하지만 이러한 불쾌함은 엄밀히 따져 보았을 때 B를 배려하지 않고 다른 여성에게 투자와 헌신할 가능성이 커지는 데 따른 것이다. 이는 성적인 독점욕 때문에 느껴지는 불쾌함이 아니다. 결론적으로 여성은 굳이 배우자나 애인의 성을 독점하지 않는다고 하더라도 얼마든지 임신할 수 있으며, 자신과 유전자를 공유하는 아이를 탄생시킬 수 있다. 그렇기 때문에 여성은 남성이 다른 여성과 성관계를 맺는 것에 대해 상대적으로 관대할 수 있게 된다. 실제로 실험을 해 본 결과 배우자나 애인이 성적으로 외도하는 경우와 정신적으로 다른 사람을 사랑하는 경우 중에서 어떤 쪽이 더 화가 나느냐고 물었을 때 상당수의 여성이 후자가 더 화가 난다고 답했다.[24]

흔한 일부다처제와 희귀한 일처다부제

주지하다시피 일부다처제는 한 남성이 여러 여성과 함께 사는 것을 말한다. 이러한 제도를 채택하는 사회는 일부일처제를 채택하는 사회만큼 흔하다. 반면 일처다부제는 한 여성이 여러 남성과 함께 사는 것을 말하는데, 이러한 제도를 받아들이는 사회는 예전의 티베트 사회, 히말라야 메루 고원에 사는 인도 록파족 등 손가락으로 셀 정도로 극히 찾아보기 힘들다. 실제로 일처다부제는 여성의 수가 극히 적을 경우나 남성이 집을 자주, 오랫동안 비워야 하는 등 예외적인 상황에서 채택되지 정상적인 상황에서는 거의 일부일처제나 일부다처제가 채택된다. 그런데 이와 같은 불균형이 나타나는 이유는 무엇일까?

---

24 2006년 7월 16일 방영된 다큐멘터리 프로그램 MBC 스페셜 〈일부일처제-인간짝짓기의 진화〉(前편) '속거나 속이거나'에서.

일부다처제와는 달리 일처다부제는 극히 희귀한 결혼 제도다. 형제 다섯 명을 남편으로 맞은 인도의 한 여성.

진화심리학자는 이를 남녀 간의 성적 독점욕의 차이를 이용해서 설명한다. 앞에서 살펴본 바와 같이 남성은 성적 독점욕이 강하다. 그렇기 때문에 여성이 여러 남성과 함께 살 경우 남성들은 여성의 성을 독점하기 위해 다툼을 벌이게 된다. 그렇게 하지 않을 경우 남성들은 여성과 자신의 관계가 2세 탄생으로 이어지는 것을 확신하지 못하기 때문이다. 이는 남성들이 다투는 원인이 되며, 이로써 일처다부제는 계속 유지되기가 힘들어진다.

그렇지 않은 경우도 있지만 일처다부제에서 여성과 함께 사는 남성들은 형제여야 한다는 규정이 있는데, 이는 진화심리학을 통해 예측할 수 있는 바다. 예를 들어 혈연이 아닌 남성들이 한 여성과 함께 살면서 관계를 맺는다고 가정해 보자. 이때 각각의 남성의 입장에서는 태어난 아이가 자신의 혈육인지를 확신할 수가 없다. 반면 형제인 남성들과 함께 사는 한 여성에게서 아이가 태어난다고 가정해 보자. 이러한 상황에서는 설령 친아버지가 누구인지가 확실하지 않다고 하더라도 그 아이는 적어도 형제와 유전자를 공유하는 피붙이임에는 분명하다. 그렇기 때문에 형제들은 여성의 성을 독점하려 할 필요가 없고, 성의 독점이라는 문제로 다툼도 비교적 일어나지 않게 된다. 이와 같은 이유로 일처다부혼의 경우 남성들이 형제여야 한다는 전제가 붙게 되는 것이다.

이번에는 한 명의 남성과 여러 명의 여성이 함께 사는 일부다처제에 대해 생각해 보자. 여성들은 남성의 성을 독점하기 위해 노력할 필요가 없다. 왜냐하면 설령 남성이 여러 아내와 관계한다고 하더라도 가임기를 적절히 맞출 경우 모든 아내가 자신의 유전자를 공유하는 아이를 가질 수 있기 때문이다. 이러한 이유로 여성들은 남성의 성을 놓고 다툴 필요가 없는데, 실제로 남성이 특정한 여성만 지나치게 편애하거나 차별하지 않는다면 별 문제없이 일부다처제가 유지될 수 있다. 일부다처제는 여성이 성적 독점욕을 크게 갖지 않음으로써 이럭저럭 유지될 수가 있는 것이다. 만약 여성이 남성과 다를 바 없이 성적 독점욕을 갖는다면 설령 여성이 남성에게 많은 부분을 의존해야 하는 상황이라도 일부다처제가 채택되기가 훨씬 어려울 것이다.

이중 잣대를 갖지 않는 여성

게이 커플과 레즈비언 커플 중 어느 쪽이 관계를 계속 유지할 확률이 높을까? 개인적인 특성 등 여러 요인을 감안하면 이에 대해 획일적으로 말하기는 힘들다. 그럼에도 생물학적인 특성을 고려해 보았을 때 관계가 지속될 확률은 게이 커플보다는 레즈비언 커플이 높다고 할 수 있다. 이는 남성은 이중 잣대를 가짐에 반해 여성은 이를 갖지 않는다는 것과 관련이 있는 주장이다.

여성은 성적인 독점욕이 강하지 않고 선택적으로 관계하려는 경향이 있다. 이러한 경향이 있다고 해서 여성이 자신의 배우자나 애인이 다른 여성과 관계를 맺건 맺지 않건 상관하지 않는 것은 전혀 아니다. 여성은 단지 이중적인 태도를 나타내지 않을 뿐, 배우자나 애인의 충실하지 못함을 당연히 용납하지 않는다. 여기서 여성이 이중 잣대를 갖지 않는다는 말은 자신이 여러 남성과 관계를 맺으면서 배우자나 애인 또한 다른 여성과 관계를 맺는 것을 허용한다는 의미라기보다는, 애인이나 배우자가 다른 여성과 관계를 맺는 것을 허용하지 않으면서 본인도 상대에게 비교적 충실하다는 것을 말한다.

앞에서 언급한 바와 같이 게이와 레즈비언은 비록 성적 지향이 동성에게 향해 있음에도 이들은 각각 남성과 여성이다. 이에 따라 게이는 진화심리학에서 말하는 남성의 특성을, 레즈비언은 여성의 특성을 가지고 있다. 이렇게 본다면 게이는 이중 잣대를 가지고 있음에 반해 레즈비언은 이를 가지고 있지 않으며, 설령 가지고 있더라도 그 강도는 게이에 비해 약하다고 할 수 있다.

그런데 만약 게이는 이중 잣대를 가지고 있는데 레즈비언은 이를 가지고 있지 않다면 커플의 안정성은 후자가 높다고 해야 할 것이다(이는 개인의 특성 등을 배제하고 고려해 보았을 경우에 그러하다는 것이다). 그 이유는 게이 커플의 경우 두 사람 모두 이중 잣대를 가지고 있다는 사실이 두 사람의 관계에 걸림돌이 될 가능성이 있기 때문이다. 예를 들어 A와 B가 게이 커플이라면 양자 모두 이중 잣대를 가지고 있을 텐데, 이는 두 사람을 동시에 불편하게 한다. 먼저 B의 입장에서 상황을 따져 보자. 만약 A가 이중 잣대를 가지고 있다면 A는 B의 성을 통제하려 함과 동시에, 자신은 다른 남성들과 관계를 맺으려 할 것이다. 이 경우 B는 성적인 독점욕에 상처를 받게 된다. 그런데 한 걸음 더 나아가 A가 자신의 성적 자유마저도 억압하니 B로서는 더욱 화가 나지 않을 수 없다. B는 이중적으로 불쾌감을 느끼게 되는 것이다.

문제는 이와 같은 이중 잣대를 A만 가지고 있는 것이 아니라 B도 가지고 있다는 것이다. 이 때문에 B 역시 A의 성을 통제하려 하면서 자신은 다른 남성들과 관계를 맺으려 할 것이다. 이는 A의 불만을 사게 되는데, 이처럼 양자 모두가 이중 잣대를 가지고 있음으로써 서로 불만을 가질 소지가 있다면 관계의 안정성은 보장되기가 힘들다. 그 관계가 언제, 어떻게 깨질지 모르는 것이다.

게이 커플과 달리 레즈비언 커플은 여성의 특성상 이중 잣대를 가지고 있지 않다. 따라서 서로에게 불만을 가질 확률이 상대적으로 낮다고 생각해 볼 수 있다. 예를 들어 C와 D가 레즈비언 커플이라고 가정해 보자. 만약 C가 이중 잣대를 가지고 있지 않고, 이에 따라 비록 D가 바람을 피우는 것을 허용하지 않지만 그럼에도 자신도 바람을 피우지 않고, D도 마찬가지 태도를 보인다면 두 사람이 다툴 가능성은 그만큼 낮아진다. 그들은 이중 잣대를 가지고 있지 않기 때문에 관계가 오래 유지될 확률이 높아지게 된다.

여성이 성적인 자극을 받기 위한 조건은?

남성은 시각, 여성은 촉각에 예민하다는 말이 있다. 과연 맞는 말일까? 진화심리학의 관점에서 보았을 때 남성이 시각적인 자극에 민감하게 반응한다는 말은 개연성이 있다. 하지만 여성이 촉각에 예민하다는 말은 틀렸다. 만약 이와 같은 말이 옳다면 아마도 지하철 안에서 이상한 접촉을 시도하는 남성에게 여성이 성적인 자극을 느낄 것이다. 하지만 단언컨대 어떤 경우에도 여성은 이러한 상황에서 성적인 자극을 느끼지 않는다. 거꾸로 여성은 이러한 접촉에 극도의 혐오감을 느낀다. 이는 결코 내숭이 아니다. 만약 여성이 이를 긍정적으로 여긴다면 아마도 그와 같은 행위를 한 사람을 처벌해 달라고 요구하지도 않을 것이다.

그렇다면 여성은 무엇에 끌릴까? 시각은 어떤가? 남성과 마찬가지로 시각적인 자극에 이끌리는 여성도 분명 있을 것이다. 하지만 유전자 선택의 관점에서 보면 여성은 남성처럼 쉽게 시각적인 자극에 반응하지 않을 것으로 보인다. 만약 남성과 유사하게 여성도 자신에게 허용되는 범위 내에서 최대한 성관계를 맺는 것이 유전자의 존속·보존에 유리하게 작용한다면 여성도 단순한 기작을 통해 성적인 자극을 받도록 진화했을 것이다. 하지만 앞에서 언급한 바와 같이 여성은 상대를 고르는 데 매우 신중해야만 자신의 유전적 이익을 극대화할 수 있다. 이것이 사실이라면 여성은 상대의 외적 특징이나 자극에 쉽게 반응하지 않는 특징을 갖추고 있다고 생각해야 할 것이다. 예를 들어 여성이 남성의 벗은 모습이나 노출이 심한 모습에 쉽게 반응한다면 남성은 이를 이용해서 용이하게 관계를 맺을 수 있을 것이다. 이렇게 될 경우 여성은 신중하게 상대를 고르기가 힘들어지게 되며, 이로 인해 유전적 이익을 도모하는 데 상당한 타격을 입을 가능성이 크다. 물론 상대의 신체적 건장함에 이끌렸다면 그와 같은 상대와의 관계는 건장한 2세 탄생으로 이어질 것이다. 하지만 상대가 아무런 능력도 없이 겉모습만 멀쩡하고, 상대에게 헌신하려는 의지가 전혀 없는 바람둥이라면 여성은 자신은 물론 자식의 부양책임까지 고스란히 떠안아야 한다. 이 때문에 여성은 아무리 몸짱인 남성을 보더라도 단순히 시각적인 자극에 쉽게 반응을 나타내지 않을 가능성이 크다.

마사지 걸과 여성 성매매 종사자의 반응

이와 관련한 두 가지 예를 들어보자. 마사지 맨과 마사지 걸은 마사지가 직업인 남녀를 지칭하는 말이다. 이들은 동성을 대상으로 마사지를 하기도 하지만 이성을 대상으로도 마사지 서비스를 제공한다. 여기서 이야기하려는 사람들은 이성을 대상으로 서비스를 제공하는 마사지 걸과 마사지 맨이다. 이들의 역할은 다소 차이가 있는데, 남성을 대상으로 하는 마사지 걸은 순수하게 마사지 서비스만 제공하는 경우와 성관계를 포함하는 마사지를 하는 경우로 나뉨에 반해, 여성을 대상으로 하는 마사지 맨은 드물 뿐 아니라 순수하게 마사지만 하는 경우는 거의 없다. 마사지 맨의 서비스에는 대개 성관계가 포함된다는 것이다.

진화심리학의 시각에서 보면 이와 같은 현상이 나타나는 데는 남녀 간의 성차가 영향을 준다. 마사지 맨은 여성의 신체를 만지거나 여성이 벗은 모습을 보면 자신의 의지와 무관하게 성적인 자극을 받게 된다. 그리고 이러한 자극의 대상이 바로 눈앞에 있음으로써 자칫 성범죄를 일으킬 가능성이 커진다. 이 때문에 성관계가 포함되지 않은 순수한 마사지만 전담하는 마사지 맨은 찾아보기가 어려운 것이다. 반면 마사지 걸은 설령 남성이 벗고 누워 있다고 하더라도 별다른 자극을 받지 않는다. 그들은 심지어 흉물스러운 고깃덩어리가 누워 있다고 생각하고, 비교적 평온한 마음으로 마사지에만 전념할 수 있다고 한다. 이러한 이유로 마사지 걸 중에는 순수하게 마사지만 담당하는 여성이 있을 수 있게 된다.

이와 같은 현상은 성매매 현장에서도 살펴볼 수 있다. 여성 성매매 종사자는 남성이 벗었다고 해서 성적으로 흥분하는 일은 좀처럼 없으며, 대개 돈을 벌기 위해 일이라는 차원에서 남성과 관계를 맺을 따름이다. 많은 경우 그들은 감정을 개입하지 않고 기계적으로 서비스를 제공한다. 만약 여성 성매매 종사자가 남성의 벗은 몸을 보면서 성적인 자극을 받는다면 아마도 돈을 벌기가 그리 쉽지 않을 것이다. 이 경우 남성도 서비스를 제공하는 처지가 될 것이고, 이로써 남성이 훨씬 쉽게 관계를 맺을 수 있는 상황에 놓이게 될 것이기 때문이다.

바바리맨에 대한 반응

비가 부슬부슬 오는 날 여중이나 여고에 출몰하는 특이한 남성들이 있다. 일명 바바리맨. 이들은 대체로 사회부적응자로, 퍼포먼스를 하여 여학생들을 놀라게 함으로써 자신들이 살아 있음을 느끼는 사람들이다. 만약 퍼포먼스를 했음에도 여학생들이 놀라지 않거나 별 반응을 보이지 않는다면 그들은 다른 곳으로 옮겨 가버릴 것이다. 그런데 우리가 주목해야 할 점은 그들이 퍼포먼스를 펼칠 때 여학생들이 혼비백산해서 달아난다는 것이다. 워낙 급작스럽게 일이 벌어지다 보니 여학생들이 놀랄 수밖에 없겠지만, 그럼에도 만약 특정 부위를 노출하는 것이 성적인 자극이 될 수 있다면 아마도 여학생들은 일단 놀라서 달아나도 다시 돌아와 그 장면을 몰래 지켜보려고 할 것이다. 하지만 그와 같은 일은 일어나지 않는다.

그런데 상황이 바뀌어 바바리걸이 남학교 앞에 등장했다고 가정해 보자. 이 경우에도 여학교에서와 유사한 상황이 벌어질까? 물론 혼란은 일어날 것이다. 하지만 혼란의 맥락은 현저하게 다를 것이다. 남학생들은 놀라서 달아나기보다는 구경하기 위해 구름떼처럼 몰려들 것이고, 이로써 극심한 혼란이 일어날 것이다. 이러한 현상이 나타날 것임은 여름에 야외 수영장 안이 잘 보이는 도로 구간에서 유독 차가 밀리는 것으로도 미루어 짐작할 수 있다. 만약 이 구간이 병목 현상 때문에 밀린다면 유독 여름에만 밀리지는 않을 것이다. 다른 이유 때문이 아니라 선탠하는 수영복 차림의 여성을 보기 위해 남성이 차를 천천히 몰아서 차가 밀리는 것이다.

정서적 유대가 전제되어야…

여성이 단순히 촉각이나 시각에 따라 자극을 받지 않는다면 구체적으로 무엇에 자극을 받을까? 어떤 사람은 분위기를 지적한다. 다시 말해 좋은 분위기 속에서 적절한 대화를 주고받다 보면 은연중에 성적으로 자극을 받는다는 것이다. 물론 그럴 수도 있다. 하지만 아무리 분위기가 좋다고 하더라도 상대가 마음에 들지 않으면 여성이 자극을 받을까?

그렇다. 여성이 성적인 자극을 받기 위해서는 시각, 촉각, 청각, 분위기 등보다는 상대에 대한 호감이 전제되어야만 한다. 이왕이면 분위기가 좋은 곳이라면 더 말할 나위 없겠지만 만약 상대에게 이성으로 끌린다면 설령 분위기가 그리 좋지 않다고 하더라도 별 문제가 되지 않는다. 여성은 상대를 사랑하게 되면 자연스레 상대에게 자극을 받으며, 이 경우 여성은 단지 남성이 옆에 있는 것만으로도 자극을 받을 수 있다. 물론 사랑하는 감정이 성적인 자극의 전제가 된다는 것은 남성도 마찬가지다. 하지만 남성은 상대를 사랑하지 않는다고 하더라도 여성의 노출

수위가 높거나 일정한 접촉이 있으면 성적인 자극을 받게 된다. 이에 반해 여성은 이러한 조건들이 부차적이다. 여성은 상대와의 교감이 가장 중요해서 이러한 조건이 충족되지 않을 경우에는 웬만하지 않으면 성적인 자극을 받지 않는다. 바로 이것이 여성과 남성의 차이점이다.

여성이 선호하는 남성의 특징

이상에서 살펴본 바와 같이 여성은 성적 자극을 쉽게 받지 않으며, 금세 상대에게 빠지지도 않는다. 여성은 남성에 비해 많은 단계를 거쳐야 비로소 성적 자극을 받고, 사랑에 빠지는 존재인 것이다. 여성은 사랑에 빠지기 전에 상대를 어느 정도 파악해야 하며, 이러한 검토를 통과한 사람과 사랑을 나누어야 자신의 유전적 이익을 극대화할 수 있다. 에드워드 윌슨(Edward O. Wilson)이 밝히고 있는 바와 같이 여성들은 "선뜻 배우자를 결정하지 않는 편이 유리하고, 가장 좋은 유전자를 갖는 남성을 골라낼 때까지 결정을 유보하는 것이 좋으며, 또한 자식들을 직접 양육하는 종들에서는 여성이 수정 후 함께 있어 줄 가능성이 높은 남성을 선택하는 것"[25]이 중요한 것이다. 이와 같은 이유로 여성은 만나자마자 쉽게 마음을 열기보다는 상대와 탐색전을 거치면서 간을 본다. 이 과정에서 여성은 흔히 튕기는 모습을 보여주는데, 이처럼 튕기면서 하나씩 둘씩 상대방에 대한 정보를 종합한다. 그러면서 자신의 선호에 부합되는지를 파악하려 한다.

---

25 Edward Wilson, *On Human Nature*(Harvard Univ. Press, 1978), p.125.

그렇다면 일반적인 여성이 선호하는 남성의 특징은 무엇일까? 진화심리학자들이 거론하는 여성들이 선호하는 특징은 대략 신체의 건장성, 능력, 헌신이라는 세 가지로 압축된다. 많은 여성이 이상적으로 생각하는 남성은 이러한 특징을 두루 갖춘 남성일 것이다. 예컨대 현빈의 외모에 빌 게이츠와 같은 능력과 재력, 그리고 영화 〈늑대 소년〉에서의 철수와 같은 남성이 사귀자고 했을 때 쓰러지지 않는 여성은 거의 없을 것이다. 하지만 이러한 남성은 별나라에서 온 남성이며, 설령 이러한 남성이 있다고 해도 그와 사귈 수 있는 여성은 극소수에 지나지 않는다. 상당수의 여성이 접하게 되는 남성은 세 가지 특징 중에서 한두 가지에서 장점이 있는 남성이며, 장점 자체에 대한 기준 또한 천차만별일 수 있다. 예를 들어 어떤 여성에게는 의사가 능력남일 수 있지만 다른 여성에게는 이보다 돈을 훨씬 벌지 못하는 직종의 남성이 능력남이 될 수 있다. 또한 세 가지 특징 중에서 어떤 것에 우선순위를 두는지도 사람마다 다를 수 있다. 다시 말해 어떤 사람은 신체의 건장성에, 또 다른 사람은 능력에 최우선 순위를 둘 수 있는 것이다. 마지막으로 "오늘날의 여성들은 더 이상 능력남을 따라 다니지 않아요"라고 말하는 사람이 있을 수 있는데, 충분히 그럴 수 있다. 그렇게 이야기하는 여성은 다른 특징에 무게를 둘 수 있고, 능력남의 계산적이고 이기적인 모습에 신물이 날 수도 있으며, 스스로가 속물 같다는 느낌 때문에, 살아온 환경으로 인해, '넘사벽'이라는 등의 이유로 인해 능력남에 관심을 갖지 않게 되었거나 관심을 갖지 않으려 할 수 있다. 여기서 말하고 있는 것은 그저 평균적으로 여성들이 세 가지 특징에 관심을 갖는다는 것이며, 모든 여성이 이러한 특징을 모두 갖춘 남성과 사귀려 한다는 것도, 세 가지 선호의 순위가 정해져 있다는 것도 분명 아니다.

키 크고 건장한 남성에 대한 관심

신체적으로 건장한 남성에게 이끌리는 진화론적인 이유는 간단하게 설명할 수 있다. 아주 오랜 옛날 A 집단의 여성은 허약한 남성에게 매력을 느꼈고, B 집단의 여성은 건장한 남성에게 관심을 가졌다고 가정해 보자. 이 중에서 생존 가능성이 높은 여성 집단은 말할 것도 없이 B일 것이다. 맹수를 포함하여 온갖 위험이 도사리고 있는 환경에서 생존할 가능성은 신체 건장한 배우자가 옆에서 지켜주는 경우가 왜소해서 여성이 지켜줘야 할 정도인 배우자와 함께 사는 경우에 비해 훨씬 컸을 것이다. 튼실한 아이가 태어날 가능성도 신체 건장한 배우자와 관계를 맺는 것이 그렇지 않은 경우에 비해 훨씬 높다. 진화심리학자는 이와 같은 이유로 여성이 신체적으로 건장한 남성을 선호하는 경향을 갖게 되었다고 주장한다.

이와 같은 특징은 인간 사회뿐만 동물의 세계에서도 흔히 관찰된다. 아니, 오히려 동물의 세계에서 더욱 두드러지게 나타난다. 동물의 세계에서 암컷들이 무리에서 가장 힘이 센 수컷과 관계를 맺으려 한다는 사실은 널리 알려져 있다. 이와 같이 함으로써 암컷은 가장 힘이 센 우두머리의 보호를 받을 수 있으며, 공동으로 획득한 먹이를 더 취할 수 있게 된다. 또한 암컷은 신체적으로 가장 건장한 수컷과 교미함으로써 다른 수컷과 교미해 태어나는 새끼에 비해 건강한 새끼를 출산할 가능성이 높아진다.

신체적 매력을 가지고 있는 대표적인 남성으로는 운동선수를 꼽을 수 있을 것이다. 여성은 신체적 능력이 탁월하고 건장함을 갖춘 운동선수에게 상당한 매력을 느낀다. 이들이 금전적인 수입마저 적지 않다면 금상첨화일 것이다. 국내에서 프로야구 선수는 이러한 남성에 해당한다. 비록 유니폼에 가려져 있지만 그들의 신체적 건장성은 숨길 수 없으며, 운동 능력을 발휘해 신체의 탁월성을 보여준다. 그들은 고액 소득자에다 대중적인 인기까지도 누리고 있다. 이러한 이유 때문인지 그들이 결혼하는 여성을 보면 대체로 많은 남성이 선호하는 매력적인 여성들이다.

신체적 건장성을 대표하는 특징은 단연 신장이다. 텔레비전의 한 프로그램에 패널로 나온 여대생이 '키 180센티미터 미만의 남성은 루저'라는 발언을 하여 한동안 세상이 시끄러웠던 적이 있다. 그와 같은 조건을 충족하지 못한 남성은 입을 모아 그 여성을 비난했고, 심지어 그 여학생이 다니던 학교의 홈페이지가 다운될 정도로 비난이 쏟아졌다. 물론 '루저', '180센티미터'라는 표현과 조건이 문제가 될 소지는 있었다. 하지만 키와 건장성에 대한 여성의 관심은 어제오늘의 일이 아니다. 여성이 키 큰 남성을 선호한다는 사실은 단지 공개적으로 언급된 적이 별로 없었을 뿐 새삼스러운 일은 아닌 것이다. 여성이 소개팅에 나가기 전에 물어보는 상대방의 조건을 떠올려 보라. 아마도 키에 대한 질문이 대부분 포함되어 있다는 사실을 알 수 있을 것이다.

키 작은 남성이 선호의 대상이라고 여겨지던 시절이 없었던 것은 아니다. 과거에 조용필, 전영록, 김범룡 등으로 대표되는 키 작은 남성들이 엄청난 인기를 끌었던 시절이 있었다. 하지만 이들이 인기가 있었던 것은 탁월한 노래 솜씨 때문이지 결코 작은 키 때문은 아니다. 만약 그들이 노래를 잘하지 못했다면 별다른 주목을 받지 못했을 것이고, 그들이 키가 컸다면 더욱 인기몰이를 했을지 모를 일이다. 그리고 이들이 인기가 있었다고 해서 그 당시 키 작은 남성들까지 덩달아 인기가 있었던 것은 아니다. 그렇게 생각하는 것은 전형적인 일반화의 오류다. 아마 그 당시에도 일반인 사이에서는 키 큰 남성이 그렇지 않은 남성보다 인기가 있었을 것이다.

이처럼 키 큰 남성을 좋아한다고 해서 여성이 남성의 키가 크면 클수록 좋다고 생각하는 것은 아니다. 예를 들어 여성이 키가 2미터가 넘는 장신을 그보다 작은 사람보다 선호하는 것은 아니다. 그럼에도 여성이 대체로 훤칠한 남성을 선호한다는 것만큼은 분명하다. 특히 여성의 키가 클 경우에는 말 그대로 '180센티미터 미만은 루저'라는 이야기까지도 나올 수 있다.

신체적인 조건만 놓고 보았을 때 가장 이상적인 남성은 키 크고 잘생긴 남성일 것이다. 그런데 만약 두 가지 중 한 가지만 선택해야 한다고 할 때 여성은 어떤 조건을 선택할까? 어떤 조건을 선호할지는 여성이 살아온 환경이 중요할 수 있다. 그리하여 키가 크지 않은 사람에 대한 좋은 인상이 남아 있다면 그러한 사람을 선호하게 될 가능성이 얼마든지 있다. 하지만 일반적인 경향을 이야기하면 여성은 신체적으로 건장한 남성을 얼굴이 수려한 남성에 비해 선호한다. 예를 들어 키가 훤칠한데 못생긴 남성과, 키가 작은데 잘생긴 남성 중 누구를 선택할 것이냐고 물으면 적지 않은 여성이 전자를 선택한다. 물론 잘생겼다는 것과 왜소하다는 것의 기준은 사람마다 다소 차이가 있을 수 있다. 하지만 대략적으로 보았을 때 여성은 키가 큰 것을 얼굴 잘생긴 것에 비해 선호하는 편이다. 이 또한 진화론적으로 설명이 가능한데, 예를 들어 오랜 옛날 검치호가 남성의 얼굴을 보고 "야~ 잘 생겼는데? 잡아먹지 말아야겠는 걸?"이라고 생각했을 리는 없다. 또 사냥을 나가는 경우에도 잘생긴 남성이라고 해서 먹을거리를 더 많이 얻을 수 있거나 사냥술이 빼어나지는 않았을 것이다. 이처럼 그 당시 남성의 얼굴은 여성의 생존에 별다른 도움이 되지 않았다. 반면 신체가 건장한 남성은 여러모로 여성의 생존과 행복에 도움을 줄 수 있었다. 건장한 남성과 잘생긴 남성을 선호하는 여성 중에서 살아남을 가능성이 높았던 쪽은 전자였을 것이며, 그들의 후손인 오늘날의 여성에게는 남성의 외적 조건 중에서 신체적 건장성에 높은 가치를 부여하는 경향이 남아 있을 것이다.

능력에 대한 관심

남성의 젊음과 신체적 매력이 여성의 관심을 촉발하는 것은 분명하다. 하지만 여성에게 젊음과 건장함은 남성에게만큼 중요하지 않다. 그리하여 남성이 이러한 조건을 갖추지 못했다고 하더라도 다른 조건을 갖추고 있을 경우 여성은 그에게 관심을 갖게 될 수 있다. 그렇다면 다른 조건이란 구체적으로 무엇일까?

젊음과 건장함이라는 조건 이외에 여성이 상대에게 이끌리는 특징 중 대표적인 것은 '능력'이다. 능력이 정확히 무엇을 이야기하는지가 다소 애매하긴 하지만 여기서 말하는 능력이란 대체로 '사회 속에서 잘 살아갈 수 있는 특징을 두루 갖춘 것'을 말한다. 여기에는 경제적인 능력이 포함되며, 정치적인 권력을 갖는 것 등도 포함될 것이다. 남성이 이와 같은 조건을 갖추었을 경우 젊음과 건장함 등 외형적 조건이 다소 미흡하다고 하더라도 여성은 그러한 남성을 기꺼이 선택하기도 한다.

미국의 빌 클린턴(Bill Clinton) 전(前) 대통령은 그 대표적인 예다. 클린턴 전 대통령은 재임 당시 50대였음에도 20대 여성인 모니카 르윈스키(Monica Lewinsky)와 적절하지 않은 관계를 맺었다. 이 관계는 클린턴이 권력을 이용해 강압적으로 맺은 것이 아니었으며, 르윈스키는 클린턴을 진심으로 사랑했다. 하지만 그녀는 배심원들 앞에서 클린턴 대통령

과의 관계를 증언했고, 처음에는 부인하던 클린턴은 결국 부적절한 관계를 맺었다고 시인함으로써 두 사람의 관계가 세간에 알려지게 되었다. 그런데 알려지게 된 과정이야 어떻든 만약 젊음이 결정적인 기준이었다면 르윈스키는 클린턴을 사랑하지 않았을 것이다. 다시 말해 클린턴이 미국 대통령이라는 사실이 그와 같은 관계를 가능케 했던 중요한 원인 중 하나였던 것이다. 이와 유사한 경우는 미국의 35대 대통령 존 F. 케네디(John F. Kennedy)와 마릴린 먼로(Marilyn Monroe)의 염문에서도 살펴볼 수 있다. 미국 대통령으로 재임할 당시 케네디는 40대였음에 반해, 당대 최고 영화 배우였던 먼로는 20~30대였다.

물론 클린턴이나 케네디는 나이가 들었음에도 미남이고 동안이었다. 그리고 이로써 여성에게 그들의 나이가 크게 의식되지 않았다고 생각할 수도 있다. 하지만 인터넷을 조금만 뒤져봐도 사회적으로 성공한 남성이 나이차가 적지 않은 여성과 결혼하거나 연애한다는 이야기를 어렵지 않게 찾아볼 수 있고, 그 비율은 여성이 남성보다 나이가 많은 경우에 비해 훨씬 높다.

능력에 대한 관심은 여성의 사회적 조건과도 밀접한 관련이 있다. 그리하여 여성의 사회 진출 비율이 낮은 사회, 여성이 경제적 능력을 제대로 갖추지 못한 사회일수록 남성의 능력에 대한 관심도는 증가하며, 그 반대일 경우 남성의 능력에 대한 관심도는 낮아진다. 그런데 흥미로운 사실은 심지어 능력을 갖춘 여성마저도 남성의 능력에 관심을 갖는다는 것이다. 여성은 예컨대 자신이 B 정도의 능력을 갖추고 있다면 상대는 B 이상의 능력을, A 정도의 능력을 갖추고 있다면 상대는 A 이상의 능력을 갖추기를 바라며, 적어도 자신과 유사한 정도의 능력남을 바란다.[26]

능력에 대한 이러한 관심은 연애할 때보다 결혼 대상을 고를 때 더욱 커지는 경향이 있다. 데이비드 버스식으로 이야기하면 단기적 짝짓기 파트너와 장기적 짝짓기 파트너를 고를 때 기준이 다소 달라진다는 것이다. 후자에서 능력에 대한 관심은 특히 여성의 남성에 대한 의존도가 높은 사회에서 더욱 두드러질 것이다. 이는 굳이 진화론을 이야기하지 않아도 예상할 수 있는 바다. 어떤 배우자를 선택하는지가 평생 어떻게 살아가게 되느냐와 직접 관련이 있다면 여성으로서는 이왕이면 능력을 갖춘 배우자를 선택하려 할 것이다.

여성에게 남성의 능력이 중요하다는 것은 동일한 남성이라고 하더라도 그 사람이 능력이 있는지에 따라 평가를 달리한다는 사실에서도 드러난다. 다시 말해 능력을 갖추고 있다는 사실을 알게 되었을 때 별로 관심이 없던 그 남성과 사귀겠다는 생각을 하게 될 수 있다는 것이다. 내 수업을 들었던, 평소 친하게 지내는 여학생이 소개팅 나갔을 때의 이야기는 이를 적절히 보여주고 있다. 그 학생은 친구의 소개로 소개팅에 나갔는데, 약속 장소에 가 봤더니 외모가 별로 마음에 들지 않는 남학생이 앉아 있었다. 하지만 소개해 준 친구 체면도 있고 해서 어쩔 수 없이 앉아서 이런저런 이야기를 나누었는데, 그러다 보니 뒤늦게 상대가 의대생임을 알게 되었다. 그런데 그러한 사실을 안 순간부터 상대방의 머리 뒤로 없던 후광이 생기면서 왠지 그와 사귀고 싶다는 생각이 들었다고 했다.

할리우드의 유명한 영화배우 더스틴 호프만(Dustin Hoffman)의 이야기는 이와 관련한 또 다른 예다. 호프만은 키가 166센티미터인 단신 영화배우로, 무명 시절에는 돈을 제대로 벌지 못했고, 알아주는 사람도 거

---

26 오기 오가스 & 사이 가담, 『포르노 보는 남자, 로맨스 읽는 여자』, 191~192쪽.

할리우드의 영화배우 더스틴 호프만은 무명 시절 여성으로부터 철저하게 소외를 당했는데, 유명 배우가 되고 나서는 여성들이 그를 대하는 태도가 완전히 달라졌다고 한다. 이처럼 여성들은 상대가 능력을 갖추었는지의 여부에 따라 사귀겠다는 의지를 달리한다. 영화 〈하비의 마지막 로맨스〉

의 없었다. 이런 이유 때문인지 그는 무명 시절 철저하게 여성에게 소외당했다. 훗날 호프만이 유명인이 되고 난 후 식당 한가운데에서 유리벽으로 둘러싸인 채 인터뷰를 하게 되었다. 그가 인터뷰한다는 사실이 알려지고 얼마 있지 않아 여성 팬이 구름같이 몰려와 호프만을 연호했다. 이런 모습을 물끄러미 쳐다보고 있던 호프만이 갑자기 유리벽 쪽으로 뛰어가 유리벽을 두드리며 울부짖었는데, 이때 그는 진정으로 내가 원했을 때 당신들은 도대체 어디에 있었느냐고 소리쳤다고 한다.

남성은 여성이 능력자임을 알게 되어도 갑자기 그 여성에 대한 시각이 바뀌어 그 여성과 사귀고 싶다는 생각을 하게 되지 않는다. 물론 이와 같은 이야기가 여성의 능력에 대해 남성이 관심을 갖지 않는다는 것은 전혀 아니다. 다만 남성이 능력자임을 여성이 뒤늦게 알게 되었을 때처럼 두드러진 변화가 일어나는 경우는 '상대적으로' 적은 편이라는 것뿐이다.

헌신 또는 배려에 대한 관심

2012년 송중기가 출연한 영화 〈늑대 소년〉은 흥행에 큰 성공을 거두었다. 많은 관객은 순이(박보영)가 서울로 떠나며 쪽지에 쓴 '꼭 돌아올게 기다려'라는 말을 믿고 44년을 한결같이 기다리며 매일 밤 같은 장소를 찾아가 보는 늑대 소년 철수(송중기)의 헌신적인 모습에 끝내 눈물을 흘리고 만다. 더군다나 그러한 헌신적인 철수는 44년 전과 모습이 하나도 달라지지 않은, 과거와 달리 말도 하고 글도 읽을 줄 알게 된 꽃미남이다. 남자인 나도 마지막 장면에서는 눈물을 흘리지 않을 수 없었는데…….

그런데 진화심리학의 시각에서 멜로 영화를 보는 경향이 있는 나는 이 영화도 남녀 간의 사랑에서 다루는 전형적인 내용이 나온다는 점을 의식할 수 있었다. 여성에 대한 남성의 헌신적인 사랑은 비록 형식을 달리한다고 하더라도 멜로물이면 어떤 경우에도 어김없이 포함되어 있다. 주제라는 면만 놓고 본다면 여성에 대한 남성의 헌신적인 사랑은 너무 진부하면서도 반복해서 재생되는 주제다. 하지만 이처럼 반복된다는 것은 그만큼 여성에 대한 남성의 헌신적인 사랑이 남녀 간의 사랑에서 가장 중요한 덕목으로 간주되고 있음을 시사한다. 적어도 여성은 그렇게 생각한다. 이와 관련한 여성의 감성을 적절히 촉발해 낼 수 있는 방법을 마련할 수만 있다면 영화는 흥행에 성공할 확률이 그만큼 높아질 것이다.

진화심리학자에 따르면 여성은 상대가 자신에게만 배려와 헌신을 다하기를 바라며, 이러한 욕구가 충족되지 않을 경우에는 상대에게 불만을 갖거나 상대방을 배우자나 연애 대상으로는 미흡하다고 생각한다. 물론 여성의 입장에서 남성의 자신에 대한 배려와 헌신은 연인이 되기 위한 필요조건일 뿐 충분조건은 아니다. 여성은 신체적 건장함, 사회적 능력 등까지도 충족되어야 상대에게 관심을 나타낼 가능성이 커진다. 그럼에도 여성은 자신에게 배려와 관심을 가져야 그 상대와 사랑에 빠질 수 있지 상대가 그러한 모습을 보이지 않을 경우에는 여간해서 마음을 열지 않는다. 이처럼 여성들은 친밀한 관계를 원하는 욕망을 진화시켰으며, 그리하여 "여성은 헌신에 가장 큰 가치를 부여하고 감정적 관계와 사랑을 중심으로 헌신을 확인하려 한다."[27]

여성으로서는 이러한 경향을 갖는 것이 자신의 유전자를 존속·번영시키는 훌륭한 전략이었을 것이다. 아득히 먼 옛날 여성이 혼자 살아가거나 그렇게 되어 버릴 경우 안위가 보장되지 않았을 것이다. 온갖 역경을 헤치고 혼자 살아가기에 그 당시 환경은 오늘날과 비교할 수 없을 정도로 열악했을 것이다. 이 때문에 여성의 입장에서 보면 건장한 남성이 헌신적으로 자신을 위할 경우가 그렇지 않은 경우에 비해 자신의 생존 확률을 높일 수 있는 방법이었을 것이며, 그렇지 못한 남성을 선택했을 경우는 생존 확률이 그만큼 낮아졌을 것이다. 오늘날의 여성이 헌신적인 남성을 선호하는 경향이 있는 것은 그와 같은 특징을 가진 남성을 선택한 조상 여성의 선호 경향이 지금까지 이어졌기 때문이라고 생각해 볼 수 있다.

헌신에 대한 관심과 관련한 흥미로운 사례를 한 가지 들자면 조인성과 조인성보다 못하지만 여성이 선호하는 조건을 두루 갖추었고, 특히 상대에게 헌신하는 남성 중에서 배우자감을 선택하라고 요구할 경우 의외로 조인성보다는 후자의 남성을 선택하는 여성들이 많다는 것이다. 이는 여성들이 최고의 유명인보다는 자신에게 헌신할 가능성이 높

---

27 데이비드 버스, 『위험한 열정, 질투』, 90쪽.

은 남성을 선택하려는 경향이 있음을 보여주는데, 실제로 조인성의 경우는 본인의 의사와 무관하게 수많은 여성들이 조인성을 가만히 두지 않을 것이며, 이로 인해 여성들은 조인성이 자신에게 헌신할 가능성이 비교적 낮다고 생각할 수 있다. 바로 이러한 이유 때문에 여성들은 조인성을 배우자로 선택하길 주저하는 것이다.

그런데 우리는 다음과 같은 의문을 가질 수 있다. "자신에 대한 헌신을 선호하는 경향은 여성만이 발달시킨 것인가?" 어떤 경우에는 남성도 여성의 변치 않는 사랑을 긍정적으로 여기는 것처럼 보이기도 한다. 『춘향전』의 춘향이는 그 사례인데, 춘향이는 이몽룡을 위해 자신의 목숨을 걸고 절개를 지키지 않았는가? 그리고 춘향이 외에도 우리 조상은 여성의 절개를 높이 사서 열녀문을 세워주기도 하지 않았는가?

이러한 질문에 적절히 답하기 위해서는 우리가 조금 더 미세한 구분을 할 필요가 있다. 앞에서 언급한 바와 같이 여성과 남성은 상대에 대한 독점욕이라는 측면에서 미묘한 차이를 보인다. 즉 남성의 독점욕은 '성'에 초점이 맞추어져 있음에 반해 여성의 독점욕은 '성'보다는 '자신'에 대한 배려와 헌신에 초점이 맞추어져 있다. 남성이 춘향을 떠받드는 이유는 그녀가 남성을 헌신적으로 사랑했기 때문이라기보다는 남성에 대한 절개를 지켰기 때문이다. 남성 중심적인 시각에서 보았을 때 그녀는 남성의 성적인 독점욕을 만족시켜 주었기 때문에 칭송받는 것이다.

여성이 자신에게 헌신하기를 바라는 욕구를 가지고 있다는 것은 남성이 절대로 간과해서는 안 되는 매우 중요한 사실이다. 물론 자신에게 헌신하기를 바라는 마음은 남녀를 불문하고 마찬가지며, 상대가 동성이건 이성이건 다를 바 없다고 말할 수 있다. 그럼에도 세세한 문제에 대해 관심을 갖지 않을 경우 빈번하게 화를 내는 쪽은 아무래도 남성보다는 여성이다. 만약 헌신에 대한 욕구를 외면하고, 남성이 자신들이 가지고 있는 특징을 기준으로 여성의 심리를 파악하고 행동하려 한다면 연애를 시작하기 힘들며, 설령 시작한다고 해도 오래 지속하기가 쉽지 않다. 오랫동안 별 문제없이 관계를 잘 유지하고자 한다면 남성은 여성이 이와 같은 특징을 가지고 있음을 결코 잊어서는 안 된다. 신체적 조건이나 능력이 연애를 시작하는 데 필요조건이라고 한다면 헌신은 연애 시작 시점에서부터 시종일관 관계를 잘 유지해 나가기 위한 중요한 조건이다. 상대가 헌신하려 한다는 느낌을 확실하게 주지 않으면 여성은 그러한 남성과 사귈 결정을 유보한다. 또 연애가 일단 시작되었다고 하더라도 상대가 조금이라도 자신에게 헌신하지 않는다는 느낌이 들면 여성은 불만을 쌓아가고, 이것이 반복되면 결국 헤어질 생각까지 하게 된다.

헌신한다는 느낌을 상대에게 제대로 전달하기 위해서는 남성 자신이 최선을 다한다는 사실만이 중요한 것이 아니라 여성이 그러한 느낌을 받을 수 있어야 하는데, 여기에는 어느 정도 기술이 필요하다. 나름대로 열심히 노력했음에도 여성이 특별히 사랑받는다고 느끼지 못한다면 결과는 뻔하다. 여성의 심리를 적절히 파악하고서 그에 맞게 연애 기술을 사용한다는 것은 단순히 여성에게 환심을 산다는 측면을 넘어, 여성을 행복하게 하기 위해서도 적극 고려해 볼 필요가 있다.

3장

여성의 이성 선호 기준을 엿볼 수 있는 몇 가지 현상

지금까지 우리는 여성이 남성의 어떤 특징을 선호하는지에 대해 살펴보았다. 여성이 선호하는 세 가지 특징은 신체의 건장성, 능력 그리고 헌신이다. 이 세 가지 특징을 두루 갖춘 남성은 말 그대로 이상형 남성이다. 만약 어딘가에 남성을 등장시켜 여성의 관심을 끌고자 한다면 아무래도 세 가지 특징을 모두 갖춘 남성을 등장시키는 것이 그렇지 않은 경우보다 훨씬 유리할 것이다. 비록 진화심리학을 공부하지 않았지만 많은 사람은 이를 직감적으로 파악하여 다양한 분야에서 적절히 활용하고 있다. 만약 이를 직감이 아니라 의도적으로, 그것도 신선하거나 창조적인 방식으로 활용할 수 있다면 아마도 해당 분야에서 성공을 거둘 가능성은 매우 높아질 것이다. 이번에는 여성의 이성 선호 기준을 엿볼 수 있는 몇 가지 현상에 대해 살펴보자.

여자아이들이 즐겨 읽는 동화 속 남자 주인공

동화 속 주인공을 살펴보면 여자아이들과 남자아이들이 즐겨 읽는 책의 남녀 주인공에 차이가 있음을 발견할 수 있다. 그중 여자아이들이 즐겨 읽는 동화책에서 여자 주인공의 신분은 공주에서 하녀에 이르기까지 각양각색이다. 하지만 그들은 대부분 곤경에 처해 있다는 공통점이 있다. 예를 들어 백설공주는 자신을 살해하려는 왕비가 건넨 독이 든 사과를 먹고 쓰러져 유리관에 눕혀지고, 신데렐라는 계모와 그 계모가 낳은 언니들의 미움을 받아 더러운 다락방에서 지낸다. 잠자는 숲 속의 공주는 축제에 초대받지 못한 마녀의 저주를 받아 생일에 물레 바늘에 손가락이 찔려 죽는다. 이처럼 여자아이들이 즐겨 읽는 동화 속의 여주인공은 한결같이 곤란한 처지에 놓여 있다.

그렇다면 남자 주인공은 어떠한가? 그들에게서도 공통점이 발견되는가? 남자 주인공을 유심히 살펴보면 그들에게도 어느 정도 공통적인 특징이 드러나는데, 그중 첫 번째는 남자 주인공의 신분이 낮은 경우는 없다는 것이다. 남자 주인공은 거지나 깡패 등이 없음은 물론이고, 심지어 평범한 민초가 주인공인 경우마저도 없다. 그들의 신분은 거의 예외 없이 왕자, 백마 탄 기사 등이다. 앞의 세 동화에 나오는 남자 주인공들도 모두 왕자다.

다음으로 남자 주인공은 대부분 여자 주인공을 곤경에서 구해준다. 이를 위한 노력은 실로 헌신적인데, 예컨대 〈신데렐라〉에 나오는 왕자는 유리 구두의 주인공인 신데렐라를 찾기 위해 방방곡곡을 샅샅이 뒤지도록 한다. 사랑을 위해서라면 공공 업무를 수행해야 할 사람들의 고생은 아랑곳없다. 그렇게 해서 찾아낸 재투성이 아가씨는 다락방에서 벗어나 결국 왕자와 결혼을 한다. 〈잠자는 숲 속의 공주〉에서의 왕자는 엄청난 입 냄새를 감수하면서 100년 동안 양치 한 번 안 하고 누워 있는 공주의 입술에 키스를 한다. 이상에서의 이야기 외에도 동화 속의 남자 주인공은 온갖 역경을 뚫고 여성을 구하기 위해 최선을 다하며, 그 과정에서 목숨을 잃을 뻔하기도 하고, 실제로 목숨을 잃는 경우도 있다. 또한 남자 주인공은 여자 주인공을 구하기 위해 괴물이나 악당과 싸워 이기기도 하는데, 비록 구체적인 내용은 달라도 대략적인 형식은 대동소이하다.

그런데 남자 주인공의 특징을 종합해 보면서 우리가 짐작할 수 있는 것은 남자 주인공의 특징에 여성이 이상(理想)으로 생각하는 남성상이 반영되어 있다는 것이다. 주인공이 왕자나 백마 탄 기사라는 것은 곧 그들의 사회적 지위가 높음을 시사한다. 다음으로 이들이 상대를 곤경에서 구하기 위해 최선을 다한다는 것은 주인공이 심지어 목숨을 바쳐서까지 여성을 위해 희생하는 특징을 갖추었음을 의미한다. 마지막으로 괴물이나 악당 등과 싸워 이긴다는 것은 그들이 신체적으로도 건장한 남성임을 간접적으로 알려준다. 동화 속의 남자 주인공은 사실상 여성이 원하는 세 가지 조건을 두루 갖춘 최상의 남성인 것이다.

멜로물 속의 남자 주인공

멜로물은 주로 남녀 간의 애정을 다루는 작품을 말하는데, 과거 멜로물의 기본 틀은 대체로 여자를 가운데 놓고 두 남자를 등장시키는 것이었다. 이 중에서 한쪽은 흔히 돈은 없지만 상대에 대한 절대 헌신을 특징으로 하는 남성이고, 다른 한쪽은 돈이 많은 바람둥이 남성이었다. 이야기는 결국 여성이 전자를 선택하면서 마무리되는데, 유심히 살펴보면 이야기 속 두 남자는 일반적으로 여성이 선호하는 세 가지 특징 중에서 두 가지 특징을 가지고 있다. 예컨대 한쪽은 신체적인 매력을 갖추고 있으면서 헌신적인 남성을, 다른 한쪽은 돈이 많고 외모도 매력적이지만 헌신적이지 않은 남성이다. 꽤 오래전 영화 〈색즉시공〉은 이러한 틀을 이용한 멜로 영화였다. 영화에서 여주인공 은효(하지원)는 시종일관 은식(임창정)의 헌신적인 사랑을 외면한다. 그러다가 돈 많고 멋있는 바람둥이에게 농락당하고 나서 결국 은식의 사랑을 받아들인다.

다소 진부하다는 느낌이 들어서인지 최근 이러한 틀은 멜로물에서 좀처럼 활용되지 않는다. 이는 리얼리티가 떨어지기도 한다. 현실에서의 이른바 인기녀는 〈색즉시공〉에서의 하지원 같은 상황에 놓일 경우 여간해서는 영화 속의 임창정 같은 남성을 선택하지 않는다. 헌신적이기만 한 남성은 자신에게 잘해 주는 그저 고맙고 착한 남성일 뿐 그 남성이 여성에게 이성(異性)으로 전환되는 경우는 흔치 않다. 실제로 여성이 선호하는 나머지 조건을 갖추지 못한 헌신남은 많은 경우 인기녀의 심복이나 매니저의 역할에 머물지 애인의 위치에 오르는 일은 드문 편이다. 매니저는 결국 매니저일 뿐 그 이상의 위치에 오를 수는 없는 것이다. 현실에서의 인기녀는 영화에서의 임창정 같은 남성을 두고, 돈 많고 멋있는 또 다른 남성, 다시 말해 세 가지 조건을 두루 갖춘 남성을 구하려 할 확률이 높다.

여성이 헌신적인 사랑을 선택한다는 이야기는 자칫 일반 남성에게 헛된 희망만 안겨줄 수 있다. 물론 다른 외적인 조건이 아니라 상대의 마음을 최우선적인 고려의 대상으로 삼는 것은 바람직한 모습이며, 현실에서 이와 같은 일이 일어나지 말라는 법은 없다. 하지만 실제 상황에서는 아쉽게도 인기녀들이 헌신이라는 조건에 특별한 차별성을 발견하지 못한다. 왜냐하면 인기녀와 사귀려는 의지가 있는 남성은 거의 예외 없이 상대에게 헌신하려 하며, 그들은 이에 더해서 여성이 선호하는 특징을 두루 갖추고 있기 때문이다. 그렇기 때문에 인기녀는 헌신하는 모습만으로는 뭔가 다르다는 느낌을 갖지 않는 것이다.

이렇게 보았을 때 인기녀에게는 헌신이 사귀기 위한 필요조건이지 결코 필요충분조건이 아니다. 다시 말해 헌신한다는 것은 인기녀를 사귀기 위한 기본적인 요건일 뿐 헌신한다고 해서 반드시 인기녀와 사귀게 되진 않는다는 것이다. 인기녀는 세 가지 조건을 갖춘 남성 중에서 이러한 조건을 누가 더 많이 갖추고 있는가를 놓고 고민하지 결코 '능력이냐 헌신이냐'로 고민하지 않는다. 헌신만을 내세울 수 있는 남성이 인기녀의 간택을 받는다는 것은 도덕 교과서나 계도성 멜로물에나 나오는 이야기다.

최근의 멜로물은 남녀 관계의 틀이 기존 구도를 벗어나기도 한다. 그 가운데 인상적이었던 틀은 여성을 가운데 두고 양쪽에 매력 덩어리 남성들을 포진시키는 방법이다. 다시 말해 양쪽 모두 세 가지 조건을 갖춘 남성을 포진시켜 경쟁을 시키는 것이다. 수 년 전 텔레비전에서 방영된 〈발리에서 생긴 일〉은 그 예다. 드라마에서 여주인공 수정(하지원)을 두고 경쟁을 벌이는 두 남자는 재민(조인성)과 인욱(소지섭)이다. 드라마에서 두 남자는 세 가지 조건을 갖추었으되, 조인성은 금전적인 능력을, 소지섭은 업무 능력을 갖추고 있었다. 이 드라마는 예외적인 성공을 거두었는데, 그 한 가지 요인으로는 세 가지 조건을 모두 갖춘 남성을 경쟁 상대로 등장시켰다는 점을 들 수 있다. 이를 작가가 의도적으로 기획했는지는 분명치 않지만 이런 인물들을 등장시킬 경우 여성이 드라마에 빠져들게 될 확률이 높아질 것처럼 보인다. 만약 누구를 선택해야 하는지가 비교적 분명하다면 설령 여성이 드라마의 순간순간에는 흥미를 느낄지 몰라도 그 귀추에는 그다지 주목하지 않을 것이다. 하지만 매력 덩어리 남성들을 등장시킬 경우 드라마의 여주인공뿐만 아니라 시청하는 여성마저도 두 매력남 중에서 누구를 선택해야 할지 고민되지 않을 수 없을 것이고, 이로써 자연스레 드라마에 빠져들게 될 것이다.

세 가지 조건을 모두 갖춘 남성에게서 프러포즈를 받는 것은 여성의 로망이다. 그런데 〈발리에서 생긴 일〉은 이러한 남성이 두 명이나 등장하여 여성을 놓고 경쟁한다. 〈발리에서 생긴 일〉은 여성의 로망을 극대화함으로써 여성 시청자의 사랑과 관심을 듬뿍 받았던 드라마라 할 수 있다. 물론 현실에서 일반 여성이 이와 같은 조건을 갖춘 두 남성의 사랑을 동시에 받는 일은 좀처럼 발생하지 않을 것이며, 이는 극히 예외적인 여성만이 누릴 수 있는 호사일 것이다.

대중가요 가사에서 엿볼 수 있는 남성의 이상적인 태도

사람들은 대중가요를 들으면서 흥겨워하고 정서적인 자극을 받는다. 시대와 장소에 따라 어떤 장르의 가요를 좋아하는지가 다소 달라지기는 하지만 사람들이 대중가요를 좋아한다는 것만큼은 바뀌지 않는 사실이다. 이처럼 많은 사람의 사랑을 받는 대중가요를 들어보면 일반적으로 살펴볼 수 있는 한 가지 특징이 있다. 바로 사랑을 다룬다는 점이다. 그런데 왜 다른 주제가 아니라 하필이면 사랑일까?

가요의 성공 여부가 사람들의 정서를 제대로 공략하는 것에 달려 있다고 한다면, 제작자는 곡과 가사 모두에서 최대한 정서를 자극할 방법을 모색해야 할 것이다. 이 중에서 가사는 다른 주제보다도 사랑을 다루는 것이 소기의 목적을 달성할 확률이 가장 높다. 사랑은 거의 모든 연령대의 사람이 보편적으로 관심을 가지며, 가장 강력하게 정서를 자극하기 때문이다.

그렇다면 구체적으로 사랑을 어떤 방식으로 다루는 것이 효과적일까? 여기에서는 범위를 좁혀 아이돌 가수들의 특징을 살펴보도록 하자. 너무나도 당연한 말이겠지만 남성 아이돌 가수가 부르는 노래에는 여성이 바라는 바를, 여성 아이돌 가수가 부르는 노래에는 남성이 바라는 바를 담으면 좋을 것이다. 그런데 여성이 헌신에 대해 관심을 가지고 있다면 여성을 타깃으로 삼는 남성 아이돌 가수의 노래에는 이에 대한 내용을 포함시키는 것이 도움이 될 것이다. 예를 들어 작사가가 지드래곤을 위해 노래 가사를 만든다고 가정해 보자. 그는 빼어난 외모에 가수로서의 능력을 인정받아 수많은 대중의 갈채를 받는, 다시 말해 여성이 선호하는 두 가지 특징을 갖추고 있는 가수다. 그런데 그를 위해 작사한다고 했을 때 여성의 주된 관심사인 상대에 대한 헌신을 약속하는 내용을 포함시킨다면 같은 곡일 경우 다른 내용의 가사에 비해 경쟁력이 있을 것이다. 실제로 대중의 절대적인 지지를 받는 꽃미남이 자신에게 모든 것을 바칠 듯한 표정과 모습으로 윙크하면서 '사랑해'라고 속삭이는 장면을 보면서 가슴이 쿵쾅거리지 않는 여성 팬은 그리 많지 않을 것이다. 이와 같은 이유로 남성 아이돌 가수의 노래 가사를 들어보면 헌신적인 사랑을 맹세하는 내용이 흔히 나온다. 그것도 그냥 '사랑해'가 아니라 '언제나', '영원히', '이 세상 끝까지', '죽도록', '미치도록', '저 세상에서도' 등의 과장법을 섞어서 여성에게 사랑을 바친다. 애국가 1절 시작 부분과 유사한 과장법이 남자 가수의 노래 가사에는 단골 메뉴로 등장한다. 그 예를 몇 개 들어보자.

단지 널 사랑해 이렇게 말했지
이제껏 준비했던 많은 말을 뒤로한 채
언제나 네 옆에 있을게 이렇게 약속을 하겠어
저 하늘을 바라다보며

—H.O.T, 〈캔디〉

잊으려고 아무리 노력해 봐도
새로운 사람들을 아무리 만나 봐도
계속 다시 또다시 돌아서면 왜 네 생각만 나는지
안 할래 그만 할래 아무리 내 자신을
달래고 또 달래 봐도 아무 소용이 없어
내 심장이 고장 나 버렸어 왜
왜 아직도 나는 이런 바보 같은 짓을 하는지
머리론 알겠는데 가슴은 왜 지 맘대론지
너를 잡고 놓지를 못해
지금도 네가 나의 곁에 있는 것 같아
이별을 믿지 못해

—2PM, 〈Heartbeat〉

내꺼 하자 내가 널 사랑해 어? 내가 널 걱정해 오
내가 널 끝까지 책임질게
내꺼 하자 네가 날 알잖아 어? 네가 날 봤잖아 오
내가 널 끝까지 지켜줄게

–인피니트, 〈내꺼 하자〉

이외에도 여러 남성 아이돌의 노래 가사를 들어보라. 그러면 위의 노래에서처럼 상대에게 헌신하겠다는 의지가 담겨 있는 가사가 적지 않음을 알 수 있다.

그런데 헌신에 대한 의지가 남성이 부르는 노래 가사의 특징이라 한다면 여성 아이돌이 부르는 노래 가사의 특징으로 들 수 있는 것은 무엇일까?

남성 아이돌과 비교해 보았을 때 여성 아이돌은 가사에 신경 쓸 필요가 상대적으로 없는 것처럼 보인다. 그들의 존재 자체가 남성을 매혹하기 때문이다. 이 때문인지 여성 아이돌이 신경을 쓰는 것은 대체로 곡과 가창력 그리고 복장, 외모, 춤 등의 외적인 모습이지 노래 가사에 대해서는 비교적 관심을 덜 갖는 것처럼 보인다. 또 한 가지 주목해 볼 만한 것은 사랑이 주제인 가사가 대부분임에도 상대에게 헌신을 다하겠다는 내용은 그리 많지 않다는 점이다. 예컨대 여성 가수가 부르는 노래 가사에는 사랑을 적극적으로 쟁취하려는 모습보다는 상대의 사랑이나 고백을 기다리는 모습, 상대방에 따르고자 하는 모습이 더욱 흔히 그려진다.

늦은 밤 헤어지게 될 때면 아쉬운 너의 맘을 털어놔

무작정 나의 손을 잡고 어디든 달아나고 싶다고 말해봐
알아 나 역시 서툰 나에게
조급히 다가서기엔 내 마음이 다칠까봐 조심스러워 하는 걸
있잖아 나 언제까지 너에게 단 하나의 그녀가 되고 싶어
그러니 이제 내 맘 가져가
내 모든 걸 원한다면 너에게 줄게
지금 이대로 너의 품속에 나를 데려가줘
기다렸던 나의 사랑 니꺼야
이젠 언제까지 네 작은 마음속에 나를 맡길 거야

—핑클, 〈내 남자 친구에게〉

망설이는 것도 정말 난 지겹잖아요 (Oh oh oh oh)
기다리는 것도 정말 난 어렵잖아요 (Oh oh oh oh)
어이해 어이해 난 어이해 어이해
난 눈치 없는 그대가 미워

—카라, 〈Wanna〉

하지만 최근 걸그룹의 노래를 들어보면 전형적이라고 일컬어지는 모습과는 다른 여성의 모습이 부각되는 경우도 적지 않다. 그리하여 이성 관계에서의 적극성, 씩씩함, 쿨함 등이 강조되기도 한다. 아니 오히려 이와 같은 노래가 더 많은 것 같기도 하다.

Come on Just do it this yo~
나를 따라 해봐 이렇게

Come on Come on 오오오

Come on Come on 오오오

니가 먼저 다가가 사랑한다 말을 해

이제 그래도 돼 니가 먼저 시작해

우리나라 대통령도 이제 여자분이신데

뭐가 그렇게 심각해 왜 안 돼 여자가

먼저 키스 하면 잡혀가는 건가?

–걸스데이, 〈여자 대통령〉

만약 오늘날의 여성의 특징이 이와 같은 노래에 반영되고 있다면 여성의 특징에 대한 진화심리학의 설명은 잘못되었거나 시대에 뒤떨어진 것이 아닐까? 진화심리학은 분명 연애를 할 때 남성과의 관계에서 여성의 수동성에 초점을 맞추고 있지 않은가?

먼저 남성과의 관계에서 살펴볼 수 있는 이러한 적극적인 태도는 남녀평등을 지향하는 오늘날의 사회적 분위기가 반영되고 있는 것이라고 말할 수 있다. 비교적 최근까지 여성들은 사회를 이끌어가는 주도적인 역할을 하지 못했고, 성차별은 당연시되기까지 했다. 각종 차별의 대상이었던 집단으로서의 여성은 이러한 분위기를 적극적으로 쇄신해야 할 필요성을 느꼈고, 이를 위해 꾸준히 노력한 결과 최근 들어 수많은 긍정적인 변화가 일어났다. 이러한 변화는 지금도 진행 중에 있으며, 이를 위한 노력이 정치, 경제, 사회, 문화 등 각종 제도와 체계 속에 스며들어 있다. 이러한 노력의 흔적은 젊은이들이 즐겨 부르는 노래 가사뿐만 아니라 영화나 드라마에서도 어렵지 않게 살펴볼 수 있는데, 애니메이션 영화 〈겨울왕국〉, 관련 영화의 고전에 해당하는 〈에일리언〉 등은 바로 이와 같은 유형의 영화다.

나는 이처럼 여성의 주도성, 주체성, 적극성을 강조하는 것이 아무리 강조해도 지나치지 않은 긍정적인 계도라고 생각한다. 아직도 불평등이 사라지지 않은 현실 속에서 이를 극복하기 위한 노력은 지속적으로 이루어져야 하는 것이 마땅하다. 하지만 다른 분야가 아닌 1대1로 이루어지는 연애의 현장에서 우리가 지향해야 할 이상이 아닌, 있는 그대로의 모습을 기술(describe)한다는 입장에서 살펴보면 아무래도 여성이 수동적인 태도를 취하는 경우가 많다. 〈여자 대통령〉의 가사도 좀 더 자세히 뜯어보면 여성들이 여전히 이와 같은 태도를 보이고 있음을 알 수 있다.

널 사랑한다고 말해버릴까 싶어 이렇게
매일 가슴 아파 아파
아파 아파 아파 아파
그런데 왜 이래 니 앞에만 서면 작아져 버려
아무것도 아닌 애기 같아 애기 같아
오오오오

〈여자 대통령〉에서 우리는 수동적인 태도를 버리지 못해 고민하는 마음, 그리고 시대가 변했으니 행동을 바꾸라고 요구하는 두 가지 목소리를 동시에 듣게 된다. 그런데 여기서 중요한 것은 만약 여성의 마음이 완전히 변했다면 굳이 "니가 먼저 다가가 사랑한다 말을 해/이제 그래도 돼 니가 먼저 시작해/우리나라 대통령도 이제 여자분이신데/뭐가 그렇게 심각해"라는 충고가 이루어질 필요가 없다. 우리나라 대통령을 운운하면서 네가 할 수 있다고 용기를 북돋아 줄 필요가 없는 것이다. 남녀평등을 생각할 수도 없었던 과거에는 이와 같은 충고 자체가 이루어지기 힘들었다고 한다면, 남녀평등을 지향하고, 또한 많은 노력이 이루어지고 있는 오늘날에는 이러한 충고를 의미 있는 충고로 받아들일 수 있게 되었다. 하지만 그렇다고 이것이 완전히 여성이 바뀌었음을 의미하는 것은 아니다.

다음으로 가사만을 놓고 본다면 이러한 가사의 노래를 부르는 것은 남성에게 호소력을 발휘하기 위한 전략은 아닐 것이다. 이러한 내용은 남성보다는 여성 팬을 겨냥하고 있다고 보아야 할 것이다. 나는 이러한 전략이 두 마리 토끼를 잡는 효과가 있다고 생각한다. 다시 말해 남녀 팬을 모두 확보할 수 있는 전략일 수 있다는 것이다. 예를 들어 일반적으로 남성 아이돌은 여성 팬들이, 여성 아이돌은 남성 팬들이 많다. 이는 이성에 대한 관심이 반영되는 자연스런 현상이다. 여성 아이돌들은 젊고 건강한 아름다움을 지녔다는 것만으로도 남성 팬들을 확보하게 된다. 그런데 만약 여성 아이돌이 여성 팬까지 확보하려면 어떤 전략을 채택해야 할까? 남성 팬을 포기하지 않는 이상 여성 아이돌이 비주얼을 포기할 수는 없다. 결국 남아 있는 것은 노래 가사다. 여성 아이돌은 여성의 바람이나 정서에 호소하는 가사의 노래를 부름으로써 여성 팬까지도 확보할 수 있게 되는 것이다.

이 밖에도 나는 걸그룹의 노래 가사에 적극성, 쿨함 등이 자주 등장하는 이유가 그들의 복장이나 춤과도 어느 정도 상관관계가 있다고 생각한다. 많은 경우 그들의 복장과 춤은 성의 상품화라는 비난을 피하기 어려울 만큼 선정적이다. 이러한 상황에서 노래 가사까지 여성의 수동적인 모습을 표현하고 있을 경우 말 그대로 설상가상(雪上加霜)의 상황에 놓이게 되어 버린다. 청소년에게 막대한 영향력을 발휘하는 인기 가수가 춤이나 복장으로 성을 상품화하는 데 그치지 않고 가사마저도 남성에 대한 여성의 수동적인 태도를 드러내고 있다면, 이는 여권주의자를 포함한 사람들의 비판을 더욱 피하기가 힘들어지게 된다. 이런 이유로 적어도 노래 가사만큼은 여성의 적극성, 씩씩함, 쿨함 등을 강조할 수밖에 없게 된 것이다(수동적인 태도를 보여주는 가사와 경쾌한 춤동작은 궁합이 맞지 않기도 하다).

현실 속의 대세는 여전히 남성이 고백할 때까지 여성이 기다리는 것이고, 노래 가사의 내용도 이러한 내용을 담은 것이 더 많은 여성의 태도를 반영한다고 볼 수 있다. 물론 현실에서 적극성을 띤 여성이 없지는 않다. 그러한 여성은 어찌할 수 없을 정도로 상대에 대한 마음이 강렬하거나 실제로 적극적이기 때문에 또는 당당하게 프러포즈를 해도 두 사람 간의 관계에서 주도권을 쥘 수 있다는 확신이 있기 때문에 적극성을 띨 수 있을 것이다. 이 중에서 세 번째 경우는 남자에게 적극적으로 대시해도 차일 확률이 별로 없고, 먼저 프러포즈한다고 해서 주도권이 상대에게 넘어갈 가능성도 별로 없는 여성에게 허용된 특권이다. 예를 들어 수지나 윤아 같은 경우는 상대에게 먼저 고백을 한다고 해도 연애의 주도권을 계속 장악할 수 있는 능력이 있는데, 이 경우에는 여성이 수동적인 모습을 보이지 않을 수 있다.

하지만 이러한 여성은 예외이고, 많은 경우 여성이 먼저 상대에게 고백할 경우 연애의 주도권이 남성에게로 넘어가 버린다. 주도권이 넘어간 상태에서 연애를 할 경우 상대의 헌신을 이끌어내는 데 별로 유리하지 않다. 이 때문에 여성이 먼저 고백하는 경우는 좀처럼 없다. 그럼에도 상대가 고백해 오지 않기 때문에 혹은 상대가 자신에게 별 관심을 나타내지 않기 때문에 여성이 속이 탈 수 있는데, 이와 같은 속마음이 여자 가수의 노래 가사에 반영되기도 한다. 흔히 이와 같은 태도는 여성의 수동적인 태도라 하여 그다지 바람직하지 않다는 평가를 받는다. 하지만 언뜻 보기와는 달리 이는 수동적인 태도가 아니다. 이와 같은 수동성은 좀 더 긴 안목에서 봤을 때 남성과의 관계에서 주도권을 장악하기 위한 포석인 것이다.

이번에는 여자 가수가 부르는 노래 가사에서 언급되는 이상적인 남성을 살펴보자. 이상적인 남성상을 거론할 때 단골 메뉴로 등장하는 특징은 헌신에 관한 것이다. 먼저 최근의 노래를 예로 들어보자.

> 내 소원을 들어줘요 영원한 사랑 이뤄주길
> 짜릿짜릿한 느낌 절대 맘 변하지 않기
> 평생 나만 바라봐줘 baby
>
> —에이핑크, 〈미스터 추〉

다음으로 세월을 거슬러 올라가 2000년대 초반 많은 팬(나를 포함해)의 사랑을 받았던 S.E.S의 〈애인찾기〉라는 노래 가사의 일부를 살펴보자.

> 잘생기진 않아도 착한 마음을 가진
> 오직 나만을 사랑해 주는 그런 사람 없을까
> 미래에 애인에게나 (조심스럽게) 한마디만 해도 될까요
> 어딜 갔다 이제 왔냐고 투덜대다 훌쩍거리면
> 나의 눈물 닦아주면서 (언제까지나) 사랑한다 말해 주세요.

노래 가사에서도 짐작할 수 있지만 여성이 말하는 '착하다'는 '오직 나만을 사랑해 주는 것'을 의미한다. 만약 상대가 박애주의자라 모든 사람을 평등하게 사랑하려 한다면, 심지어 자신마저도 평등한 처우의 대상이거나 동성 친구와 동급으로 처우하려 한다면 여성에게 그 남성은 훌륭한 인격체가 아니라 나쁜 새ㅇ다. 그것도 강조의 의미가 담긴 부사어가 사용되는 나쁜 새ㅇ인 것이다. 가사를 살펴보면 곡의 맨 마지막까지도 영원한 사랑에 대한 바람이 담겨 있는데, 이처럼 여성에게는 자신에 대한 헌신 여부가 상대를 선택할 때 매우 중요한 기준이 된다.

여기서 생기는 의문은 왜 헌신만이 강조되고 여성이 선호하는 다른 두 가지 특징은 노래 가사에서 살펴보기 어려운가 하는 점이다. 그나마 최근 들어 '키 크고 잘생긴' 남성에 대한 선호는 가사에서 간혹 찾아볼 수 있지만 '능력'에 대한 이야기는 여전히 살펴보기 힘들다. 아마도 독자들 중에서 "나는 서울대 나온 의사가 좋아~" 또는 "나는 맨날 맨날 명품 사주고 외제차로 집에 바래다주고 비싼 음식 사주는 남자가 최고라고 생각해"와 같은 가사를 본 사람은 없을 것이다. 이는 아마도 '속물'이라는 비판을 의식하기 때문이라 생각되는데, 실제로 능력에 대한 선호를 표현할 경우 그만큼 팬을 확보하는 데 어려움을 겪게 될 것이다. 그와 같은 특징을 갖지 못한 많은 남성이 그러한 가사를 듣고 결코 유쾌하다고 생각하지 않을 것이기 때문이다. 더군다나 능력을 선호한다는 이야기는 상대의 능력에 편승하여 세상을 편히 살겠다는 의지를 밝히고 있다는 느낌마저 줄 수가 있다. 이 때문에 여간해서는 이를 공공연하게 드러내거나 그런 것처럼 보이는 내용을 담은 노래를 부르기는 힘들다.

외모나 능력과 달리 헌신은 누구에게나 기회가 있으며, 이는 누구든 사랑에 빠졌을 때 보여줄 수 있는 태도로, 이를 강조한다고 해서 소외감을 느낄 사람은 별로 없다. 한마디로 헌신할 수 없는 사람은 없기 때문이다. 이 때문에 헌신은 아무리 강조해도 별로 문제될 것이 없다. 이러한 이유 때문인지 여성 가수의 노래 가사에서 헌신은 다른 것에 비해 남성이 가지고 있기를 바라는 특징으로 압도적으로 많이 나온다.

여성이 선호하는 결혼 상대

이번에는 여성이 어떤 남성을 이상적인 결혼 상대로 생각하는지를 살펴보자. 한 결혼정보회사의 설문 조사 결과에 따르면 여성(29.7%)과 남성(31.1%) 모두 배우자의 조건으로 성격을 가장 중요하게 생각했고, 남성은 중요하게 생각하는 상대의 기준이 외모(22.5%), 경제력(9.2%), 가치관(7.2%), 직업(7.6%), 가정환경(6.8%) 순이었음에 반해, 여성은 경제력(21.8%), 직업(10.7%), 가정환경(9.4%), 외모(8.9%), 가치관(6.3%) 순이었다.[28] 이러한 설문 조사 결과는 언제, 어디에서 조사하건 유사하게 나타나는데, 이는 진화심리학자가 예측하는 바와 대략 일치한다.

그런데 설문에서 여성이 가장 중요한 기준으로 생각하는 성격이란 구체적으로 무엇을 말할까? 아마도 흔히 말하는 '성격 좋다'고 할 때의 성격보다는 여성이나 가정에 헌신하려는 경향을 뜻할 것이다. 만약 이러한 경향이 설문에 포함되었거나, 성격이 뜻하는 바에 대한 설명을 들

28 http://sports.chosun.com/news/ntype.htm?id=201012090100077080004799&servicedate=20101209

고서 설문 조사를 했다면 아마도 상당수의 여성이 이를 가장 중요한 기준으로 선택했을 것이다. 실제로 수업 시간에 배우자감의 중요한 기준으로 성격을 이야기하는 여학생에게 성격이 뜻하는 바에 대해 좀 더 상세하게 질문을 해 본 적이 있는데, 그들이 말하는 성격이란 대부분 헌신과 관련이 있었다.

다음으로 여성이 중요한 기준으로 선택한 경제력과 직업은 명목상 분리되어 있지만 양자는 특별히 다른 기준이 아니다. 이는 미래의 안정된 삶을 보장하는 재화를 확보하는 수단을 얼마만큼 가지고 있는지에 대한 기준으로, 사실상 남성의 능력에 대한 관심을 다른 방식으로 표현한 것이다.

설문에서 다소 의외인 것은 여성의 선호 기준에서 외모가 상대적으로 낮은 순위를 차지하고 있다는 사실이다. 그런데 만약 이러한 외모에 신체적인 건장함을 나타내는 지표인 키를 포함시켰다면 아마도 그 순위는 상당히 올라갔을 것이다. 동일한 결혼정보회사는 키라는 기준을 별개로 조사해 보고 있는데, 만약 키가 별로 중요하지 않다면 이를 굳이 따로 조사해 보려 하지 않았을 것이다. 그런데 설령 여성이 이상적으로 생각하는 키가 아니라 해도, 만약 남성의 신장이 평균 정도이거나 이보다 조금 작은 정도 혹은 여성보다 어느 정도 크다면 여성이 이를 크게 문제라고 생각하지 않을 것이다. 이렇게 보았을 때 키는 특별히 다른 사람들과 차별성을 갖는 기준이 아닐 수 있다. 보통 정도면 되는 것이다.

말할 것도 없이 이성이 선호하는 조건을 두루 갖추었을 경우 결혼 상대로서의 점수는 높아지며, 그러한 조건 중에서 가지고 있지 못한 조건이 많아질수록 혹은 그러한 조건을 제대로 충족시키지 못할수록 결혼 상대로 선택될 확률은 낮아지게 된다. 잠시 내 친구 이야기를 해 보자. 내가 결혼 적령기 때 '선 시장'에서 동방불패로 불리던 친구가 있었다. 그 친구는 말 그대로 선을 보러 나가면 결코 차이는 법이 없었다. '노찾사'(노래를 찾는 사람들)가 아닌 '노차사(노상 차이는 사람들)' 회원이었던 나는 그 친구가 부러웠고, 술자리에서 그 친구에게 비결을 한 번 물어본 적이 있었다. 사실 굳이 묻지 않아도 짐작할 수는 있었다. 그 친구는 여성이 선호할 조건을 두루 갖추고 있었다. 그는 아버지가 견실한 중소기업을 운영하고 있었고, 외제차를 몰고 다녔다. 이러한 조건은 지금도 선호의 대상이 될 텐데, 시대를 감안한다면 이는 지금보다 훨씬 여성이 선호할 조건이었다. 선이 상대의 조건을 알고 나가는 것임을 고려해 보았을 때, 그는 이미 90점 이상을 받은 상태에서 선을 보러 나갔던 것이다.

그 친구가 들려준 바에 따르면 그는 선을 보는 장소에서 가볍게 차를 마시고 나서 상대와 서울 근교의 분위기 좋은 레스토랑으로 차를 몰고 이동을 했다. 그러고는 그곳에서 양식과 더불어 가볍게 와인을 마시면서 이야기를 나누다가 집 앞까지 여성을 직접 바래다 주었다. 두 번째 만나는 날, 그는 상대를 위해 항상 깜짝 쇼를 준비했다. 예컨대 어떤 곳에 장미꽃 한 다발을 숨겨두었다가 전해줘서 상대를 즐겁게 하는 등의 이벤트를 준비했던 것이다. 그는 이렇게 할 경우 여성이 대부분 자신에게 관심을 나타냈다고 귀띔해 주었다.

그의 이야기를 정리해 보면 그는 의도하지 않았다고 하더라도 진화심리학을 적절히 이용할 줄 아는 능력을 갖추고 있었다. 기본적으로 갖추고 있는 조건에 훌륭한 매너와 상대에 대한 헌신을 느낄 수 있게 하는 행동. 이 모든 것은 그가 동방불패일 수밖에 없는 이유를 잘 보여주었던 것이다. 그 친구의 이야기를 듣고 나서 내가 '노차사'임은 너무 당연하다는 생각이 들어 씁쓸한 웃음을 지을 수밖에 없었는데, 굳이 여기서 그 이유를 밝히지는 않겠다. 그럼에도 독자는 그 이유가 무엇인지 짐작할 수 있을 것이다.

사랑이 전제되어야 하는 성관계

여성의 성관계에 대한 태도는 여성이 배려와 헌신을 얼마나 중요하게 생각하는지를 보여주는 한 사례다. 애인 사이에서 여성이 남성에게 관계를 제안할 때 남성이 거부하는 경우는 별로 없지만 여성은 이러한 제안을 거부하는 경우가 흔히 있다. 설문 조사 결과 이러한 제안에 거부하는 이유 중 3위를 차지한 것은 첫날밤을 지키고 싶어서였고, 2위는 성행위 자체가 목적이 될 것 같아서, 1위는 남자 친구가 쉽게 볼 것 같아서였다.[29] 여기서 눈여겨볼 것은 혼전순결 규범과 관련된 답변이 아닌 자신에 대한 헌신과 배려 또는 존중에 대한 관심이 반영된 답변이 1, 2위를 차지했다는 사실이다. '삽입'에 초점을 맞추는 남성과 달리 여성은 '서로의 관계'를 더욱 중시하는데, 많은 여성에게 섹스는 그 자체가 목적이기보다는 서로의 사랑을 확인하는 과정의 일부다. 그런데 상대가 이러한 느낌을 주지 않고 오직 섹스만 추구하는 것처럼 보일 때 여성은 화가 날 수밖에 없으며, 이러한 경우에는 관계를 맺고자 하는 마음이 생기지 않게 된다. 사랑이 느껴지지 않는 상황에서 여성은 섹스를 하지 않으려는 경향마저 있는 것이다. 데이비드 버스에 따르면 성관계

---

29 2000년 7월 9일 방영된 SBS 토요스페셜 〈아름다운 성〉, '미혼여성의 성(性)과 사랑' 편에서.

와 관련해서 여러 문화에 속해 있는 여성들의 공통적인 특징은 ① 헌신이 없는 성관계를 매우 불만족스러워하며, ② 사랑하지 않는 상대와의 성관계를 싫어한다는 것이었다.[30] 여성은 이러한 관계를 주객이 전도된 경우라고 생각하는데, 어떤 경우에도 여성은 자신이 사랑의 대상이기를 바라지 결코 성욕의 대상이기를 바라지 않는다. 이는 여성이 상대에게 성적인 매력을 느끼게 되는 경우에도 일관되게 나타나는 특징이다. 여성은 단순히 상대가 시각적으로 자극을 준다고 해서 상대에게 성적으로 끌리는 것이 아니다. 여성은 사랑하는 상대에게서 배려심이 느껴질 때 상대에게 이와 같은 느낌을 가장 강렬하게 느낀다고 한다.

여성은 사랑을 확인할 수 있는 다른 것이 있다면 섹스보다 다른 것을 더 선호하기도 한다. 이는 키스와 섹스 중에서 어떤 쪽을 더 선호하느냐는 질문에 대한 답변에서도 엿볼 수 있다. 이 질문에서 남성은 36%가 키스를 선택했고, 63%가 섹스를 선택했음에 반해 여성은 71%가 키스를, 28%가 섹스를 선택했다. 물론 임신 가능성, 혼전 순결 교육 등의 요인으로 섹스 자체에 부담을 느끼는 쪽은 아무래도 여성이라 이와 같은 결과가 나왔을 수도 있다. 하지만 이러한 결과는 만약 자신이 사랑받고 있다는 느낌만 받을 수 있다면 여성은 설령 더 자극적이지 않다고 하더라도 다른 것을 선택할 수 있음을 시사하고 있다고 설명할 수 있다.

지플리스(zipless) 섹스에 대한 태도는 여성이 성관계를 맺는 전제 조건이 사랑임을 보여주는 적절한 사례다. 지플리스 섹스란 끈끈한 인간적인 관계가 전제되지 않은, 서로가 서로에게 부담을 느끼지 않는 성관계를 일컫는 말이다. 이는 이름도 모르고 성도 모르는 상대와의 하룻밤 정

---

30 데이비드 버스, 『위험한 열정, 질투』, 93쪽.

사를 일컫는 이른바 원나잇 스탠드와 일맥상통한다. 다만 지플리스 섹스는 단 하루의 만남으로 끝나지 않을 수 있으며, 상대방에게 섹스 외에 다른 것은 원하지 않는 성관계다. 남성 중에는 이와 같은 성관계를 바라는 이들도 적지 않다고 하는데, 실제로 일종의 지플리스 섹스라 할 수 있는 성매매가 수없이 이루어지고 있음을 볼 때 남성 중에는 이를 즐기는 사람이 적지 않다고 해도 그리 잘못은 아닐 것이다. 그런데 앞의 설문 결과에서도 어느 정도 드러나듯이 많은 여성은 단지 섹스 자체가 목적인 지플리스 섹스를 바라지 않으며, 그 반대인 지퍼가 단단히 채워진 섹스를 원한다. 그 이유는 간단하다. 여성에게는 섹스가 사랑을 확인하는 방법이지 그 자체가 목적이 되는 경우는 남성에 비해 훨씬 적기 때문이다. 물론 이러한 이야기가 지플리스 섹스를 원하는 여성이나 이와 같은 유형의 섹스를 혐오하는 남성이 없다는 말은 전혀 아니다. 여기에서의 이야기는 평균적으로 볼 때 양자 간에 유의할 만한 차이가 있다는 것이지, 남김없이 모든 남성이 지플리스 섹스를, 모든 여성이 그 반대의 특징을 나타낸다는 말은 사실과 거리가 멀다.

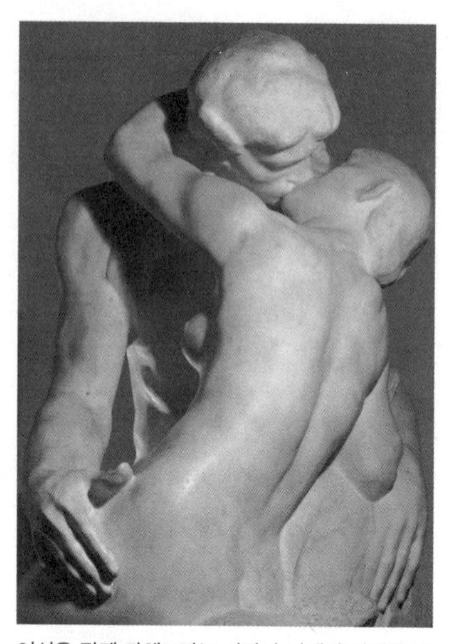
여성은 관계 자체보다는 사랑이 전제된 관계를 원한다. 로댕(Auguste Rodin)의 작품 〈키스〉.

어찌 되었건 지플리스 섹스와 관련해 남녀 간의 유의할 만한 차이가 있다는 것이 사실이라면 설령 여성 중심적인 사회가 도래한다고 해도 남성 성매매 종사자가 나오는 업소는 소수에 불과할 것이며, 그 특징도 현재의 여성 성매매 종사자가 나오는 업소와는 차이가 있을 것이라 예측해 볼 수 있다. 남성 성매매 종사자 중에는 단순히 여성의 성욕을 충족시키는 데만 그치는 일시적인 성적 서비스를 제공하는 경우보다는 배려 등에 대한 관심을 충족시켜주는 지속적인 관계에 초점을 맞추는 경우가 비교적 많을 것이다. 지골로(gigolo)는 부유하고 나이 많은 여성에게 채용되어 바로 이와 같은 역할을 하는 남성을 일컫는 말이다. 그러한 여성들은 지골로와 지속적인 관계를 유지하지만 그렇다고 그들이 항상 성적 서비스를 제공받는 것은 아니라고 한다.[31] 여성이 성관계 자체보다는 상대에 대한 관심이 전제된 관계에 더욱 가치를 부여하는 경향이 있음을 감안해 보았을 때 여성 중심의 사회에서 성매매가 이루어진다면 아마도 여성들은 남성과의 지플리스한 관계보다는 이와 같은 지골로와의 관계를 선호할 가능성이 높다.

31 Spencer Rathus, Jeffrey Nevid, Lois Fichner-Rathus, *Human Sexuality*(Allyn and Bacon, 2002), p. 652.

2부

연애의 기술

지금까지 우리는 진화심리학에 바탕을 둔 남녀의 성 특징을 살펴보았다. 이들은 남녀가 관련된 다양한 현상, 특히 대다수의 사람이 지대한 관심을 가지고 있는 연애 문제를 심층적으로 이해하는 데에도 기여하는 바가 있을 것이다. 2부에서는 바로 이 문제를 다루어 보도록 하자.

1장

성적 호의(好意) 도표와 이성 선택 도표

성적 호의 도표

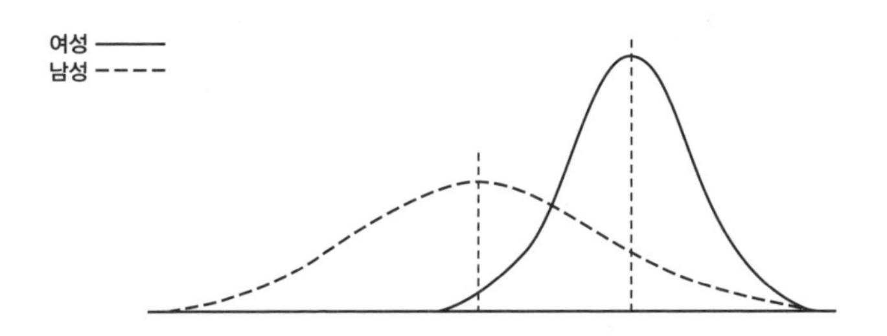

위의 도표는 도널드 시먼스(Donald Symons)가 자신의 『섹슈얼리티의 진화』(*The Evolution of Human Sexuality*, 1979)에서 제시한 것으로, 이는 개인으로서의 남녀가 성관계를 맺을 경우 이를 상대방에게 베푼 호의로 생각하는지 아니면 호의를 입은 것으로 생각하는지를 나타낸다.

도표를 간단하게 설명하면 두 종형(鐘形) 중에서 왼쪽의 비교적 완만한 점선으로 이루어진 곡선은 남성을, 오른쪽의 급격한 곡선은 여성을 나타낸다. 종형의 왼쪽으로 갈수록 이성에게 선택될 확률이 낮은 남녀가, 오른쪽으로 갈수록 이성에게 선택될 확률이 높은 남녀가 위치하고 있다. 구체적으로 신체적 건장성, 능력 그리고 헌신적인 태도에 이르기까지 여성이 좋아하는 모든 조건을 갖춘 남성, 그리고 젊고 건강하며 미모와 능력을 겸비한 여성이 종형의 오른쪽 끝에 위치하고 있다. 반면 종형의 왼쪽 끝에는 이성에게 선택될 확률이 가장 낮은 남녀가 위치하고 있는데, 남성의 경우 세 가지 조건을 하나도 갖추지 못한 이들이 이곳에 포진하고 있다. 종형의 한가운데는 평균적인 남녀가 있다. 이처럼 종형의 가운데를 기준으로 오른쪽으로 갈수록 이성이 선호하는 특징을 많이 갖춘 남녀가, 왼쪽으로 갈수록 그렇지 못한 남녀가 위치하고 있다.

모든 남녀는 종형의 어딘가에 위치해 있는데, 자신의 위치를 기준으로 오른쪽의 이성은 성관계에서 호의를 베푸는 처지에 있는 사람들이다. 예를 들어 평균인 남성은 자신을 기준으로 오른쪽에 위치하고 있는 거의 대부분의 여성이 성관계에서 호의를 베풀어 준다고 생각함에 반해, 평균인 여성은 자신을 기준으로 오른쪽에 있는 중상 이상의 남성과 관계를 맺는 경우에만 호의를 입는다고 생각하지 나머지 경우에서는 자신이 호의를 베푼다고 생각한다.

이성 선택 도표

위에서 간략하게 설명한 도표는 '성관계'에 초점이 맞추어져 있다. 이를 성관계가 아닌 이성 선택 문제에 응용해 볼 수는 없을까? 만약 가능하다면 내 생각에 성적 호의를 나타내는 도표와는 달리, 여성의 종형이 오른쪽에 불쑥 솟아 있지는 않을 것처럼 보인다. 만약 이성 선택 도표와 성적 호의 도표가 동일하다면 평균을 전후한 남성보다 이성에 의한 선호도가 높은 남성만이 여성과 사귈 수 있을 것이고, 나머지는 그런 기회를 갖지 못할 것이다. 하지만 이는 현실과 차이가 있다. 다시 말해 훨씬 많은 남성이 여성과 사귀고 있다는 것이다. 이를 감안해 이성 선택 도표를 그려본다면 여성의 종형은 남성의 종형보다 다소 오른쪽에 위치하고 있으되, 종의 모양이 남성의 종형보다는 불쑥 솟아 있지만 그럼에도 많은 차이가 있지는 않은, 다소 완만한 곡선을 이루는 것으로 그려볼 수 있을 것이다.

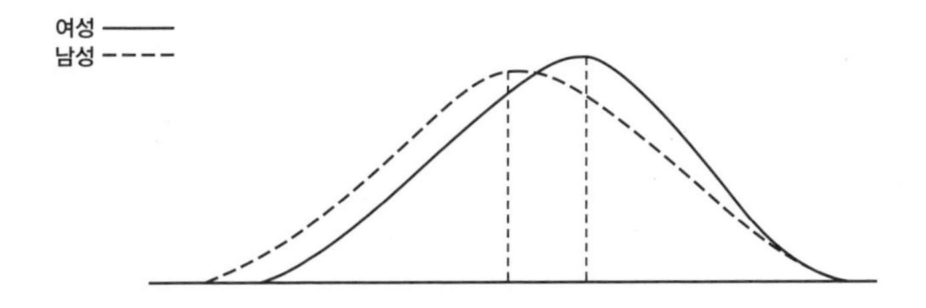

이성 선택 도표에 대한 개괄적 설명

이제 이성 선택 도표를 설명해 보자. 종형과 포진해 있는 남녀에 대한 설명은 성적 호의 도표에 대한 설명과 같다.

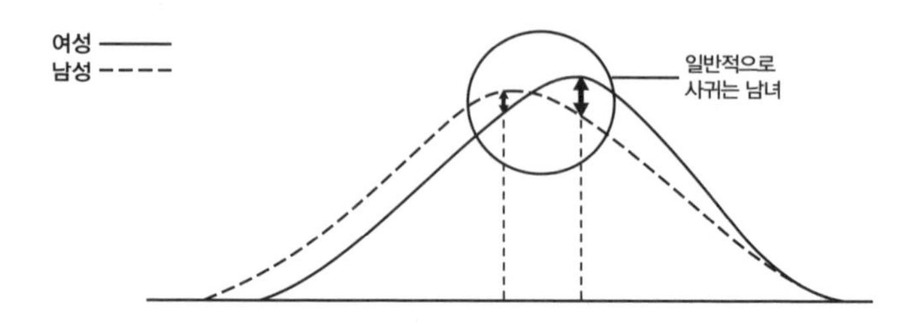

1-1) 일반적으로 남녀는 종형에서 자신의 위치를 기준으로 이성(異性) 종형의 바로 위나 아래에 있는 상대와 맺어진다. 예를 들어 내가 평균적인 남성이라고 한다면 내가 선택하는 여성은 평균에 다소 미치지 못하는 여성이라는 것이고, 내가 평균적인 여성이라면 내가 선택하는 남성은 평균의 남성에 비해 이성에게 선택될 가능성이 다소 높은 남성이라는 것이다. 여기서의 '평균' 등은 이성의 선호에 따른 구분일 뿐이다.

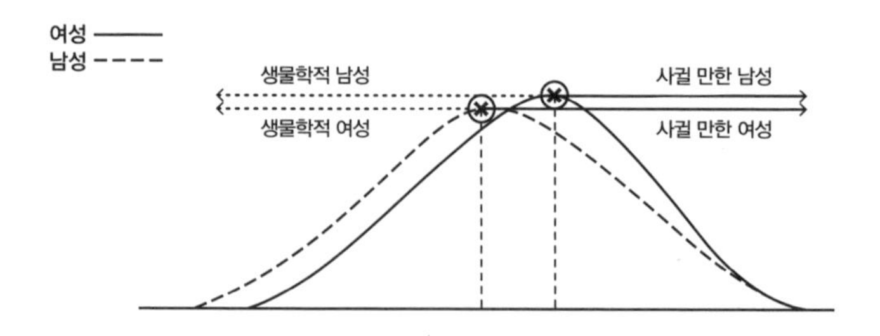

2-1) 자신을 기준으로 오른쪽에 있는 이성은 모두 이성으로 느껴지

는, 사귈 용의가 있는 사람들이다. 예를 들어 평균인 남성은 자신을 기준으로 오른쪽에 있는 여성들, 다시 말해 평균에 다소 미치지 못하는 여성에서부터 가장 오른쪽에 위치하고 있는 최상의 여성에 이르기까지의 여성을 모두 사귀고 싶은 대상이라 생각한다. 반면 평균인 여성은 자신을 기준으로 오른쪽에 있는 남성들, 즉 평균보다 다소 나은 남성에서부터 가장 오른쪽에 위치하고 있는 모든 여성의 로망인 남성에 이르기까지의 남성들을 모두 사귈 만한 대상이라 생각한다. 남녀 중에서 눈이 높은 것은 대체로 여성이다.

2-2) 자신의 위치를 기준으로 왼쪽에 있는 이성은 생물학적으로는 이성이지만 사귀겠다는 생각이 드는 사람들이 아니다. 예를 들어 평균인 남성은 자신을 기준으로 왼쪽에 있는, 평균에 다소 못 미치는 여성 미만의 여성에서부터 이성에 의한 선호도가 가장 낮은 여성에 이르기까지의 여성을 사귀고 싶은 대상이라 생각하지 않고, 평균에 해당하는 여성은 자신을 기준으로 왼쪽에 있는, 평균보다 다소 나은 남성 미만의 남성에서부터 이성에 의한 선호도가 가장 낮은 가장 왼쪽에 있는 남성에 이르기까지의 남성을 사귈 만한 대상이라 생각하지 않는다.

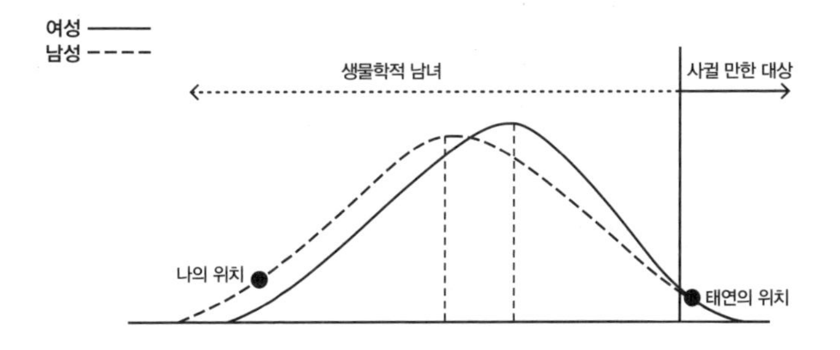

3-1) 가장 오른쪽에 있는 남녀는 모든 이성의 선망의 대상이 되며, 대부분의 사람은 기회만 된다면 그와 같은 사람들과 기꺼이 사귀려 할 것이다. 하지만 아쉽게도 이러한 남녀가 위치한 지점을 기준으로 보았을 때 대부분의 사람은 그들의 왼쪽에 위치해 있으며, 이에 따라 그들에게는 사귀겠다는 생각이 들지 않은 그저 생물학적인 남녀일 가능성이 높다. 때문에 모든 남녀의 선망의 대상인 남녀와 평범한 사람이 사귀기는 몹시 어렵고, 종형에서의 위치가 멀어지면 멀어질수록 그만큼 두 사람은 더욱 사귀기가 어려워진다. 예를 들어 종형의 가장 오른쪽에 위치하고 있는 여성인 태연과 종형의 가장 왼쪽에 있는 이 책의 저자인 나는 사실상 사귈 확률이 0%라 해도 전혀 과장이 아니다.

3-2) 일반적으로 최상위의 남녀는 그들만의 리그에서 그들 내에서 사귈 사람을 선택한다. 예컨대 여성 연예인이나 아나운서 중에서 평범한 남성과 결혼했다는 기사를 본 적이 있는지 생각해 보라. 그들이 선택하는 배우자는 거의 대부분 의사, 변호사 등 사(士)자가 들어가는 사람들이나 재벌 2세 등이다. 그들이 선택한 남성이 언뜻 평범하게 보이는 사람이라 할지라도 방심하지 마라. 자세히 확인해 보면 여성이 선호하는 특징을 두루 갖추고 있는 사람임이 이내 발견된다.

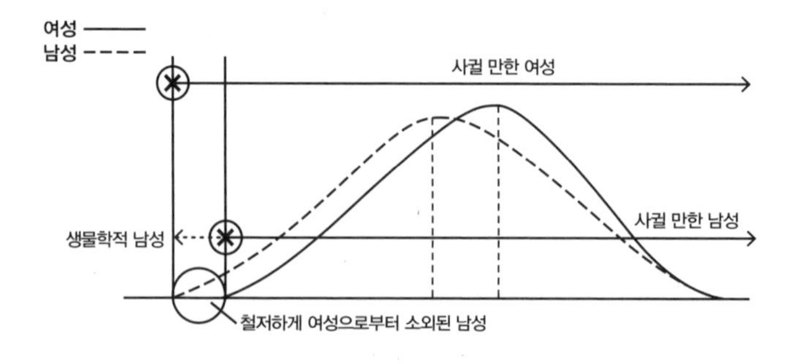

4-1) 도표상에서 가장 오른쪽에 위치하고 있는 남녀가 사귈 수 있는 이성의 범위가 가장 넓다면 이성을 사귀기가 가장 어려운 것은 도표의 가장 왼쪽에 위치하고 있는 남녀다. 종형상의 남녀는 오른쪽에서 왼쪽으로 갈수록 사귈 수 있는 이성이 점차 줄어든다. 이는 도표의 왼쪽으로 갈수록 자신의 왼쪽에 있는 이성이 줄어들기 때문에 나타나는 자연스런 현상이다. 도표의 맨 왼쪽에는 이성을 사귀기가 가장 어려운 남녀가 위치한다. 종형에서 가장 왼쪽에 있는 남성들은 치마만 두르면 무조건 좋다고 할 가능성이 높다. 왜냐하면 자신의 위치를 기준으로 보았을 때 '모든' 여성이 오른쪽에 있으며, 그 어떤 여성도 그러한 남성의 왼쪽에 있지 않기 때문이다.

4-2) 여성은 그 어떤 여성이라도, 심지어 이성에 의한 선호도가 가장 낮은 여성이라도 자신이 조금만 눈을 낮춘다면 남성을 사귈 수 있다. 왜냐하면 위치로 보았을 때 그러한 여성마저도 종형 맨 왼쪽 남성의 오른쪽에 위치하고 있기 때문이다. 종형 맨 왼쪽의 남성은 그들을 사귈 만한 대상이라고 생각할 것이다. 반면 여성의 종형을 벗어난 곳에 위치하는 남성들은 연애는 물론 결혼하기가 매우 어려울 수 있다. 그들이 선택을 받으려면 일부 여성이 그들의 왼쪽에 남아 있어야 하는데, 그들의 왼쪽에는 여성이 전혀 남아 있지 않기 때문이다.

도표가 시사하는 바는?

잘난 사람은 이성을 만나는 데 전혀 어려움이 없다

누구나 짐작하겠지만 이른바 수요가 많은 사람은 이성을 사귀는 데 전혀 어려움이 없다. 예를 들어 김수현이 '애인 구함'이라는 광고를 한다면 아마도 엄청난 여성이 그와 사귀기 위해 몰려들 것이다. 이를 도표를 이용해 설명해 보자. 김수현은 도표상에서 가장 오른쪽에 있다고 말할 수 있다. 이에 따라 그는 거의 대부분의 여성의 오른쪽에 위치하고, 이에 따라 수많은 여성의 흠모의 대상이 된다.

하지만 아쉽게도 김수현이 실제로 사귈 만한 사람이라고 생각하는 여성은 자신과 유사한 위치에 있는 극히 일부의 여성이다. 대부분의 여성은 그의 왼쪽에 위치하고 있으며, 이에 따라 김수현은 좀처럼 그들을 사귈 만한 대상으로 생각하지 않는다. 김수현을 거부할 수 있는 여성은 김수현과 비슷한 위치의 여성이다. 그들은 김수현을 이상형이라 생각하지 않을 수 있고, 김수현 못지않은 매력남을 고를 수 있는 위치에 있기에 굳이 김수현에 목을 매지 않는다. 이처럼 김수현을 거부할 수 있는 여성도 있지만 그들은 극소수에 지나지 않으며, 압도적으로 많은 여성은 기꺼이 김수현의 애인이 되고 싶어한다. 그렇기 때문에 많은 사람의 선호 대상인 김수현은 자신이 원한다면 전혀 어려움 없이, 계속해서 이성을 사귈 수 있다.

자신에 대한 수요가 많은 사람, 다시 말해 이성이 선호하는 특징을 두루 갖춘 사람들은 이성과의 관계에서 자신이 원하는 바를 비교적 쉽게 얻을 수 있다. 이러한 사람들 중에서 못된 남성[1]은 여성의 성과 재물을 노릴 수 있다. 빼어난 외모와 재력을 갖춘 남성 중에 바람둥이가 많은 것은 우연이 아니며, 바람은 아무나 피울 수 있는 것이 아니다. 남성이 바람을 피울 수 있는 조건을 갖추지 않는 이상 여성은 콧방귀도 뀌지 않는다. 이에 따라 아예 자신의 조건 등을 속여서 원하는 바를 얻어내고자 하는 사람마저 있다.

남성과는 다소 다르게 자신에 대한 수요가 있는 여성은 자신의 미모 등을 이용해 남성에게서 재물과 서비스 등을 얻어낼 수 있다. 많은 남성의 관심의 대상이 되는 이러한 여성 또한 자신의 조건을 어렵지 않게 이용할 수 있다. 예컨대 이러한 여성은 명품에서부터 과제를 대신 해달라고 요구하는 등에 이르기까지 자신이 원하는 바를 남성에게 요청함으로써 원하는 바를 얻어낼 수 있다. 남성으로서는 이러한 요청을 거부하기가 힘든데, 거부할 경우 상대에게 실망감을 줄 것이고, 이로써 더 이상 상대를 만날 수 없게 될 것이 걱정되기 때문이다. 이처럼 수요가 있는 남녀는 싫건 좋건, 이를 이용하려 하건 그렇지 않건 간에 자신의 목적을 달성하기 위해 타인을 이용할 수 있는 위치에 있다. 실제로 이러한 상황을 악용하는 사람들은 말 그대로 늑대와 여우라 할 것이다.

열 번 찍어 안 넘어갈 나무 없다?

"열 번 찍어 안 넘어갈 나무 없다"라는 말이 있다. 열심히 최선을 다

---

1 앞에서 언급한 바와 같이 도표에서 가장 오른쪽에 위치한 남성은 세 가지 조건을 모두 갖춘 남성이다. 이렇게 보자면 신체적·경제적 조건만을 갖춘 남성은 이와 같은 위치에 있지 않다고 말해야 할지 모른다. 맞는 말이다. 하지만 여성의 또 다른 기준인 헌신이라는 조건을 진정으로 갖추었는지, 아니면 단지 그럴듯하게만 보이는 것인지와 무관하게, 늑대가 다른 의도로 접근할 때 여성은 세 가지 조건을 모두 갖춘 남성이라고 생각한다. 이러한 남성은 사실상 가장 오른쪽의 남성은 아니지만, 여성의 입장에서는 그러한 남성으로 착각을 하게 된다.

해 노력하다 보면 결국 상대의 마음을 돌려 자기의 사람으로 만들 수 있다는 말이다. 그런데 이 말이 사실일까? 만약 사실이라면 남녀 중에서 열 번 찍어 넘어갈 가능성이 큰 성(性)은 어떤 성인가?

이에 대한 답은 앞서 내가 한 말을 떠올려 보면 어느 정도 짐작할 수 있다. 진화심리학에서 말하는 남녀의 성 특성으로 미루어 보았을 때 열 번 찍었을 때 넘어갈 가능성이 높은 성은 대체로 여성이라 할 수 있다. 여성에게는 상대가 자신에게 얼마만큼 헌신하는지가 매우 중요하다. 아무리 다른 조건들이 충족된다고 하더라도 자신에게 헌신할 것 같지 않은 남성이라면 여성은 선뜻 그런 사람과 사귀려 하지 않는다. 반대로 여성이 보았을 때 처음에 상대가 별로라는 생각이 들었어도, 상대가 자꾸 찍어대면 그 과정 자체가 자신에게 헌신하는 모습으로 보일 수 있다. 이러한 경우 결국에 가서는 생각이 바뀔 가능성이 있는 것이다. 실제로 내 주변에는 남성의 헌신이 결국 여성의 마음을 바꿔 결혼에 골인한 사례가 꽤 있다.

열 번 찍어 넘어가는 나무 이야기는 영화 주제로 다루어지기도 한다. 앞에서 잠시 언급했던 하지원과 임창정이 주연을 맡은 〈색즉시공〉은 그 예다. 영화에서 하지원은 임창정에게 별다른 관심이 없고 잘생기고 돈 많은 남자에게 이끌린다. 문제는 이 남자가 바람둥이고 책임감이 없다는 것이다. 결국 하지원은 낙태를 해야 하는 상황을 맞이하고, 이때 평범하지만 일편단심 민들레인 임창정은 하지원에게 말 그대로 최선을 다한다. 그는 하지원을 직접 병원으로 데리고 가 입원을 시키고, 하지원에게 생일 선물로 주기 위해 거금을 들여 마련했지만 결국 주지 못한 반지를 팔아 병원비를 마련한다. 또한 그는 낙태한 하지원의 몸조리를 위해 미역국을 끓여주며, 그녀의 아픈 마음을 달래기 위해 어설프지만 진심을 다해 차력 쇼를 펼치기도 한다. 임창정의 이와 같은 지극 정성은 결국 하지원의 마음을 돌려놓게 된다.

하지만 유감스럽게도 이것은 어떤 경우에나 통용되는 이야기는 아니다. '열 번~'은 남성과 여성 간에 차이가 너무 많이 날 때는 통용되지 않는다. 다시 말해 이성의 선호 대상으로 서로 비슷한 남녀 사이라야 어느 정도 가능성이 있다는 것이다. 제대로 된 도끼날도 없는 남성이 나무를 찍는다고 나무가 넘어갈 리가 없다. 아무리 찍어대도 시간과 힘 낭비에 불과할 뿐 나무는 결코 넘어가지 않는다. 예컨대 내가 김태희를 찍는다고 가정해 보자. 이 경우 내가 자꾸 도끼질을 한다면 자칫 스토커로 철창 신세를 질 수도 있다. 아니 그 전에 비에게 비 오는 날 먼지 나도록 얻어맞을 것이다. 이처럼 남녀 간에 너무 커다란 차이가 있을 때는 아무리 도끼질을 한다고 해도 소용없는 경우가 적지 않다. 이 경우에는 '열 번 찍어~'보다는 '오르지 못할 나무는 쳐다보지도 마라'에 귀를 기울이는 것이 정신 건강에 도움이 된다. 말 그대로 헛고생하지 않으려면 차이가 너무 큰 상대에게 관심을 두지 않는 편이 좋다는 것이다.

한편 남성이 좋은 도끼를 가지고 있다면 굳이 열 번까지 찍을 필요도 없다. 심지어 단지 도끼를 들려는 시늉만 했는데 이미 넘어가 버리는 나무도 많이 있을 것이다. 아주 단순한 예를 들어보자. 만약 조인성이 평범한 여성과 사귀고자 한다면 조인성은 상대방에게 호감을 사고자 이런저런 노력을 기울일 필요가 전혀 없다. 조인성은 그 이름만으로도 상대가 엄청난 호감을 느낄 것이고, 따라서 아무런 제스처를 취하지 않아도 아주 쉽게 평범한 여성과 사귈 수 있다.

그렇다면 남성이 여성에게 대시할 때에 비해 여성이 남성에게 대시할 때 성공할 확률이 낮다고 말하는 이유는 무엇인가? 다수의 성 파트너를 두고자 하는 남성의 특징과 선택적으로 관계를 맺고자 하는 여성의 특징으로 미루어 본다면 여성이 남성에게 대시할 때 성공할 가능성이 더 높은 것은 아닐까?

여기서 우리는 '성관계'와 '연애'를 구분해야 한다. 만약 성관계, 그것도 원나잇에 대한 요구라고 한다면 남성에 비해 여성이 대시할 때 성공할 확률이 훨씬 높을 것이다. 한마디로 남성들은 다다익선 전략을 채택하고 있기 때문이다. 하지만 연애의 경우는 성관계와 달리 생각해야 하는데, 여성의 헌신은 연애 예선전을 치를 때의 남성의 선호 기준 목록에 포함되어 있지 않다. 때문에 여성이 열 번을 찍는다고 했을 때 그것이 예선 통과에 영향을 줄 확률은 상대적으로 높지 않다. 반면 남성의 헌신은 여성의 선호 기준 목록에 포함되어 있으며, 남성이 열심히, 지속적으로 도끼질을 할 경우 그러한 모습이 여성에게는 헌신하는 모습으로 비춰질 수 있다. 이때 남성은 여성이 염두에 두는 한 가지 기준을 충족시키게 되며, 이로 인해 연애로 접어들 확률이 높아지게 된다. 이렇게 보자면 열 번 찍어서 넘어갈 확률은 아무래도 남성이 찍었을 때가 여성이 찍을 경우보다 높다고 볼 수 있다.

만약 남성 또한 여성과 마찬가지로 자신에게 헌신하는 것을 중요하게 생각한다면 남녀 모두 열 번 찍을 경우 나무가 넘어가게 될 가능성이 높아질 것이다. 하지만 남성은 그와 같은 기준을 중요하게 생각하지 않는 편이며, 천성적으로 바람둥이임을 감안한다면 그와 같은 헌신이 오히려 자신에 대한 구속으로 느껴질 가능성이 크다. 그렇기 때문에 여성이 남성에게 대시할 때 성공할 확률이 비교적 낮다고 생각할 수 있는 것이다. 하지만 남성에 비해 더욱 이성에게 커다란 매력이 느껴지는 여성이 남성에게 대시하는 경우라면 문제는 완전히 달라진다. 너무나도 당연한 이야기겠지만 이때에는 여성이 도끼질을 할 필요가 없다. 눈길만 살짝 줘도 상대방은 이미 여성에게로 넘어와 있을 것이다.

눈이 높으면 시집이나 장가를 가지 못한다

위에서 나는 열 번 찍어 안 넘어가는 나무가 많다는 이야기를 했다. 아무리 도끼질을 해도 도끼가 시원치 않거나 나무가 지나칠 정도로 단단할 경우 나무는 결코 넘어가지 않는다. 이를 달리 말하면 눈이 높으면 시집, 장가를 가기 힘들다는 말이기도 하다. 여기서 '눈이 높다'는 말에 생략된 것은 '자기 자신을 제대로 알지 못하고'다. 만약 내가 수지가 이상형이라고 말하면서 실제로 그 정도의 여성하고만 결혼할 생각을 한다면 나는 노총각으로 늙어 죽을 수밖에 없다. 소크라테스를 굳이 인용하지 않아도 이성을 사귀고자 할 용의가 있는 사람은 "너 자신을 알라"는 말을 되새겨 볼 필요가 있다. 사람은 대개 자신을 과대평가하는 경향이 있다. 이에 따라 무엇인가가 잘 안 되면 자기 탓을 하기보다는 다른 것을 탓하는 경우도 적지 않다. 아이유의 〈좋은 날〉 가사 "새로 바뀐 내 머리가 별로였는지, 입고 나왔던 옷이 실수였던 건지"와 같이 우리는 자아에 대한 상처를 최소화하기 위해 자신을 탓하기보다는 다른 핑계거리를 만들려는 경향이 있다. 그런데 이처럼 다른 이유 때문에 자신이 연애에 성공하지 못했다고 생각할 경우 자아에 대한 상처는 최소화할 수 있어도 연애에 성공하기는 어려워진다. 그냥 그렇게 살고자 한다면 문제가 없을 수도 있지만 연애를 꼭 해 봐야겠다고 생각한다면 자신에 대한 객관적인 판단이 필요하다. 여기서 '자신에 대한 객관적인 판단'이란 이성(異性)에게 선호되는 정도를 진화심리학에서 말하는 기준을 이용하여 냉정하게 파악해 보려는 것을 말한다. 이와 같은 판단을 객관적으로 하지 못할 경우에는 실제로 결혼하기가 어려워질 수 있다.

유의해야 할 점은 이러한 이야기가 연애를 못하는 사람이 무엇인가 단점이 있어 솔로로 남아 있다는 말은 전혀 아니라는 것이다. 예를 들어 신체적인 매력이 있는 여성이나 능력 있는 남성 중에서도 연애를 하지 못하는 사람들은 충분히 있을 수 있으며, 거꾸로 이러한 장점들을 전혀 갖추지 못한 남녀가 연애를 하는 경우 또한 적지 않다. 연애를 하고 못하는 데에는 여러 요인이 작용하기 때문에 단순히 진화심리학에서 말하는 기준에 부합되는 특징을 갖추고 있는지의 여부가 연애를 하고 못하고를 가르는 것은 아니다. 특히 연애가 비슷한 이성에 의한 선호도를 갖는 사람들끼리의 만남인 경우가 많다는 점을 감안해 보았을 때 솔로로 지내는 것이 곧 이성이 선호하는 기준을 갖추고 있지 않음을 뜻한다고 생각하는 것은 잘못이다. 여기서 말하고자 하는 바는 단지 눈이 지나치게 높은 사람이 연애를 하기 힘들다는 것일 따름이다.

이는 도표에서도 잘 드러난다. 앞에서 언급한 바와 같이 도표상의 어떤 지점에 있건 자신을 기준으로 오른쪽의 사람들은 사귈 용의가 있는 이성(異性)으로 보임에 반해, 왼쪽에 있는 사람들은 생물학적으로는 이성이지만 사실상 이성으로 보이지 않는 남녀들이다. 여기서 다시 한 번 수지와 나의 예를 들어보자. 수지는 도표에서 가장 오른쪽에 있음에 반해, 나는 왼쪽 끝 어딘가에 있다. 수지가 있는 위치를 기준으로 나는 오른쪽이 아닌 왼쪽에, 그것도 한참 먼 곳에 있다. 이런 상황에서 수지가 나를 사귈 만한 사람으로 생각하기란 사실상 불가능하다. 어느 정도 가까운 왼쪽에 있어도 쉽지 않은데, 멀리 떨어져 있다면 더 말할 필요가 없다. 이처럼 도표가 적절히 보여주고 있음에도 내가 전혀 개의치 않고 끝끝내 수지 수준의 여성과 결혼하고자 한다면 결론은 분명하다. 나는 장가를 갈 수가 없는 것이다.

그런데 이처럼 확연히 차이가 나는 남녀가 맺어지는 경우도 있지 않을까? 물론 있다. 하지만 이는 극히 드문 경우로, 이러한 남녀가 맺어지면 심지어 신문지상에 보도되기도 한다. 수 년 전 모 여대 학생과 그 학교 앞에서 풀빵 장사를 하던 분이 결혼한 경우는 그 예다. 내가 이 기사를 기억하는 이유는 그것이 극히 예외적인 일이었기 때문이지, 만약 이러한 일들이 일상적으로 일어난다면 전혀 기억하지 못할 것이다.

역시 꽤 오래전, 차이가 적지 않은 커플이 맺어지는 내용의 영화가 상영된 적이 있다. 고소영과 임창정이 주인공으로 나오는 영화로, 이 영화에서 현주(고소영)는 우리나라를 대표하는 일류 여배우임에 반해, 범수(임창정)는 평범한 직업을 가진 남성이다. 이 영화는 실제로 일어나는 일들을 보여주었다기보다는 수많은 평범한 사람의 판타지를 충족하는 데 초점을 맞추었다고 볼 수 있는데, 다른 무엇보다도 흥미로웠던 것은 〈해가 서쪽에서 뜬다면〉이라는 이 영화의 제목이다. 나는 제목이 참으로 절묘하다고 생각했다. 나는 이 제목이 영화에서와 같은 상황이 현실에서는 절대로 일어나지 않는다는 것을 의미하고 있다고 해석했다. 실제로 도표는 차이가 큰 커플이 맺어지는 경우가 거의 없음을 보여준다.

이처럼 확연히 차이가 나는 경우가 아니라 하더라도 남녀 간에 차이가 어느 정도 있다면 생각보다 커플이 되기가 쉽지는 않으며, 설령 사귀게 된다고 하더라도 선호도가 비슷한 정도의 커플에 비해 우여곡절을 겪게 될 가능성이 상대적으로 클 수 있다. 예를 들어 여성이 남성보다 도표의 오른쪽에 있다고 할 경우 여성은 남성에게 이성으로서의 매력을 덜 느낄 것이다. 그뿐만 아니라 여성은 그 남성보다 조건이 나은 남성과 맺어질 수 있는 지점에 위치하고 있다. 이러한 남녀가 커플이 될 확률은 비교적 낮으며, 설령 커플이 된다고 해도 연애 과정이 순탄하지만은 않을 가능성이 높다. 〈개그 콘서트〉의 '남자가 필요 없는 이유' 코너에 나오는 정승환은 그 예다. 남성은 여성이 자신을 버리고 다른 남성을 만날까봐 불안감에서 벗어나지 못하며, 이에 따라 남성은 늘 상대방의 자유를 구속하려 하면서 상대방에게 집착하는 모습을 보일 가능성이 있다. 남성이 이러한 모습을 자주 보일 때 여성은 불만을 갖게 될 수밖에 없다. 이는 상대에 대한 짜증으로, 나아가 싸움으로 이어진다. 그리고 이러한 싸움이 잦아지면 결국 헤어질 확률이 높아진다.

자기보다 잘난 사람을 만나는 경우 vs 자기보다 못난 사람을 만나는 경우

여성의 이상형은 말 그대로 모든 조건을 갖춘 남성일 것이다. 하지만 그와 같은 남성이 실제로 존재하는지도 의문이고, 설령 그러한 남성이 존재한다고 해도 그 사람과 사귀게 될 가능성은 그리 크지 않다. 물론 고소영처럼 여성 또한 많은 남성의 동경의 대상이라면 그러한 남성을 사귈 수 있을 것이다. 그래서 과연 고소영은 장동건과 결혼을 할 수 있었다. 하지만 우리는 대부분 장동건이나 고소영이 아니다. 따라서 이상은 이상일 뿐 현실에서 이상형과 사귀기는 극히 어렵다. 그럼에도 여성은 이왕이면 조건이 더 좋은 남성을 사귀기를 바라며, 실제로 그러한 남성을 만날 경우 적지 않은 행복을 느끼게 된다. 하지만 그와 같은 행복이 오래 갈 수 있을까? 물론 그럴 수 있다. 하지만 반드시 그런 것만도 아니다. 이는 여성이 가지고 있는 특징을 고려해 보았을 때 예측할 수 있는 바다.

어떤 여성이 이성의 선호도라는 점에서 자신보다 나은 남성을 사귄다고 가정해 보자. 이와 같은 남성과 사귀게 될 경우 여성은 설령 상대가 완전한 이상형은 아니라고 할지라도 상당한 만족감을 느낄 것이다. 하지만 안타깝게도 이러한 만족감은 그리 오래 가지 못할 수 있다. 그 이유는 여성이 상대적으로 조건이 나은 남성을 만나게 되면 두 사람의 관계에서 남성이 칼자루를 쥐게 될 가능성이 커지기 때문이다.

일반적으로 남녀의 관계에서 칼자루를 쥐는 쪽은 여성이며, 이 경우에는 대체로 별 문제가 발생하지 않는다. 여성이 일정한 한도에서만 칼을 휘두를 경우 남성은 이를 눈감아 주는 편이다. 하지만 남자가 칼자루를 쥔다면 문제가 달라진다. 여성은 남자가 칼자루를 장악할 경우 행복감을 느끼지 못할 확률이 높다. 왜냐하면 여성에게는 자신에 대한 남성의 헌신과 배려가 행복의 척도이기 때문이다. 물론 칼자루를 쥔 모든 남성이 칼을 함부로 휘두르는 것은 아니다. 그럼에도 자신이 상대적으로 나은 조건을 갖추고 있음을 부지불식간에 알고 있을 경우 남성은 의식적이건 무의식적이건 상대를 충분히 배려하지 않고 칼을 휘두를 가능성이 있다. 실제로 남성이 현재의 여성과 비슷한 정도의 여성을 얼마든지 만날 수 있고, 나아가 그보다 더 나은 여성을 만날 수 있다면 상대에게 소홀할 수 있을 것이다. 이는 여성의 마음에 상처가 될 수 있다.

여성이 비교우위에 있을 경우 남성은 여성에게 소홀할 리가 없다. 남성은 그야말로 최선을 다해 여성을 공주처럼 모실 것이다. 그런데 만약 여성이 이러한 위치에 있을 경우에 남성이 여성을 극진히 대한다는 것이 사실이라면 여성 자신이 비교우위를 차지할 수 있는 남성을 선택하는 것이 좋지 않을까? 이는 답하기가 쉽지 않다. 그 이유는 여성이 자신에 대한 헌신에만 초점을 맞추지 않으며, 신체와 능력 등에 대해서도 관심을 기울이기 때문이다. 어떤 경우이건 사랑에 빠진 남성은 상대에게 헌신한다. 그럼에도 남성이 여성에게 지속적으로 헌신을 바치는 경

자신에게 과하지도 부족하지도 않은 사람을 만나는 것이 가장 행복하게 사는 방법일 수 있다.

우는 여성이 남성에 비해 비교우위에 있을 경우가 많다. 반대로 남성이 여성보다 이성에게 선호되는 대상이라면 남성은 상대에게 덜 헌신할 확률이 높다.

이와 같은 상황은 여성을 딜레마에 빠지게 한다. 만약 자신보다 나은 조건을 갖춘 남성을 선택할 경우 여성은 자신에 대한 남성의 헌신을 어느 정도 포기해야 한다. 거꾸로 자신보다 조건이 좋지 않은 남성과 사귈 경우 여성은 신체와 능력 등의 조건을 포기해야 한다. 여성으로서는 두 가지 모두 포기하기가 쉽지 않은데, 이러한 딜레마에서 어느 정도 벗어날 수 있는 방법 중 하나는 자신과 비슷한 사람을 만나는 것이다. 지나치게 백마 탄 기사를 기다릴 경우 자칫 시집을 못 갈 수 있고, 설령 만난다고 하더라도 그것이 그렇게 행복한 것만은 아닐 수 있다. 또한 자신보다 조건이 좋지 않은 사람을 만날 경우 아무리 상대가 잘해 줘도 공연히 상대방에게 짜증만 날 수 있다. 그저 자신에게 과하지도 부족하지도 않은 사람을 만나는 것이야말로 행복할 수 있는 방법이 아닐까?

2장

남성의 기본적인 연애 기술

이제 연애를 잘하기 위한 지침을 이야기해 보도록 하자. 신체적인 조건이나 능력 등은 연애하는 데 중요한 조건이기는 하지만 이들이 상대방을 대할 때의 행동이나 태도 등과 관련이 있는 것은 아니다. 이들은 상대를 만났을 때 직접 활용되는 무엇은 아닌 것이다. 예컨대 능력은 상대를 만나서 어떻게 할 수 있는 것이 아니다. 이는 배경이 되는, 이미 만들어져 있는 조건으로, 상대방이 호감을 느끼게 하는 데 영향을 주긴 하지만 그럼에도 외적인 조건일 따름이다. 반면 상대를 대할 때의 행동과 태도 그리고 마음가짐 등은 가변적인 것으로, 나에 대한 상대의 판단에 직접 영향을 준다. 이는 의지에 따라 보여주는 모습이 다를 수 있고, 사람에 따라 다르기도 하다. 연애 기술은 바로 이러한 것들과 관련되며, 이에 관심을 갖는 것은 연애에 성공하기 위해 상당히 중요하다.

남녀 관계에서 상대를 대할 때의 태도에 유의해야 할 쪽은 아무래도 여성보다는 남성이다. 그 이유는 상대를 고를 때의 기준이 남성에 비해 여성이 까다롭고, 특히 여성에게는 상대방이 자신에게 어떤 태도를 보이느냐가 매우 중요하기 때문이다.

이하에서 언급하는 연애 기술은 이미 많은 남녀가 어느 정도 잘 알고 있고, 또한 적절히 활용하고 있기 때문에 굳이 새로운 제안이라 할 수 없을지도 모른다. 실제로 내가 이곳에서 언급하고 있는 내용에 비해 훨씬 많은 기술을 알고 있는 사람들도 적지 않을 것이다. 내가 이야기하고 싶은 것은 다양한 연애 기술의 배후가 되는 근본 원리를 뚜렷이 의식하라는 것이다. 많은 경우 우리는 어떤 것의 배후 원리나 지침을 충분히 의식하지 않으면서 이를 당연하게 받아들이고 활용하는데, 그러한 원리나 지침이 무엇인지 파악해 보려는 노력은 중요하다. 왜냐하면 배후 원리나 지침에 대한 이해가 전제될 경우에는 소가 뒷걸음질 치다가 우연히 쥐를 잡는 것이 아니라 의도적으로 쥐를 잡을 수 있는 능력을 갖추게 되기 때문이다. 물론 그 원리나 지침이 항상 옳은 것은 아니고, 적용하기 어려운 경우도 있으며, 원리나 지침이 없음에도 그러한 것이 있다고 착각할 수도 있다. 그럼에도 어떤 일에 대해서건 그저 그러려니 생각하기보다는 그 일의 원인이나 배후를 심층적으로 이해해 보려 할 필요가 있다. 그와 같은 이해에 도달했을 경우 우리는 그 일에 대한 실패 확률을 크게 줄일 수 있을 것이다. 그렇다면 남성이 기억해야 할 이런저런 연애 기술의 배후가 되는 원리나 지침은 무엇일까?

상대에게 헌신한다는 것을 직간접적으로 보여라

여성과의 만남에서 호감을 얻고자 할 때 가장 중요한 것은 상대에게 헌신하는 모습을 보여줌으로써 나를 신뢰하게 만드는 것이다. 이는 일종의 기본적인 공식에 해당하는데, 이를 염두에 두면서 구체적인 행동 방법을 모색해 보면 다양한 것들을 생각해 낼 수 있을 것이다. 이의 고전적인 사례에 해당하는 것부터 살펴보자.

먼저 거의 대부분의 사람이 상식적으로 알고 있는 상대에 대한 남성의 배려로는 함께 길을 걸을 때 여성을 차도 쪽이 아닌 인도 쪽에서 걷게 하는 것, 문을 열고 들어갈 때 여성을 먼저 들어가게 하는 것 등을 들 수 있다. 남성이 이와 같은 행동을 할 경우 여성은 남성이 자신을 배려한다는 느낌을 받게 되며, 이에 따라 상대방을 긍정적인 시선으로 보게 된다. 하지만 최근 이러한 행동은 여성에게 특별히 배려심이 크다는 느낌을 주지 못하는 것 같다. 너무나도 잘 알려져 있다 보니 이렇게 행동하는 것은 기본이며 당연한 매너가 되어 버린 것이다. 그럼에도 이러한 배려를 하지 않으면 여성에게 기본적인 매너도 모르는 사람으로 낙인찍히게 된다.

이 밖에 이른바 매너로 알려진 것들은 많다. 예컨대 둘이 대화를 하는데 상대에게 집중하면서 적극적으로 답하지 않고 스마트폰을 자주 본다든가 할 경우에 상대가 어떻게 느낄지는 굳이 말할 필요도 없다. 물론 상대에게 푹 빠져 있을 경우에 이와 같은 행동을 할 리는 만무하다. 하지만 상대에게 관심이 있음에도 이러한 태도를 보인다면 결과가 어떻게 될지는 뻔하다.

그런데 연애하고자 할 때 정말 궁금한 것은 이상에서와 같은 상식적인 매너 지키기가 아니다. 이러한 매너는 지키지 않으면 문제가 될 수 있지만, 설령 지킨다고 하더라도 특별히 플러스가 되는 것은 아니다. 따라서 연애를 잘하려면 이와 같은 기본 매너 외에 다른 기술들이 필요하다. 실제로 다른 사람들이 모두 잘 알고 있는 매너와 어느 정도 차별성이 있는 헌신적인 태도를 보여야 다른 경쟁자들을 물리칠 수 있는지도 모른다.

이러한 방법으로 생각해 볼 수 있는 것은 돌발 상황을 적절히 활용하는 것이다. 예를 들어 두 사람이 걷고 있는 방향으로 차가 갑자기 돌진할 때 자신보다는 여성을 보호하려는 태도를 보인다면 여성은 상대를 신뢰하게 될 것이다. 사람들은 일상적인 상황보다는 예외적인 상황에서 일어난 반응에서 많은 것을 해석해 낸다. 실제로 사람의 품성이나 특징, 상대에 대한 헌신도 등은 예외적인 상황에서 드러나는 편이다. 이것이 사실이라면 거꾸로 이러한 상황을 이용해서 상대에게 호감을 살 방법이 있지 않을까?

아쉽게도 이와 같은 돌발 상황은 자주 일어나지 않는다. 따라서 이를 의식적으로 활용하기란 여간 어려운 일이 아니다. 그렇다고 친구에게 일부러 차를 자신들이 걷는 방향으로 몰아달라고 할 수는 없는 일 아닌가? 더 큰 문제는 설령 그러한 기회가 왔다고 하더라도 반드시 점수를 딸 행동을 하리라는 보장이 없다는 점이다. 기사도 정신을 발휘할 수 있는 예외적인 상황은 순식간에 일어나기 때문에 그 상황에서 오히려 점수를 잃을 수도 있다. 예를 들어 차가 돌진하는 상황에서 깜짝 놀라 여자를 두고 혼자만 피해 버렸다면 여자는 이 사건을 계기로 상대를 불신하게 될 것이다.

돌발 상황에서 상대를 감동시킬 기회를 마냥 기다릴 수도 없고 적극적으로 위험을 무릅쓸 기회를 마련하는 것도 마땅치 않다면 어떻게 해야 할까? 그 한 가지 방법은 위험 부담이 없는 돌발 상황을 의도적으로 만드는 것이다. 내가 어디선가 본 한 가지 방법은 둘이 마주 앉아 차를 마시다가 차를 일부러 상대 방향으로 쏟으라는 것이다. 이러한 돌발 아닌 돌발 상황에서 남성이 옷소매나 손 등을 이용해 여성 쪽으로 흘러가는 차를 막으려 할 경우, 그러면서 미안하다는 표정으로 씽긋 웃어준다면 여성은 자신에 대한 헌신 의지와 좋은 성격을 확인하게 된다. 물론 연기가 어설퍼서 그러한 행동의 의도가 드러난다면 원하는 목적을 달성하지 못할 것이다.

솔직히 이러한 연기를 시도해 보라고 적극적으로 권하고 싶지는 않다. 내가 말하고자 하는 것은 어떤 경우든 상대에게 헌신하는 모습을 보여야 한다는 공식을 잊어선 안 된다는 것이다. 이러한 공식을 염두에 두고 행동할 경우, 그것도 시종일관 그와 같이 행동하려 할 경우 적어도 여성은 그와 같이 행동하는 사람을 부정적으로 생각하지는 않을 것이다.

이번에는 매너를 지킬 때 유의해야 할 점 몇 가지를 이야기해 보자. 매너를 지킬 때 유의해야 할 것은 먼저 너무 과장된 태도는 바람직하지 않다는 것이다. 무엇보다도 그러한 태도가 가식적으로 보일 수 있기 때문이다. 이는 본래 모습과 다른 모습을 보여주는 듯한 느낌을 줄 수 있다. 그래서 상대에게 진실된 모습이 아닐 수 있다는 생각을 하게 함으로써 오히려 역효과가 날 수 있다.

다음으로 기본이라 여겨지는 매너는 권태기 때 유달리 의식을 많이 해야 한다. 상대에게 관심을 받고자 하거나 관심이 절정에 달해 있을 때에는 아주 자연스럽게 매너남으로 행동하게 된다. 하지만 권태기에 이르러 상대에 대한 관심이 상대적으로 줄어들었을 경우에는 무심코 매너를 망각할 수 있다. 이와 같은 작은 무심함이 상대를 서운하게 하고, 급기야 다툼으로 이어질 수 있으니 권태기에 이르렀을수록 이러한 매너를 챙기는 데 결코 소홀히 해서는 안 된다.

마지막으로 상대에 대한 헌신이 효과를 발휘하려면 남성이 상대 여성의 특징을 어느 정도, 아니 비교적 상세히 알고 있어야 한다. 남성은 헌신적인 행동이라고 생각하는데, 막상 여성이 그렇게 생각하지 않는 경우가 있을 수 있다. 예를 들어 어떤 영화를 보고, 어떤 음식을 먹을지를 여성에게 일임했을 때, 여성은 남성이 줏대가 없다고 생각해 버릴 수 있다. 남성이 정말 여성이 원하는 것을 하고자 해서 이와 같이 했더라도 그렇게 보일 수 있는 것이다. 거꾸로 남성이 모든 것을 알아서 처리한다고 했을 때, 여성이 이를 자신을 배려하지 않는 독단적인 태도라고 생각해 버릴 수도 있다.

물론 여성이 똑같은 상황을 어떻게 해석할지는 그 여성이 상대방에게 얼마만큼 관심을 가지고 있느냐에 따라 달라질 수 있다. 상대가 정말 마음에 든다면 모든 행동을 좋게만 해석할 것이고, 그렇지 않을 경우는 부정적으로 해석할 것이다. 하지만 이도저도 아니라면 어떤 상황에 대한 해석은 각 개인의 선호에 따라 달라질 수 있다. 이는 곧 상대방에 대한 사전 지식을 가지고 있는 것이 만남을 유리한 방향으로 이끄는 방법임을 시사한다. 예컨대 음식이나 영화, 결정 방식 등에 대한 여성의 선호를 미리 알고 있다면 남성은 그러한 여성의 선호에 맞는 적절한 제안을 할 수 있을 것이다. 그리고 행복하게 해 주려고 고민한 끝에 어떤 제안을 하고 있음을 이야기해 준다면 여성은 그 세심함에 즐거워할 가능성이 크다. 참으로 연애하기 어렵다!

헌신을 중단하거나 그럴 가능성을 시사하는 언행은 삼가라

상대에 대한 헌신이 중요하다는 말을 달리 표현하면 헌신하지 않는 모습 또는 이를 시사하는 모습을 보이는 것은 좋지 않다는 것이다. 이 또한 다양한 사례를 제시할 수 있는데, 남성이 이러한 태도를 보일 경우 다툼이 일어날 가능성이 높아진다. 그리고 다툼이 시작되면 관계가 본의 아니게 권태기와 유사한 상황으로 돌진해 버릴 수 있다. 다툼은 서로를 지치게 하고, 관계에 악영향을 준다. 선순환이 아닌 악순환이 시작되면 연애가 종말로 치달을 확률이 높아지게 된다.

이를 방지하려면 남성은 헌신과 관련해 오해를 살 만한 일을 하지 말아야 한다. 이러한 목록으로는 많은 것을 들 수 있다. 예를 들어 연애 중인 남성은 다른 여성과의 관계를 극히 조심해야 한다. 남성이 애인이 아닌 다른 여성을, 그것도 몰래 만나다가 들키는 경우는 정말 치명적이다. 이는 상대가 또 다른 애인이건 그냥 단순한 선후배건, 친구이건 상관없다. 여러 명이 한꺼번에 만날 때 그 사이에 끼는 것은 그나마 문제가 되지 않을 수 있지만 단둘이 만난 것이 알려지거나 목격될 경우는 후일을 각오해야 한다. 이는 여성에게 강하게 각인될 수 있는데, 이러한 경우가 발생하면 그것이 두 사람의 관계에 계속적으로 걸림돌이 될 수 있다. 따라서 정말로 애인을 위한다면 남성은 어떤 이유에서든 개인적으로 다른 여성을 가급적 만나지 않는 것이 좋다.

이처럼 다른 여성을 직접 만나지 않더라도 과거의 여성과 비교하거나 있었던 일에 대한 이야기도 하지 않는 것이 좋다. 아니, 아예 하지 말아야 한다. 이는 진실게임을 하면서 진실을 털어놓아야 하는 상황이라도 마찬가지다. 진실게임을 하면서 이성의 과거를 캐묻는다는 것은 그만큼 그 문제에 관심이 있다는 간접적인 증거다. 그렇게까지 관심을 갖는 것은 그러한 정보가 자신에 대한 헌신을 가늠하는 잣대가 될 수 있기 때문이다.

그런데 다른 여성을 사귀었다는 이야기도 모자라 과거의 여성이나 다른 여성과 비교하면서 이런 것이 이렇고 저런 것이 저렇고 이야기할 경우, 심지어 다른 여성이 상대적으로 나은 듯한 이야기를 하거나 그런 암시를 주기라도 한다면 한마디로 큰 사고를 친 것이다. 여성을 사귈 때는 그 사람에게만 집중해야지 공연히 다른 여성과의 관계를 의심케 하는 어떤 행동도 하지 않는 편이 좋다. 이는 현재의 헌신에 대해서도 의구심이 들게 할 가능성이 있다. 과거에 자신이 아닌 또 다른 사람에게 관심이 있었거나 현재나 미래에 다른 사람에게 관심을 가지거나 가질 것 같은 느낌이 들 경우 여성은 이를 결코 아무렇지 않게 생각하지 않는다. 남성은 여성이 괜찮다고 이야기하는 것을 액면 그대로 믿어서는 안 된다. 아무리 남성의 입장에서 보았을 때 아무것도 아니라고 해도 헌신에 대한 안테나가 항상 곤두 서 있는 여성에게는 결코 그렇지 않은 경우가 적지 않다.

이번에는 다소 다른 예를 들어보자. 여자 친구가 급하게 나를 찾는데, 나는 집에 있고 세수도 하지 않았다. 이때 내가 단정하지 않은 모습으로 밖에 나갈 수 없다는 이유로 세수하고 옷 갈아입고 모든 준비를 마친 뒤 다소 늦게 여자 친구를 만나러 나간다면 여자 친구를 섭섭하게 만들 가능성이 크다. 반복해서 이야기하지만 남성이 여성에게 갖추어야 할 제1덕목은 헌신이다. 이 덕목은 다른 어떤 덕목보다 우선되어야 하며, 이를 지키지 못했을 때에는 여성에게서 일종의 옐로카드를 받게 된다. 그리하여 위의 경우처럼 단정해야 한다는 덕목이 헌신이라는 덕목을 추월할 경우 남성은 옐로카드를 받게 되는 것이다. 이 밖에도 옐로카드를 받게 될 상황은 실로 많은데, 사랑보다 우정이나 게임을 선택했을 때, 사랑보다 잠을 선택해 전화를 제대로 받지 못하는 경우마저도 옐로카드를 받게 될 가능성이 있다. 축구에서 옐로카드를 반복해서 받으면 퇴장 당하듯이, 이러한 카드를 반복해서 받을 경우 연애에서도 퇴장을 당하게 된다. 또한 축구에서 심각한 반칙을 하면 레드카드를 받는 것처럼, 연애하면서도 심각하게 제1덕목을 지키지 못하는 모습을 보일 경우 남성은 이별 통지를 받게 된다.

문득 원준희라는 옛날 가수의 〈사랑은 유리 같은 것〉이라는 노래가 떠오른다. "정말 몰랐어요~ 사랑이란 유리 같은 것. 아름답게 빛나지만 깨어지기 쉽다는 것을~" 사랑을 유지하기란 정말 쉽지 않다. 남자가 사소한 것에 신경 쓰지 않으면 여성은 상처를 받게 되는데, 그 상처가 처음에는 작더라도 누적되면, 또는 상처를 한 번도 준 적이 없더라도 어떤 순간 큰 상처를 주면 결국 헤어지게 될 수 있으니 늘 마음을 놓아선 안 된다.

어려운 일들을 함께하라—제임스 본드 영화의 예

상대방에게 헌신하려는 의지를 간접적으로 드러내는 방법에는 어떤 것들이 있을까? 이를 위한 한 가지 방법으로 어려운 일을 함께 해 보라고 제안해 본다. 어려운 일을 함께하면서 균등하게 일을 나누자고 제안하거나 여성에게 일을 떠맡긴다고 할 경우 결과는 뻔하다. 이렇게 해도 여성에게 간택될 수 있는 남성은 나쁜 남자로 분류될 수 있는, 신체적

매력적인 용모와 빼어난 화술을 갖춘 007 시리즈의 주인공 제임스 본드(James Bond)는 여성과 곤경을 함께 겪으면서 결국 여심을 사로잡는다.

으로 건장하고 잘생기고 능력 있는 남성뿐이다. 평범한 남성이 연애하겠다는 의지를 가지고 있음에도 이와 같이 행동한다는 것은 사실상 연애 거부 의지를 밝히는 것과 다를 바 없다. 여성이 보기에 그와 같이 행동하는 남성은 한마디로 '찌질이'다. 여성이 자신에 대한 헌신을 중요하게 생각한다는 점을 고려해 보았을 때 어려운 일을 함께하면서 남성이 기꺼이 자신을 희생하는 모습을 보여줄 경우 여성은 그 남성을 긍정적으로 판단할 가능성이 크다.

잠시 〈007〉 영화 이야기를 해 보자. 〈007〉 영화는 1953년에 처음 제작된 이래 2012년에 이르기까지 23편이 제작될 정도로 매우 인기 있는 액션 영화 시리즈다. 주인공 제임스 본드는 사격과 격투기 등에 능한

살인 면허를 가진 첩보원이다. 그런데 영화에는 예외 없이 제임스 본드의 파트너로 본드 걸이 나온다. 본드 걸은 대개 처음에는 007에게 별다른 관심을 보이지 않으며, 심지어 007을 미워하거나 적(敵)인 경우도 있다. 하지만 본드 걸들은 예외 없이 결국 007에게 넘어가고 만다.

영화와 현실은 구별해야 하지만 제임스 본드가 이처럼 연애 전문가로서 자질을 보이는 이유는 그가 매력적인 용모에 화술이 뛰어나다는 사실 못지않게 본드 걸과 온갖 역경을 함께 겪기 때문이다. 그뿐만 아니라 제임스 본드는 기꺼이 자기의 목숨을 걸고 여성을 구하는 백마 탄 기사의 모습을 유감없이 보여준다. 이 때문인지 결국 제임스 본드는 마지막에 가서 본드 걸의 마음을 사로잡는다.

아쉽게도 우리가 현실에서 제임스 본드 같은 모습을 보여준다는 것은 불가능하다. 많은 경우 남성은 제임스 본드 같은 외모와 화술을 갖추고 있지 않을뿐더러, 목숨을 걸고 악당과 싸워야 할 상황도 벌어지지 않는다. 설령 그런 경우가 있다고 해도 남성은 대부분 그들과 싸워 이길 힘도 없고, 무엇보다도 제임스 본드처럼 총알을 그렇게 절묘하게 피해 다닐 능력도 갖추지 못했다. 실제로 그러한 상황에 처할 경우 남성은 대부분 여성을 살려야겠다고 생각할 겨를도 없이 총에 맞아 죽을 것이다.

그럼에도 남성이 현실에서 제임스 본드의 모습을 응용해 볼 여지는 있다. 어려움 속에서 여성을 위해 기꺼이 헌신하는 모습을 보여줄 방법이 있을 수 있다는 것이다. 그렇다면 이를 보여줄 구체적인 방법에는 어떤 것이 있을까?

등산을 함께해 보라

등산을 함께하는 것은 그 방법 중 하나인 것처럼 보인다. 물론 등산할 때 어떤 산을 선택하는지가 중요하다. 예를 들어 두 사람이 가벼이 산책한다는 느낌을 가질 정도의 야산에 올라가는 것은 별 소득이 없다. 두 사람 모두 가벼운 마음이고, 오르기도 어렵지 않은데, 이 상황에서 어떻게 남성이 기사도 정신을 발휘할 수 있을까? 그와 같은 산을 등반할 바엔 차라리 오솔길 등을 걷는 것이 나을지도 모른다.

그렇다면 매우 오르기 어려운 산은 어떤가? 이 또한 도움이 되지 않는 것은 마찬가지다. 어떤 산이 여성은 물론 남성도 오르기 힘들 정도로 험하다고 했을 때, 그리하여 등반하면서 오히려 남성이 여성의 도움을 받아 올라가야 한다고 했을 때 남성이 기사도를 발휘할 기회는 없다. 게다가 등반하면서 지쳐 허덕이는 모습을 보일 경우, 나아가 완전히 뻗어서 더 이상 못 간다고 설레발을 친다든가 할 경우 여성은 상대방이 나를 지켜줄 정도로 충분히 건실하지 못하다는 생각을 할 수 있다. 이러한 산을 선택할 경우 남성은 여성에게 긍정적인 측면보다는 오히려 부정적인 모습을 보일 가능성이 높다.

이번에는 남성은 다소 힘들어도 어느 정도 올라갈 수 있지만 여성은 혼자서 오르기 쉽지 않은 산을 선택했다고 가정해 보자. 이 경우는 남성이 기사도 정신을 발휘하기에 안성맞춤이다. 씩씩하게 올라가면서 여성이 오르기 어려운 곳에서는 도와주고, 여성이 다소 힘들어하면 가방을 대신 들어주는 등의 모습을 보일 경우 여성은 상대가 자신에게 헌신할 수 있는 사람이라는 생각을 하게 될 가능성이 크다.

유의해야 할 점은 이와 같은 전략이 예외 없이 잘 맞아떨어진다고 생각해서는 안 된다는 것이다. 내가 말하고 싶은 것은 헌신을 보일 수 있는 일들로 상대에게 신뢰감을 주려고 노력하라는 것이지 그것이 반드시 등산이어야 한다는 것은 아니다. 만약 여성이 움직이는 것을 극단적으로 싫어한다거나 조금만 등산을 해도 지쳐버릴 정도로 몸이 약한데 무리해서 등산을 함께 간다면 남성은 본전도 못 찾을 선택을 한 셈이 된다. 이는 오히려 상대를 배려하지 않는 모습으로 비춰질 수 있다.

어려운 과제를 함께해 보라

헌신하는 모습을 보여줄 또 다른 방법은 어려운 과제를 함께하는 것이다. 어려운 과제를 함께하면서 남성이 여성의 과제 중 상당 부분을 기꺼이 맡아서 한다면 이 또한 여성에게 긍정적인 느낌을 갖게 할 가능성이 높다.

남녀 공학에서 이른바 CC(campus couple)가 많은 학과는 대체로 과제가 많으면서 어려운 학과다. 부담이 상당히 큰 팀플(team play)을 하는데 남성이 기꺼이 과제를 맡아 여성의 부담을 덜어줄 경우 여성은 그 남성에게 호감을 갖게 될 확률이 높다. 특히 그러한 과제를 능숙하고도 훌륭하게 처리하는 모습까지 보인다면 금상첨화다. 이는 헌신하는 모습뿐만 아니라 능력의 소유자임을 상대에게 보이는 셈이 되기 때문이다. 반대로 능력이 되지 않음에도 헌신해야 한다는 생각에 과중하게 과제를 떠안을 경우 자칫 상대에게 불신감만 안겨줄 수 있다. 예컨대 과제를 내일까지 해야 하는데, 여성을 위한다는 생각에 능력 이상의 과제를 혼자 떠안았다고 가정해 보자. 안타깝게도 밤을 새워 작업했으나 결국 과제를 제대로 제출하지 못하게 되었다. 이때 여성은 상대가 나를 위해 헌신했다는 데 초점을 맞추기보다는 과제를 제대로 해 내지 못했다는 사실 때문에 불만을 갖는다. 이 경우 상대에게 고마워하기보다는 '제대로 하지도 못하면서!'라는 생각을 하게 될 가능성이 더 크다.

남녀 공학에서 남녀 학생이 함께 과제를 할 경우 일반적으로 여학생은 과제의 부담을 덜 느낄 수 있는 위치에 있다. 특히 이성의 주목을 많이 받는 여학생은 이러한 상황을 충분히 이용할 수 있다. 남학생이 그 여학생에게 긍정적인 평가를 받기 위해, 나아가 그 여학생과 어떻게 해 보겠다는 생각으로 과제를 기꺼이 해 주려 할 것이기 때문이다. 설령 과제를 함께하는 친구 중 이성으로 관심이 가는 상대가 없다고 해도 남학생은 기사도 정신이 있는 멋진 남성이라는 말을 듣기 위해 과제를 더 많이 맡을 수 있다.

외모 칭찬을 자주 하라

여성이 자신의 외모에 관심이 많다는 사실은 화장술, 성형 수술의 발달뿐만 아니라 다양하고 아름다운 의상을 봐도 충분히 알 수 있다. 만약 여성에게 더 예뻐지고 싶다는 마음이 없다면 이와 관련한 산업이 지금처럼 번창할 리 없다. 외모에 대한 이와 같은 관심이 남성의 선호와 전혀 상관관계가 없다고 말할 수는 없을 것이다. 다시 말해 남성이 여성의 외모에 지대한 관심을 가지고 있기 때문에 여성도 자신의 외모에 관심을 갖게 된다는 것이다. 이는 반대의 경우도 마찬가지다. 남성이 키높이 구두 등을 이용해 키를 조금이라도 더 커 보이려 하는 것은 여성이 키 큰 남성을 선호하기 때문이다. 만약 여성이 남성의 키에 별다른 관심을 갖지 않는다면 남성도 자신의 키에 그다지 신경 쓰지 않을 것이다. 나아가 만약 키 작은 남성을 여성이 선호한다면 남성은 어떻게

든 자신의 키를 작게 보이려 노력할 것이다. 이처럼 남녀의 관심은 각기 이성의 선호에 영향을 받는다.

어떤 이유든 여성은 남성이 생각하는 것보다 자신의 외모에 훨씬 관심이 많다. 여성은 자신의 외모에서 장점이 무엇이고 단점이 무엇인지를 필요 이상으로 잘 알고 있다. 이에 따라 여성은 이들에 대한 다른 사람들의 반응에 상당히 민감하다. 이는 사춘기에서 결혼 적령기에 이르는 시기에 최고조에 달하며, 이후 이에 대한 관심이 비교적 줄어들지만 그럼에도 완전히 없어지는 것은 아니다. 나이가 들어서도 외모에 대한 칭찬은 여성을 행복하게 한다.

이는 연애할 때 남성이 잘 기억해 두어야 할 사항이다. 남성이 외모에 대해 칭찬해 줄 경우 여성은 겉으로 어떻게 말하든 내심으로는 기뻐한다. 거꾸로 상대방이 약점이라 생각하는 부분을 농담이건 진담이건 지적한다면 여성은 적지 않게 스트레스를 받는다. 예를 들어 다음과 같은 말은 가히 치명적이다.

너 머리한 거 정말 이상하다. 외계인 같은데?
너 치마 입지 마라. 네 다리 어떤지 잘 알잖아?

그 자리에서 즉각 부정적으로 반응하지 않았다고 해서 절대 안심하지 마라. 일단 부메랑을 날렸다면 그것이 어떤 방식으로든 돌아올 것을 각오해야 한다.

이처럼 여성이 외모에 지대한 관심이 있으며, 이에 민감하게 반응하는 것이 사실이라면 남성은 여성의 외모에 대한 칭찬을 많이 할수록 좋을 것이다. 예를 들어 어떤 여성이 눈 밑의 점에 콤플렉스를 가지고 있는데, 이를 긍정적으로 이야기해 줄 경우 그 여성은 평소에 자신이 마음에 담아 두고 있는 부분이 다른 사람에게 부정적으로 보이지 않을뿐더러 긍정적으로 보인다는 사실에 안도의 한숨을 내쉴 것이다. 그리고 그와 같이 이야기하는 사람에게도 긍정적인 생각을 할 가능성이 크다. 일종의 힐링에 도움을 준 사람에게 부정적인 생각을 하는 것이 오히려 이상한 일이 아닐까?

유의해야 할 것은 그 칭찬이 어설플 경우에는 아니 한 것보다 못할 수 있다는 점이다. 특히 평소 자신의 특정 부위에 대해 불만이 많은데, 별 설득력이 없는 칭찬을 그 부위에 대해 한다면, 이는 그만큼 그 부위를 이상하게 보고 있다는 얘기가 될 수 있고, 이로써 자칫 상처를 건드리는 꼴이 될 수 있다.

칭찬은 외모에 자신이 있고, 실제로 여러 사람에게서 외모에 대한 칭찬을 듣는 여성보다는 그와 같은 말을 듣는 기회가 상대적으로 적은 여성에게 더욱 긍정적인 영향력을 발휘할 수 있다. 한계효용체감의 법칙을 굳이 이야기하지 않더라도 매일 주변에서 예쁘다는 이야기를 듣는 여성에게는 그런 말이 새삼스럽지 않고, 그저 평상시의 이야기가 반복되고 있다는 느낌을 주는 데 불과할 것이다. 하지만 칭찬을 듣고 싶었음에도 자주 듣지 못한 여성이 칭찬을 들었을 때 그 기쁨은 적어도 매일 듣는 여성보다 클 것이다. 이는 달리 말해 내가 사랑하는 사람의 외모가 빼어나지 않다면 그럴수록 칭찬을 아끼지 않는 것이 좋다는 얘기다.

칭찬은 이왕이면 구체적일수록 좋다. 그러한 칭찬이 진정성을 담은 것처럼 느껴지기 때문이다. 예를 들어 여성이 화장을 이전과 다소 다르게 하고 나왔다면, 지난번의 화장은 어떠해서 좋았는데 이번의 화장은 구체적으로 어떤 이유로 더 예뻐 보인다고 한다면 상대방은 매우 즐거

외모에 대한 칭찬은 여성을 유달리 즐겁게 한다.

워할 것이다. 이와 같은 구체적인 칭찬은 상대에게 관심이 있기 때문에 세밀한 부분마저 놓치지 않는다는 느낌을 주며, 이는 곧 상대에게 헌신한다는 징표가 된다. 동일한 정도의 관심을 두 사람에게서 받는다고 했을 때, 여성은 이와 같은 칭찬을 하는 사람에게 더 호감을 느낄 것이다.

구체성과 더불어 언급하고 싶은 것은 상대의 작은 변화에도 민감해야 한다는 것이다. 예를 들어 상대방이 옷차림에 신경을 쓰고 나온 것처럼 보인다든가 화장이 바뀌는 등 변화를 주고 나왔을 때 이를 소 닭 쳐다보듯 하면 여성은 내심 서운하기 짝이 없을 것이다. 아니, 이는 치명적일 수도 있는데, 이와 같은 무반응은 여성의 입장에서 그만큼 자신에게 관심이 없다는 것으로 해석할 수 있기 때문이다. 일단 바뀌었다는 사실을 알아챘을 경우 남성은 적극적으로 반응하며 칭찬해 줄 필요가 있다.

이와 같은 미세한 변화는 여성이 변화를 의도하지 않았을 때도 포착할 수 있으면 좋다. 물론 여성이 변화를 의도하지 않았기 때문에 이 경우에는 칭찬하지 않는다고 해서 문제될 것은 없다. 그럼에도 상대방이 이러한 변화를 예리하게 포착하여 칭찬해 주었을 때 여성은 즐거울 수밖에 없다. 스스로 의식하지 못한 아주 작은 변화마저 상대방이 잡아낸다는 것은 그만큼 상대방이 자신에게 관심을 집중하고 있음을 반영하는 것이기 때문이다.

이러한 칭찬은 권태기 이전에는 자연스럽게 입에서 터져 나온다. 콩깍지가 씌어 있기 때문에 상대는 여신처럼 보일 것이고, 상대가 여신일 때 찬양을 하게 되는 것은 필연적이다. 하지만 항상 문제는 권태기에 생긴다. 권태기에 이르면 상대에게 쏟는 에너지가 상대적으로 줄어들기 때문에 상대방의 변화에 민감하지 못할 수 있다. 그리하여 여성이 의도적으로 모습을 바꾸고 남성을 만나러 나왔음에도 바뀐 것을 의식하지 못하거나 바뀐 것에 대해 부정적으로 이야기하거나 자신의 모습에 대해 묻는데 뚱하게 답할 수가 있다. 이때 여성은 외모라는 민감한 부분에 대해 자신이 좋아하는 사람이 별다른 반응을 나타내지 않는 데 화가 날 것이다. 그토록 헌신하던 사람이 자신에게 관심이 없어져서 자신의 변화를 알아채지 못하는데 어찌 슬프지 않을까? 이러한 상황에서 여성이 화를 안 내는 것이 오히려 이상한 일이 아닐까?

큰 것에서는 기쁨을, 작은 것에서는 마음을 읽어냄을 명심하라

남성이 여성을 사귈 때 유념해야 할 것은 세심해져야 한다는 것이다.

생일에 선물을 주고, 기념일에 두 사람이 행복한 시간을 보내려 노력하는 것 등은 굳이 말할 필요도 없이 반드시 챙겨야 할 것들이다. 이를 챙기지 않는다는 것은 상대에게 이성으로서 관심이 없다는 이야기와 다를 바 없다. 이 때문에 연인들이 기념일을 챙기는 것은 새삼스러울 것도 없다. 이러한 날을 잘 챙겨주었을 때 여성은 당연히 기쁨을 느낀다.

연애를 잘하려면 이처럼 큼직큼직한 행사를 챙겨주는 것은 기본이고 더욱 세심하게 상대방에게 관심을 가져야 할 필요가 있다. 그런데 여성은 이와 같이 세심하게 배려한다는 것을 어디에서 느끼게 될까? 그 한 가지는 아주 작은 부분까지도 신경 써 주는 모습이다. 이에 소홀한 남성은 점수를 잃게 된다.

예를 들어보자. 남성이 여성에게 관심을 가지고 있다면 문자를 보낼 때도 그와 같은 관심이 반영될 것이다. 남성은 상대가 어떻게 생각할지 노심초사하며 몇 번을 읽어보고 혹시 오탈자가 없는지 등을 확인한 뒤 문자를 보낼 것이다. 문자에 상대를 향한 마음이 가득 담기는 것이다. 그런데 이처럼 꼼꼼하게 따져서 문자를 보내던 사람이 어느 순간부터 느낌이 없는 형식적인 문자를 보내는 듯하고, 문자를 보내면 답문이 올 때까지 걸리는 시간도 과거와 다르게 오래 걸리며, 문자에 오탈자까지 포함되어 있고, 그것도 아주 짧은 응답이라면 여성은 이것이 무엇을 의미하는지 직감으로 안다. 처음에는 이러한 변화가 그저 우연이라고 생각할 수도 있다. 하지만 이러한 일이 잦아지면 여성은 이내 자신에 대한 상대방의 마음 상태를 파악해 내게 된다. 만약 문자 보내는 방식이 처음부터 일관되었다면, 그리하여 만나기 시작했을 때부터 문자를 늘 짧게 보냈다면 여성이 뒤늦게 불만을 느끼지는 않을 것이다. 하지만 문자를 보내는 양태가 처음과 달라졌다면, 설령 그것이 작은 변화라고 해도 여성은 그것이 의미하는 바가 무엇인지를 잘 읽어낸다.

다음은 내 수업을 들었던 한 학생이 제시한 사례다.

여자 | 오빠 회사 끝났어?

남자 | 응, 끝났어~!

여자 | 아 ㅋㅋ 이제 퇴근하는 거야?

남자 | 친구가 근처 들렀다고 해서 잠깐 맥주 한잔 하려고

여자 | 아 ㅋㅋㅋ

남자 | 너는 집에 들어갔어?

여자 | 응 뭐 그냥...

남자 | 그래, 이따 전화할게~

여자 | 응ㅋㅋ재밌게 놀아ㅋ

언뜻 보았을 때 별 문제가 없어 보이는 이 대화는 사실상 여성의 화를 촉발하고 있는 대화다. 솔직히 나 또한 이 대화가 어떤 문제를 가지고 있었는지 잘 몰랐는데, 학생이 다음과 같은 설명을 덧붙여 줌으로써 이러한 대화가 왜 여성을 화나게 하는지 알게 되었다. "일 끝났는데 먼저 말 안 해줘서", "대답만 하고 어디냐고 묻지 않아서", "자기와 상의 없이 멋대로 약속 잡아서", "석연치 않은 대답에도 무슨 일 있냐고 묻지 않고 나중에 전화한다고 해서". 사실 무심코 남성이 이와 같이 여성과 대화를 나눌 가능성은 적지 않다. 어찌 보면 이러한 대화는 배려와는 상관이 없는 것처럼 보이기도 한다. 하지만 남성은 자신도 모르는 사이에 아주 사소한 일이 여성을 아프게 할 수 있다는 것을 의식해야 한다. 그렇게 하지 않으면 결국 아픔이 반복되어 상처가 곪게 되고, 결

국 상처가 터져 버릴 수 있음을 잘 기억할 필요가 있다.

연애를 잘하려면, 아니 정말 사랑하는 사람에게 아픔을 주지 않으려 노력하고자 한다면 큰일을 챙기는 것은 기본이고, 작은 것을 꼼꼼하게 챙기는 것이 매우 중요하다. 카톡에 대한 반응, 약속을 정할 때의 태도, 연락을 취하는 방식, 행동이나 일신상의 변화 등에 대해 나타내는 반응. 이 모든 것은 여성에게 사랑의 강도를 나타내는 표지가 된다. 남성이 무심코 보여주는 이와 관련한 사소한 행동에서 여성은 많은 것을 읽어내며, 이로부터 행복과 불행을 느낀다. 연애는 실로 많은 노력이 필요한 지난한 과정이다. 상대에게 콩깍지가 씌어 있을 때에는 모든 것이 대체로 자연스레 이루어지기 때문에 신경 써야 할 것들이 그다지 많지 않다. 하지만 시간이 흘러 권태기에 이르렀을 때에는 많은 정성을 들이지 않으면 그 관계가 온건히 유지되기가 어렵다. 남성은 이러한 점에 반드시 유념할 필요가 있다.

대화를 잘해라

대화는 다양한 기능을 갖는다. 그중 대표적인 대화의 기능은 지식과 정보를 제공하는 것이다. 사람들은 대화를 하면서 상식적인 정보에서부터 전문적인 정보에 이르기까지 다양한 정보를 습득한다. 예를 들어 우리는 어제 프로야구 시합에서 어떤 팀이 이겼으며, 어떻게 이겼는지, 누가 선발 투수로 나왔고, 누가 결승타를 날렸는지 등을 대화를 통해 알게 된다.

그런데 대화는 이와 같은 기능만을 가지고 있지 않다. 대화는 '말의 내용'에 관한 정보 외에 '말하는 사람'에 대한 정보를 제공하기도 한다. 가령 대화는 상대의 품성에 대한 정보를 간접적으로 제공한다. 이야기를 듣는 편인지 이야기를 즐겨하는 편인지, 대화를 나눌 때 화제는 주로 무엇인지, 상대방이 이야기를 충분히 듣고 대답을 하는지, 이야기의 핵심을 제대로 파악하는지 등은 인격적 특징을 엿볼 수 있게 하는 징표들이다. 이러한 징표들로 대화자는 상대의 사람 됨됨이를 미루어 짐작하게 된다.

대화는 상대방이 나를 어떻게 생각하는지에 대한 정보를 제공하기도 한다. 어투나 말할 때의 표정, 상대의 이야기에 대한 반응 등은 이를 드러내 보여주는 간접적인 증거인데, 실제로 이러한 것들이 상대에 대한 마음을 드러내는 증거가 될 수 있다면 남성은 여성과 대화하는 방법과 태도 등에 유의해야 할 것이다. 그렇다면 남성이 여성과 대화할 때 유의해야 할 구체적인 내용에는 어떤 것들이 있는가?

먼저 대화할 때에는 자신의 이야기를 하려 하기보다는 상대방의 이야기를 열심히 들어주고, 적극적으로 반응하는 것이 좋다. 물론 상대방이 말하는 것을 그다지 즐겨하지 않는다면 본인이라도 열심히 대화를 이끌어가야 하겠지만 두 사람이 비슷한 정도로 말하기를 좋아한다면 말하는 것보다는 들어주는 데 초점을 맞추는 편이 좋고, 상대에게 집중하고 있다는 것이 분명하게 드러나도록 맞장구를 쳐 주는 것이 좋다. 이것이 효과적이라 생각하는 이유는 이러한 태도가 상대에 대한 배려를 느끼게 하기 때문이다.

다음으로 상대방의 입장을 존중하고 받아주려는 자세 또한 중요하다. 일반적으로 사람들은 자기 입장을 받아주고 지지해 주길 바라는 마음에서 이야기를 한다. 심지어 정말 어떻게 해야 할 것인지가 궁금해서

대화를 잘하는 것은 연애를 잘하기 위한 가장 기본적인 요건 중 하나다.

물어보는 상황에서도 상대가 명령하거나 훈계하려는 태도를 보이면 그다지 달가워하지 않는다. 질문을 하는 사람은 기껏해야 상당히 완곡한 어투의 제안 정도를 들어보고자 하는 것이다. 이와 같은 마음에서 질문하는데, 고압적인 태도로 상대를 몰아가거나 충고 일색의 이야기를 쏟아낸다면 듣는 입장에서는 대화가 유쾌하다는 느낌이 들지 않는다.

세 번째로, 대화할 때는 상대를 믿고 격려하는 태도를 견지하려 하되, 그 배경에는 시종일관 따뜻함이 배어 있어야 한다. 따뜻한 느낌을 주는 것은 대화에서 매우 중요하다. 대화하면서 상대방이 어떤 이야기를 해도 이해하고 들어줄 것 같은 기분이 든다면, 무턱대고 찾아가서 시시껄렁한 이야기를 해도 괜찮을 것 같다는 생각이 든다면, 그래서 자신의 일거수일투족을 보듬어 안아줄 것 같은 느낌이 든다면 그만큼 상대를 부드러운 눈으로 보지 않을 수 없을 것이다. 부정적으로 이야기해야 하는 상황에서도 상대에게 훈계하려 하기보다는 따뜻한 마음으로 격려해 주는 사람, 한없이 약해질 때 작은 힘이라도 되려고 노력하는 사람. 이런 사람을 부정적으로 생각한다면 오히려 그렇게 보는 사람이 문제가 있는 것이다.

저녁을 먹고 나면 허물없이 찾아가
차 한 잔을 마시고 싶다고 말할 수 있는
친구가 있었으면 좋겠다.

입은 옷을 갈아입지 않고
김치 냄새가 좀 나더라도 흉보지 않을 친구가
우리 집 가까이에 있었으면 좋겠다.

비 오는 오후나, 눈 내리는 밤에도
고무신을 끌고 찾아가도 좋은 친구
밤늦도록 공허한 마음도 마음 놓고 보일 수 있고,
악의 없이 남의 얘기를 주고받고 나서도
말이 날까 걱정되지 않은 친구가…….

—유안진, 『지란지교를 꿈꾸며』 중에서

앞에서의 이야기는 인간미가 별로 느껴지지 않는 대화 방법은 바람직하지 않다는 말이기도 하다. 너무 논리에 치우쳐 이것은 이래서 괜찮고, 저것은 저래서 안 된다는 식으로 어떤 이야기를 하건 그 이야기를 비판적으로 듣고서 냉정하게 평가한다고 가정해 보자. 대화하는 사람의 입장에서는 그것이 논리적으로는 옳을지 몰라도 왠지 더 이상 이야기를 나누고 싶지 않다는 느낌이 들 수 있다. 예를 들어 어떤 일 때문에 짜증이 밀려왔고, 이를 어떤 방식으로든 해소하고 싶어서 투덜대는데, 짜증을 내는 것이 어떠어떠한 측면에서 부당하니 짜증을 내서는 안 된다는 식으로 훈계하려 한다면 대화를 나누는 사람이 어떤 느낌이 들게 될까? 아마도 십중팔구는 논리에 설득당해서 짜증을 참으려 하기보다는 그렇게 훈계하는 사람에게 짜증이 나게 될 것이다. 상대방을 할 말이 없게 만들 경우 상대방은 말 그대로 더 이상 말하고 싶지 않다고 생각하게 될 것이고, 결국 두 사람의 관계는 앙상한 가지만 남아 있는 썰렁한 관계가 될 것이다.

결론적으로 대화할 때 잊지 말아야 할 것은 상대에 대한 배려나 헌신하겠다는 의지가 담겨 있어야 하며, 신뢰할 만한 인품을 갖추었음이 드러나야 한다는 것이다. 하루아침에 이를 이루기는 당연히 어렵다. 그럼에도 이를 의식하여 대화하려는 경우와 그렇지 않은 경우는 사귈 만한 사람인지를 판단하는 데 적지 않은 영향을 미칠 것이다.

여성의 까칠함을 결코 까칠함으로 해석해서는 안 된다

『어린 왕자』에 나오는 장미와 어린 왕자의 대화는 남녀 관계에서 흔히 발생하는 문제점을 잘 보여준다. 『어린왕자』에서 어린 왕자는 도무지 장미를 이해할 수가 없다. 어린 왕자가 보았을 때 장미는 정말 이상한 요물이다. 최대한 단장을 했음에도 머리가 헝클어졌다고 말하고, 호랑이가 별에 살고 있지 않음에도 호랑이가 겁나지 않는다고도 하고, 자

연애를 하면서 까다롭다고 느껴지는 여성은 비단 당신의 애인만이 아니다. 연애를 잘하려면 『어린 왕자』에서의 어린 왕자처럼 상대의 까칠한 행동에 담긴 속뜻을 제대로 파악할 필요가 있다.

기가 풀이 아니라는 둥, 바람이 싫다고 바람막이를 세워달라는 둥 까다롭기가 이루 말할 수가 없다. 또 거짓말을 하다가 들키면 잘못을 어린 왕자에게 뒤집어씌우기 위해 헛기침을 해댄다.

이와 같은 장미의 모습에 어린 왕자는 실망하고, 결국 장미 곁을 떠난다. 하지만 어린 왕자는 지구에서 만난 여우와 대화하면서 장미의 소중함을 절실히 깨닫게 된다. 그는 언뜻 보았을 때 이해가 되지 않는 말과 모습 뒤에 숨겨져 있는 장미의 사랑을 눈치 채지 못했던 것이다. 어린 왕자는 다음과 같이 말한다. "꽃의 말에 귀 기울이지 말 걸 그랬어요. 꽃들의 말은 절대 듣지 말아야 해요……. 발톱얘기를 했을 때도 눈살을 찌푸릴 것이 아니라 실은 불쌍하게 여겼어야 했어요……. 그때

난 아무것도 이해할 줄 몰랐어요. 꽃의 말이 아니라 행동을 보고 판단했어야 했는데……. 그 꽃은 내게 향기를 풍겨주었고 내 마음을 밝게 해줬어요. 그렇게 도망쳐 오는 것이 아니었는데! 그 가련한 속임수 뒤에 사랑이 숨어 있다는 걸 눈치 챘어야 했어요. 꽃들은 아주 모순 덩어리예요. 하지만 난 너무 어려서 꽃을 어떻게 사랑해야 할지를 몰랐던 거예요."

이성을 만날 때 유의해야 할 점은 동성의 시각으로 이성을 파악하려 해서는 안 된다는 것이다. 장미를 여성으로 간주한다면 어린 왕자는 동성을 판단할 때의 시각으로 장미를 이해하려 했다. 한마디로 이는 잘못이다. 어린 왕자는 장미의 까칠함을 그 장미만의 까칠함으로 생각해서는 안 되었으며, 이것이 연애를 하는 여성에게서 흔히 볼 수 있는 모습이라고 생각했어야 했다. 그는 여성의 일반적인 특징을 잘 몰랐기 때문에 결국 장미를 떠나게 되었던 것이다.

일반적으로 여성은 연애할 때 칼자루를 쥐고 있거나 쥐려고 하는데, 그 이유는 그렇게 해야 상대가 자신에게 헌신할 가능성이 높아지기 때문이다. 이와 같은 바람으로 여성은 공주처럼 행세하는 등 남성으로서는 쉽게 이해가 가지 않는 태도를 보이기도 한다. 이러한 태도를 심층적으로 이해하지 못하는 남성은 여성의 태도에 화가 치밀어 오르기도 한다. 예컨대 매일같이 아침에 연락을 해도 여성은 단 한 번도 먼저 연락하는 법이 없다고 했을 때, 처음에는 그런가 보다 하다가도 나중에는 짜증스럽기까지 할 수 있다. 그리고 이를 여성 일반의 특징이 아니라 자신이 만나는 여성만의 특징이며, 그 여성의 인격의 문제라고 생각할 경우 결국 그 여자와 헤어질 결심까지 하게 된다. 그 여자의 깐깐하고 이기적인 특징이 견딜 수 없는 것이다.

공평무사성이라는 측면에서 보면 자신은 한 번도 먼저 연락하지 않으면서 상대방은 하루라도 연락하지 않으면 투정을 부리는 것은 잘못된 태도임이 분명하다. 만약 동성 친구가 이와 같이 행동한다면 우리는 그 친구를 매우 이기적이라고 판단할 것이다. 하지만 여성의 까다로운 태도는 동성의 언행을 판단할 때의 기준으로 판단해서는 안 된다. 남성은 이를 칼자루를 쥐고 있으면서 자신에게 계속 헌신하기를 바라는 마음에서 비롯된 태도로 받아들여야 하는 것이다. 이를 이해하려 하지 않고 상대가 이상하다고 생각한다면 그 남성은 여성을 사귈 자격이 없다. 물론 헌신을 요구하는 정도가 여성마다 차이가 있을 수 있으며, 이것이 정말 심한 여성도 분명 있다. 하지만 헌신을 바라는 마음은 절대 다수의 여성이 가지고 있다. 따라서 정도가 심하지만 않다면 이를 받아들여 주면서 겉으로 드러나지 않는 마음을 이해하려 해야지, 동성을 평가하는 잣대로 상대의 까칠함을 평가해서는 곤란하다.

어린 왕자는 뒤늦게 깨달은 바가 있어서 장미에게 돌아갈 수 있었지만 현실에서는 상대에게 돌아가려 해도 이미 때가 늦었을 가능성이 높다. 이별을 고하고 떠났다는 것은 사실상 더 이상 헌신하지 않겠다는 의지를 밝힌 것과 다를 바 없다. 그렇기 때문에 다시 돌아오려 할 경우 여자는 상대를 다시 받아들이지 않을 가능성이 높으며, 웬만큼 무릎을 꿇지 않으면 마음을 돌리기가 힘들다. 연애 초심자는 『어린 왕자』를 꼭 읽어볼지어다!

기억력을 적절히 활용하라

각인(刻印) 현상이라는 것이 있다. 각인의 사전적 의미는 "어떤 사건이나 느낌을 머릿속이나 마음속에 깊이 새겨 뚜렷하게 기억한다"이다. 이는 원래 동물행동학자 콘라드 로렌츠(Konrad Lorenz)가 오리를 관찰하면서 제안한 용어다. 오리는 태어나서 처음 본 대상을 어미로 생각하며 평생 따르는데, 설령 그 대상이 실제 어미가 아니라고 하더라도 동일한 태도를 계속 유지한다고 한다. 그리하여 심지어 그 대상이 사람이라도 따른다는 것이다. 이처럼 새끼 오리는 실제 어미가 아니라고 하더라도 태어나서 처음 만나는 대상을 따라야 할 대상으로 파악하며, 그러한 대상을 아주 뚜렷하게 새겨두고서 평생 기억한다. 새끼 오리에게 이러한 현상이 나타나는 이유는 태어나서 처음 만나는 대상이 거의 예외 없이 어미이고, 어미를 따라야만 생존이 최대한 보장되기 때문이다.

인간에게는 오리 같은 각인 현상이 나타나지 않는다. 그럼에도 무엇인가를 아주 뚜렷하고 상세하게 기억하게 되는 경우가 있는데, 이는 그 상황에 대한 인상이 매우 강렬하기 때문에 나타나는 현상이다. 사람들은 별다른 감흥이 없는 것에 대해서는 거의 기억하지 못함에 반해 매우 인상적이었던 것에 대해서는 시시콜콜한 문제까지 일일이 기억할 수 있다. 어떤 것에 대한 관심이 얼마만큼 있고, 그것이 얼마만큼 중요하냐에 따라 기억 또한 달라지는 것이다. 이는 특정 이성과의 만남에 대한 기억에도 적용할 수 있는데, 만약 상대와의 만남이 인상적이지 못했다면 아마도 그 사람과 만나서 했던 대부분의 대화와 행동, 심지어 상대방의 얼굴조차 제대로 기억하지 못할 것이다. 반면 무척 소중한 사람과 만나서 나눈 이야기나 모습 등은 굳이 기억하려 하지 않아도 자연스레 머리에 각인되어 있을 것이다.

이러한 기억에 관한 특징은 연애에 적절히 활용할 수 있다. 과거의 어느 날 둘이서 나누었던 이야기와 그때의 느낌, 당시에 여성이 입었던 옷과 액세서리, 그날의 날씨 등을 정확히 기억해서 1년 후 같은 날에 또는 한참 뒤에 그런 일이 있었던 장소를 찾아가서 여성에게 들려준다고 가정해 보자. 이때 여성은 상대의 기억력 때문이 아니라 상대가 자신과 나누었던 일을 일일이 기억할 정도로 그 만남을 소중히 여기고 있다는 이유로 감동하게 된다.

그렇다면 기억력이 나쁜 사람은 어떻게 해야 할까? 사실 이러한 질문은 적절하지 못하다. 왜냐하면 함께 있다는 것만으로도 행복했다면 기억력이 나쁜 사람일지라도 상대방과 있었던 일들이 자연스레 기억날 것이기 때문이다. 그럼에도 상대적으로 기억력이 좋지 못한 사람이 있을 수 있다. 이런 사람들은 메모하거나 사진을 찍어두었다가 나중에 써먹는 것도 나쁘지 않은 방법이다.

기억력과 관련해 유의할 점은 어설픈 기억력을 활용하려 하지 말라는 것이다. 만약 상대가 처음 만났을 때 검은 원피스를 입었는데 하얀 원피스를 입은 것으로 잘못 기억했다가 이를 상대에게 이야기할 경우 본전도 건지지 못할 수 있다. 또한 기억력은 상대방이 당신에게 어느 정도 호감이 있을 때 활용해야지 상대가 당신을 정말 싫어하는데 이런 저런 것들을 기억하고 있다고 이야기하면 상대는 당신을 스토커로 생각할 수도 있다.

가정적인 모습을 보여라

여성은 남성의 가정적인 모습에 호감을 갖는다. 이러한 모습에 호감을 갖는다고 해서 만날 때마다 앞치마를 두르고 나간다든지 요리 솜씨를 자랑하라는 것은 아니다. 그리고 여기서 말하는 가정적인 모습이란 아이를 잘 돌봐주거나 아이와 친하게 지내는 것을 말한다. 아이를 예뻐하고 아이와 잘 놀아주는 모습은 여성에게서 후한 점수를 얻는 한 가지 방법이다. 여성은 남성의 이러한 모습을 긍정적으로 평가할 가능성이 높다. 그 이유는 그러한 모습이 가장으로서의 역할을 충실히 수행할 수 있는 믿음직한 모습으로 비춰지기 때문이다. 여성이 볼 때 아내에게도 잘하고 아이에게도 잘하는 남편이야말로 가장 이상적인 남편일 것이다. 이와 반대되는 모습, 다시 말해 아이를 봐도 별로 귀여워하지 않고 냉랭한 모습을 보이는 남성은 여성에게 부정적인 평가를 받을 확률이 크다. 여성이 이와 같은 남성을 결혼하고 나서도 보육 문제에 별로 관심을 나타내지 않을, 마음이 차가운 사람이라고 판단할 수 있기 때문이다.

수년 전 그룹 god가 데뷔하고 얼마 되지 않은 시기에 텔레비전 예능 프로그램에 출연한 적이 있다. 〈육아일기〉라는 시리즈물이었는데 이때 가장 인기가 있었던 멤버는 단연 손호영이었다. 물론 손호영은 잘생겼고, 여성이 좋아할 조건을 두루 갖추고 있기는 하다. 하지만 손호영이 김태우, 윤계상, 앤디 등 다른 그룹 성원에 비해 특별히 더 인기가 있을 만한 외적 특징을 가지고 있었던 것은 아니다. 그럼에도 그 당시 손호영이 멤버 중에서 가장 인기가 있었던 결정적인 이유는 그가 그 프로그램에서 아이를 능숙하게 보는 모습을 보여주었기 때문이다.

한 가지 사례만 더 들어보자. 대학생이 살아가는 모습을 다룬 시트콤에서 한 여학생은 상대역으로 나온 남학생을 줄기차게 싫어했다. 직접 싫다는 이야기를 하지는 않았어도 그 여학생은 그 남학생의 일거수일투족에 대해 "그래서 너는 안 되는 거야"라는 독백을 반복했다. 그런데 마지막 즈음에 가서 그 여학생은 비를 맞으며 축구하는 그 남학생의 모습을 보고 그와 사귀기로 결정한다. 만약 그 남학생이 아무도 없는 운동장에서 혼자 축구하는 모습을 보고 사귀기로 결정했다면 그 여학생은 제정신이 아니라고 해야 할 것이다. 하지만 그 남학생은 천진난만하게 무척 즐거운 표정을 지으면서 어린 아이들과 함께 축구를 하고 있었으며, 그러한 모습이 여학생의 마음을 움직였던 것이다.

아이들과 잘 놀아주는 모습을 보게 되면 사람들은 놀아주는 사람이 따뜻한 인간미를 지닌 순수한 사람이라는 생각을 하게 된다. 그런데 이러한 효과는 특히 여성이 남성을 바라볼 때 더욱 커진다. 그것이 가정을 포근하게 잘 보듬고 살아갈 수 있는 모습으로 느껴지기 때문이다. 설령 아이들과 티 없이 노는 모습이 아니라고 하더라도 남성이 여성과 아이에게 헌신할 수 있는 믿음직한 모습을 이런저런 방식으로 보여줄 수 있다면 여성은 그만큼 남성을 신뢰하게 될 것이다.

의상에 신경 써라

아주 단순하게 생각해 보면 옷은 몸을 싸서 가리는 천에 지나지 않는다. 하지만 옷은 분명 그 이상의 역할을 한다. 사람들은 옷으로 자신의 개성을 드러내기도 하고, 자신을 멋있게 보이려 하기도 하며, 부를 과시하기도 한다. 사람들은 이처럼 다양한 용도로 활용할 수 있는 옷에 적지 않게 신경을 쓴다.

사람들은 입은 옷을 보고 그 옷을 입은 사람의 다른 측면까지도 판단하려는 경향이 있다. 예를 들어 비싼 옷을 입었을 경우 사람들은 그 옷을 입은 사람이 부자라고 짐작하게 되며, 상대방이 옷차림에 신경을 쓴 것처럼 보일 경우 사람들은 그 사람이 만남을 상당히 중요하게 생각하고 있다고 파악할 것이다. 그런데 이처럼 옷차림이 일정한 정보를 제공하는 것이 사실이라고 한다면 여성을 만날 때, 그것도 상대방의 호감을 얻고자 할 때 복장에 신경 써야 한다는 것은 두말하면 잔소리다.

젊은 날 나는 다른 사람이 나를 어떻게 평가할 것인지를 의식하면서 행동하는 나 자신이 몹시 싫었다. 그러면서도 여전히 그런 모습을 던져버리지 못했던 나는 미팅에 나갈 때도 이와 관련된 자의식이 발동했다. 그래서 멋을 내고 나가고 싶다가도 자의식의 검열에 걸려 나 자신에게 야단을 맞고 결국 옷을 엉망으로 입고 나간 경우도 적지 않았다. 멋을 내기보다는 깔끔하게 입고 나가는 것이 상대에 대한 예의이고, 그렇게 하지 않으면 상대가 불쾌해할 수 있음을 의식하지 않으려 한 채, 나는 오직 내 자의식의 목소리에만 귀를 기울이면서 미팅에 나간 것이다. 그럴 바엔 아예 미팅에 나가지 말아야지 나갔던 것은 또 뭔지……. 이성을 정말로 사귀고자 했다면 그러한 목표를 이루기 위해 최선을 다했어야 했고, 여기에는 복장에 대한 관심까지도 포함되었어야 했다. 한마디로 나는 기본적인 자세마저 안 되어 있었던 것이다.

여성의 환심을 사려면 구체적으로 옷을 어떻게 입어야 할까? 다소 김빠지는 이야기지만 이는 사람에 따라 다를 수 있다. 그럼에도 이왕이면 비싼 옷을 입는 것이 그렇지 않은 경우보다 좋을 것이다. 그렇다고 완전히 돈으로 도배하여 위에서 아래까지 온통 명품을 입는 것이 좋은

지는 잘 모르겠다. 이러한 모습을 보고 재력을 갖춘 사람이라고 긍정적으로 평가하는 여성도 있을 것이고, 거꾸로 허영심이 과도하다고 부정적으로 평가하는 여성도 있을 것이기 때문이다.

여기서 하고 싶은 이야기는 옷이 비싸야 하는지 그렇지 않은지의 문제가 아니라 옷의 색상이다. 여성을 만날 때는 〈커피프린스 1호점〉의 공유 같은 사람이 아닌 이상 원색 계통보다는 우중충하지만 깔끔한 옷을 입는 것이 좋다. 왜 그런가? 여성은 원색 옷을 입은 남성에게서 왠지 모를 바람기를 느끼게 된다고 한다. 여성에게 바람기를 느끼게 한다는 것은 남성에게는 그다지 바람직하지 못하다. 자신에 대한 헌신이 중요한 여성이 그와 반대되는 바람기를 느낄 경우 남성에 대한 평가가 부정적인 방향으로 흘러갈 수 있기 때문이다. 남성의 정장을 떠올려 보라. 거의 대부분 검은색, 군청색 등 우중충한 색상임을 알 수 있을 것이다. 이는 나름대로 이유가 있는데, 한마디로 여성이 바람기를 느끼게 되는 색을 피하고 있는 것이다. 실제로 원색 양복을 입는 사람은 트로트 가수 등 극히 예외적인 남성들뿐 일반 남성은 원색 양복을 입고 다니지 않는다.

이렇게 보면 여성을 만날 때는 가급적 우중충한 색깔의 옷을 입는 편이 좋다. 유의해야 할 점은 우중충하다는 것과 더럽다는 것은 분명히 구별해야 한다는 점이다. 우중충한 색인데 더럽다면 바람기를 느끼게 하지 않겠지만 거지의 내음을 느끼게 한다. 이는 오히려 깔끔하면서 원색인 옷보다 못하다. 옷을 성의 있게 입었다는 느낌을 줄 경우 상대 여성은 자신을 배려하고 있다는 생각을 하게 된다. 그리고 이러한 생각을 하게 만들었다는 것은 여성의 여러 기준 중에서 한 가지를 통과했다고 생각해 볼 수 있다. 우중충하지만 깔끔한 옷차림은 여성의 호감을 살

가능성을 높인다.

나쁜 남자가 되는 것도 좋은 방법이다

최근 나쁜 남자가 사람들의 입에 오르내린다. 그런데 나쁜 남자에 대한 이야기만 무성할 뿐 나쁜 남자의 특징에 대해서는 정리된 내용이 없다. 나 또한 문득 궁금해져서 구체적으로 어떤 남자가 나쁜 남자인지 찾아본 적도 있다. 하지만 이를 속 시원히 밝혀놓은 자료를 찾을 수 없었다. 이는 어쩌면 당연한 일인지도 모른다. 나쁜 남자가 따로 있는 것이 아니라 그냥 직관적으로 그렇게 느껴지는 남성을 그렇게 부르기 때문이다.

내가 생각하는 나쁜 남자의 표본은 드라마 〈최고의 사랑〉에서 차승원이 맡은 독고진의 모습이다. 드라마에서 독고진은 말 그대로 모든 것을 갖춘 최고의 인기남이다. 그는 영화배우이자 광고 모델로 최고의 인기를 구가하는 남성이다. 그러다 보니 독고진은 늘 안하무인으로 행동하는데, 그럼에도 그는 결정적인 순간에 따뜻하고 자상한 모습을 보여준다. 그것도 오직 자신이 사랑하는 여성에게만 그러한 모습을 보여주는 것이다. 이와 같은 남성이 나쁜 남자의 전형이라고 한다면 나쁜 남자의 특징은 다음과 같이 정리할 수 있다.

첫째, 나쁜 남자는 그저 거칠고 개념 없는 남자가 아니다. 아무렇게나 행동하고 아무 곳에서나 담배를 피우고, 침을 뱉고, 마구 욕하는 남자는 양아치이지 결코 나쁜 남자일 수 없다.

둘째, 나쁜 남자는 신체적 건장성과 능력을 갖추고 있어야 한다. 이는 나쁜 남자의 전제조건이다. 만약 이러한 특징을 갖추지 못했다면 나쁜 남자가 될 자격이 없다. 그와 같은 남자가 까칠하게 굴 경우 그는 나쁜 남자가 아니라 나쁜 새ㅇ라는 욕을 들을 것이다.

셋째, 나쁜 남자는 결코 박애주의자가 되어서는 안 된다. 아무리 어느 순간 멋진 모습을 보여준다고 해도 그것을 어떤 한 여성만이 아니라 많은 여성에게 보여준다고 했을 경우 그는 나쁜 남자가 아닌 제비로 분류된다.

넷째, 나쁜 남자이기 위해서는 어떤 결정적인 순간에 따뜻한 모습을 보여야지 일관되게 멋대로 행동해서는 안 된다. 그와 같은 남자에 대해 결국 여자는 신물이 올라오고 말 것이다.

여기서 핵심은 마지막 조건이다. 사람들은 대체로 예외적인 순간에 진실을 발견했다고 생각한다. 그리하여 평소에 계속 인격자로서의 모습을 보이던 사람이 어느 순간에 그렇지 않은 모습을 보인다든가 평소에 얌전했던 사람이 어느 순간에 난데없이 육두문자를 쓸 경우 그 사람은 그 예외적인 경우로 평가받을 가능성이 크다. 거꾸로 평소에 까칠하던 사람이 어느 순간 매력적인 모습을 보여줄 때 그는 그와 같은 모습으로 새롭게 평가될 가능성이 있다. 특히 이성끼리의 관계에서 신체적 건장성과 능력이라는 두 가지 조건을 갖춘 남성의 경우는 더욱 그럴 가능성이 높다.

위에서 언급했듯이 나쁜 남자는 이성의 호감을 얻을 수 있는 특징을 이미 갖추고 있는 사람이다. 그럼에도 이성이 그에게 크게 호감을 가질 수 없는 것은 그가 성격이 까칠하기 때문이다. 그런데 이러한 사람이 어느 순간 따뜻하고 자상한 모습을 보인다고 생각해 보자. 이때 그 사람에게 가지고 있던 부정적인 생각은 일순간 눈 녹듯이 사라져 버리게 된다. 예를 들어 내가 반대 방향으로 넘어가고 싶은 어딘가에 넘어가지 못하도록 장벽을 쌓아 놓았다. 별다른 이유가 없다면 나는 장벽을 넘어갈 수 없다. 그런데 어떤 이유가 발견될 경우, 나는 그러한 이유에 커다란 의미를 부여하면서 쉽게 장벽을 넘어가 버릴 것이다. 그 이유가 아무리 사소한 것일지라도 내가 하고 싶어하던 바를 정당화하는 것이기 때문이다. 마찬가지로 나쁜 남성은 여성이 보았을 때 두 가지 조건을 갖추고 있음으로써 긍정적으로 평가하고 싶은 남성이다. 문제는 까칠한 성격인데, 이러한 문제가 사실 문제가 아니라는 사소한 단서만 있어도 여성은 그에 대한 평가를 쉽게 바꿀 것이다. 그러한 단서는 울고 싶은데 뺨을 때려준 데 비할 수 있다.

결론적으로 나쁜 남자는 최소한의 노력으로 최대한의 성과를 거둘 수 있는 예외적인 남성이다. 그는 평소에 다소 멋대로 행동하다가 어떤 순간에 예외적인 모습을 보이기만 해도 얼마든지 긍정적인 평가를 받을 수 있는 희귀한 남성인 것이다.

여성이 싫어하는 남성의 유형

지금까지 나는 여성이 헌신에 대한 관심이 지대하며, 남성이 연애에 성공하려면 적절한 방식으로 헌신하려는 의지를 여성에게 표명해야 하고, 이것이 상대의 마음을 사야 한다는 견지에서 몇 가지 구체적인 사례를 제시했다. 나는 이를 뒷받침할 수 있는 자료를 수집하기 위해 이곳저곳을 뒤적였는데, 그러다가 우연히 인터넷 사이트에서 '여자가 싫어하는 남자들의 유형'이라는 제목이 달린 글을 보게 되었다. 다음은

그 글이다.[2]

1. 데이트

춥다고 하면 자기도 춥다고 하는 남자

먹고 싶은 거 없다 그러면 내숭떤다고 하는 남자

지나가는 여자들 쳐다보는 남자

내가 보고 싶다거나 데이트 하자는 소리를 하기 전에는 나한테 절대 데이트 신청이나 보고 싶다는 소리 안 하는 남자

2. 전화 통화

내가 연락하기 전에는 절대 연락 안 하는 남자

통화 중에 잠깐만이라는 말을 자주 하는 남자

통화 중에 옆에 있는 사람과 자주 얘기하는 남자

잘 자라고 전화할 때 사랑한다는 말을 너무 안 하는 남자

전화를 자주 안 하는 남자

놀러가거나 여행가면 절대 연락 안 하고 연락 받지도 않는 남자

나보다 다른 사람한테 전화나 문자를 많이 하는 남자

만나자고 할 때만 전화하는 남자

전화한다고 하면서 안 하는 남자

전화하고 싶을 때만 하라고 했더니 하루에 한 번 전화하는 남자

통화 중에 졸려 보이는 남자

---

2 http://cluster1.cafe.daum.net/_c21_/bbs_search_read?grpid=1Hih7&fldid=HZON&datanum=31480

항상 먼저 전화를 끊자고 말하는 남자

3. 선물

선물은 기념일이나 생일 때만 주는 남자

(여자는 가끔 장미 한 송이 같은 소박한 선물을 받고 싶어한다.)

4. 여자 관계

핸드폰 문자나 전화통화 기록을 보면 여자가 대부분인 남자

여자한테 전화나 문자가 자주 오는 남자

여자 친구랑 있을 때 다른 여자랑 통화하는 남자

친한 누나가 많은 남자

놀거나 여행갈 때 항상 여자도 같이 가는 남자

아무 여자한테나 밥 먹었냐고 물어보면서 관심 주는 남자

(자기는 매너라고 생각하고 잘해주는 것이지만 그래선 안 된다.)

5. 기타

나를 만나는 목적이 스킨십으로 보이는 남자

여자랑 얘기할 때 그 여자에 대한 얘기보다 그 여자의 가족이나 친구에 대한 얘기를 더욱 궁금해하는 남자

여자가 울면 짜증내는 남자

나 아닌 다른 사람들과 여행을 자주 가는 남자

다른 사람이랑 같이 있을 때 나보다 다른 사람을 더 챙겨주는 남자

장난이라도 여자한테 살쪘다고 얘기하는 남자

여자의 몸무게를 궁금해하는 남자

만나면 항상 졸리다고 하는 남자

나랑 만날 때 다른 약속이 항상 있어서 놀다가 중간에 친구나 선배 등을 만나러 가는 남자

사랑한다는 말을 심하게 아끼는 남자

읽어 보면 알 수 있지만 글에서 상당수의 내용들은 여성에게 헌신하는 모습을 보이는 것이 중요하다는 사실을 보여주고 있다. 바꾸어 말하면 여성이 싫어하는 남성의 태도는 자신들에게 헌신하지 않고 있음을 드러내거나 시사하는 이런저런 모습이라는 것이다. 밑줄 친 내용들은 여성에게 집중하지 않거나 여성을 위해 헌신하겠다는 의지가 결여되었음을 보여주는 행동들이다. 그런데 거의 대부분의 글에 밑줄을 그어 놓았음을 통해 알 수 있겠지만, 남자에게 연애 성공의 관건은 여성에게 헌신하는 태도를 보여주는 것이라 해도 그리 잘못은 아니다. 예를 들어 내가 연락하기 전에는 절대 남자가 먼저 연락을 안 할 경우 여자는 상대의 사랑에 대한 진정성이나 깊이에 의문을 품게 된다. 실제로 '그대가 옆에 있어도 그대가 그리울 정도'가 되면 상대에게 연락하지 않고는 못 배길 것이다. 연락을 안 한다는 것은 그만큼 상대방이 자신에게 관심이 없다는 것으로 이해되기 쉽다.

시간을 정해 놓고 그때에만 연락하는 것에 대해서도 여성은 불만을 느낄 수 있다. 이러한 태도에서는 마음에서 우러나는 자연스러운 사랑보다는 의무감만 느낄 수 있기 때문이다. 만나서 졸리다고 하거나 전화할 때 다른 일을 하는 경우도 마찬가지다. 집중력을 발휘하여 게임을 하는 경우를 생각해 보라. 게임에 푹 빠져 있을 때는 다른 것에 신경 쓸 겨를이 없으며 전력을 다하여 게임을 한다. 마찬가지로 상대에게 푹 빠

져 있을 때는 만나서 졸릴 틈이 없고, 상대에게만 집중하게 될 텐데, 그러한 태도를 보이지 않으면 여성은 그것이 의미하는 바를 자연스레 의식하게 된다. 연애를 잘하고자 한다면 여성이 어떤 경우에도 사랑을 확인받고 싶어한다는 사실을 반드시 기억하라!

연애 기술에 진정성을 담아라

지금까지 나는 여성에게 호감을 줄 수 있는 몇 가지 방법을 제안했다. 이러한 제안들은 여성이 자신에 대한 헌신을 매우 중요하게 생각한다는 점을 염두에 둔 내용들로, 남성들은 이를 일종의 연애 기술로 활용할 수 있다. 여기서 말하고 싶은 점은 이와 같은 기술을 지나칠 정도로 도구적으로만 활용하는 것은 바람직하지 않다는 것이다. 단순히 상대의 호감을 사기 위해 기술을 활용하는 것은 얼마 있지 않아 바닥을 드러내고 만다. 연애 기술은 일차적으로 진정성이 담겨 있을 필요가 있으며, 오직 내가 원하는 상대를 쟁취하는 목표에만 초점이 맞추어져서는 안 된다. 어떤 경우에도 목적이 수단을 정당화할 수는 없다. 연애 기술은 상대방을 기쁘게 해 주겠다는 생각, 이왕이면 상대방과 사귈 수 있으면 더 좋겠다는 생각으로 활용되어야 하지 도구적으로만 활용하는 것은 좋은 만남을 지속해 나가는 데 바람직하지 않다. 우리는 진정한 사랑이 무엇인지 생각해 볼 필요가 있다. 그리고 이에 충실하려 한다면 연애 기술을 결코 수단으로만 활용해서는 안 될 것이다.

연애 기술에만 관심을 갖는 사람들의 반대쪽 극단에는 어떤 경우에도 있는 그대로의 모습만을 보여주어야 한다는 태도를 견지하는 사람들이 있을 것이다. 이들은 자의식을 발동하여, 본래 모습과는 다른 모습을 보여서는 안 된다는 이유로, 또는 연애 기술을 사용하는 것이 가식적인 듯하다는 이유로 아예 연애 기술을 활용하지 않으려 할 것이다. 하지만 이러한 태도도 바람직하지 않기는 마찬가지다. 물론 자연스럽게 우러나는 마음을 바탕으로 자연스럽게 행동해야 한다고 생각하는 것이 잘못은 전혀 아니다. 어떤 측면에서 이는 바람직하기도 하다. '내 모습이 아닌 나'가 아니라 '평소의 나'를 보여줌으로써 과장된 나를 선택하지 않게 하려는 태도는 적어도 동기의 순수성이라는 측면에서 보았을 때 올바른 마음가짐이다.

하지만 우리가 생각해 보아야 할 것은 이처럼 동기의 순수성을 견지해야 한다는 입장에서 연애를 하려 할 경우 연애가 쉽지 않아질 수 있다는 점이다. 예를 들어 가식같이 보인다는 이유로 연애 기술을 활용하지 않을 경우 자칫 상대방에게 행복하다는 느낌을 주기가 어려워질 수 있다. 이 경우 연애에 성공하기는 그만큼 어려워진다. 이는 나 아닌 나의 모습을 보이지 않겠다거나 가식적인 태도를 취하지 않겠다는 내 신념을 위해 상대방의 행복과 고통을 충분히 의식하지 않는 태도다. 이는 사실상 내가 사귀고 싶은 사람을 포기하겠다는 의사를 밝히는 것일 수도 있다.

나는 '아낌없이 주는 나무'처럼 자신에게 돌아올 것을 고려하지 않고 주기만 하는 헌신적인 사랑도 그다지 바람직하지 않다고 생각한다. 이러한 사랑을 할 경우에는 상대방이 어떤 태도를 취하건, 나에게 돌아올 것을 의식하지 않고 오직 상대방의 기쁨만을 위해 노력해야 할 것이다. 물론 이러한 태도로 사랑하는 사람은 현실 속에 존재하지 않을지도 모른다. 그럼에도 이러한 태도가 곧 사랑의 이데아라고 생각하는 사람이 있을 수 있다. 아마도 진정한 사랑에 대해 심각하게 고민해 본 사람 중에는 실제로 이와 같이 생각하는 사람이 있을 수도 있다. 그는 설령 자신이 현실태로서의 '아낌없이 주는 나무'가 아니라고 해도 나무의 모습을 따르려는 것이 마땅하다고 생각할 수 있다.

그런데 이런 식으로 생각할 경우 자칫 상대의 마음을 적극적으로 사로잡으려 노력하기보다는 수동적으로 상대의 간택을 기다릴 수밖에 없게 될 수가 있다. 상대에게 무엇인가를 기대하는 것은 사실상 내가 원하는 바를 얻고자 하는 태도이기 때문이다. 이 경우 연애에 성공할 확률이 낮아질 수 있는데, 비유하자면 이는 사과나무 밑에 누워서 사과가 떨어지기를 기다리고 있는 것과 다를 바 없는 것이다. 이렇게 보았을 때 상대에게 아무것도 기대하지 않으면서 헌신적인 사랑을 하겠다는 태도 또한 바람직한 것만은 아니다. 어떻게 보면 이는 '아낌없이 주는 나무'와 같은 헌신적인 태도가 전혀 아니라고도 생각해 볼 수 있다. 심하게 말하면 이는 다가서거나 차이는 것에 대한 두려움을 아름답게 꾸미려 할 따름인 소극적인 태도에 지나지 않을 수 있다.

연애를 하고자 한다면 모든 것을 놓지 말아야 한다. 그리하여 이왕 연애를 하려 한다면 적극적인 태도로 어느 정도 연애 기술을 활용할 필요가 있다. 결코 자신의 본래 모습에 지나칠 정도로 연연해서 상대방이 원하는 바를 망각하지 마라. 그럼에도 과도하게 자신이 원하는 바를 얻는 데만 초점을 맞추려 하지 말고, 진정성을 갖고자 노력하라. 진정으로 연애에 성공하고자 한다면 사과가 나무에서 떨어지기를 바라기보다는 사과나무에 직접 올라가서 사과를 따 보려는 태도가 필요하며, 그러면서도 수단과 방법을 가리지 않고 사과를 따려 하기보다는 사태를 종합해서 신중하게 사과를 따기 위해 노력해야 할 것이다.

3장

여성의 연애 기술

이번에는 여성의 연애 기술을 다루어보자. 남성이 기억해야 할 연애 기술의 화두(話頭)인 헌신은 상대에게 구애를 할 때부터 권태기에 이르기까지 시종일관 필요하다. 이렇게 이야기하는 이유는 여성에게는 늘 자신에 대한 헌신이 중요하기 때문이다. 여성은 이른바 '예선전'에서부터 본선에 이르기까지 줄곧 상대가 자신에게 헌신하는지에 관심을 갖는다. 때문에 남성은 연애 전 과정을 통틀어 헌신의 중요성을, 그리고 어떤 것이 상대에게 헌신으로 느껴지는지 잘 기억해 둘 필요가 있고, 앞에서 소개한 팁들은 연애의 전(全) 단계에서 남성이 의식해야 할 내용들이었다.

이와는 달리 이하에서 소개할 여성의 연애 기술은 연애의 시작에 도움이 되는 팁이라기보다는 연애를 시작하고 나서, 다시 말해 본선에서 유용하게 쓰일 것들이다. 이렇게 본선에서 쓰일 팁들을 위주로 이야기를 하는 이유 중의 하나는 남성이 처음 여성과 사귀고자 할 때 헌신 등과 같은 자신에 대한 처우 방식에 비교적 관심을 나타내지 않기 때문이다. 예를 들어 남자들이 애교에 관심이 있다고 해도 이러한 애교가 어떤 경우에도 통용되고, 애교 있는 여성이 모두 연애를 시작할 수 있는 것은 아니다. 〈개그 콘서트〉의 '선배, 선배!' 코너에서 이수지는 애교가 넘치는 신입생이다. 하지만 안타깝게도 이와 같은 애교가 연애로 이어지고 있지는 않다.

이러한 이야기는 자칫 여성들이 연애를 시작하는 언행과 관련한 팁은 없다는 것으로 들릴 수 있다. 하지만 결코 그렇지 않다. 세상에는 다양한 사람이 있으며, 외형적인 매력 이상으로 인간미 등 다른 매력에 끌리는 남성들도 적지 않다. 그리고 그러한 선호에 맞는 모습을 보일 경우 연애에 성공할 가능성은 높아질 수 있다. 하지만 그러한 선호는 남성의 선호라기보다는 특정 개인의 선호이기 때문에 이를 일반화해서 말할 수 없는 한계가 있다. 예를 들어 나와 원빈의 개인적인 선호가 다를 수 있는데, 이러한 선호를 일일이 여기에서 제시할 수는 없는 것이다. 더군다나 이는 진화심리학에서 말하는 남성이 선호하는 기준이 아니다. 때문에 여기에서는 연애를 시작하는 데 도움을 줄 수 있는 태도나 행동을 거론하지 않고 있으며, 이를 대신해 남성이 계속 여성에게 헌신하도록 만드는 데 도움이 될 만한 내용을 몇 가지 정리해 보도록 하겠다.

결코 칼자루를 상대방에게 넘겨줘선 안 된다

여성이 남성을 사귈 때 명심해야 할 점은 결코 연애의 주도권을 남성에게 넘겨줘선 안 된다는 것이다. 여성은 이를 연애의 근본 지침으로 삼아야 한다고까지 말할 수 있는데, 그 이유는 그만큼 여성이 자신에 대한 헌신에 지대한 관심을 가지고 있기 때문이다. 연애할 때 상대의 헌신을 확실하게 보장받을 수 있는 방법은 연애의 칼자루를 장악하는 것이다. 여성이 자신에 대한 헌신에 그다지 관심을 가지고 있지 않다면 굳이 주도권을 운운할 필요도 없을 것이다.

연애의 주도권을 장악해야 한다는 것은 여성이 직관적으로 알고 있는 사실이다. 이 때문에 여성은 일반적으로 연애를 시작하기 전부터 권태기에 이르기까지 시종일관 칼자루를 쥐기 위해 애쓴다. 그래서 연애를 본격적으로 시작하기 전에 튕기고, 상대방에게 직접 고백하기보다는 상대방에게서 고백을 들으려 하며, 만날 장소를 정할 때에도 상대방에게 편한 곳보다는 자신이 편한 곳으로 정하려 하고, 상대방이 이를 의식하지 않으면 상대방과의 만남을 재고해 보게 되는 것이다.

자신에 대한 헌신이 중요하다는 것을 잘 알고 있는 여성은 굳이 주도권을 지키기 위해 노력해야 한다는 말을 하지 않아도 알아서들 잘 지킨다. 그럼에도 간혹 칼자루가 상대방에게 넘어가는 경우가 있는데 남성이 여성에 비해 이성에게 훨씬 인기 있는 사람이라 아예 처음부터 상대방에게 칼자루를 빼앗겨 버리는 경우가 이에 해당한다. 여성과 비교해 봤을 때, 남성이 이성에게 관심을 끌 만한 특징을 훨씬 많이 갖추었을 경우에는 상대가 다른 여성을 만나지나 않을까 하는 걱정으로, 또한 상대가 자신에게 헌신하지 않는다는 이유로 힘들게 연애를 할 가능성이 있다.

여성이 먼저 스킨십을 시도할 경우 자칫 칼자루가 남성에게로 넘어갈 우려가 있다.

다음으로 남성이 육체적인 접촉을 시도하지 않음에도 먼저 이를 시도하려 하는 경우에도 주도권을 상대에게 넘겨줄 우려가 있다. 간혹 길을 걷다 보면 남녀가 엉켜 있는 모습을 보게 되는데, 이 경우 스킨십을 시도하는 것은 일반적으로 여성이 아니라 남성이다. 그런데 남성은 가만히 있는데 여성이 남성을 꽉 껴안고 놓아주지 않는 모습이 눈에 띄는 경우가 간혹 있다. 술에 취해서 그러는지는 모르지만 이는 그리 바람직할 것 같지 않다. 물론 사랑하는 사람과의 접촉을 원하는 것은 당연지사며, 그것이 잘못된 것은 전혀 아니다. 소위 말하는 '여자다움'을 지키기 위해 수동적으로 기다리기보다는 적극적으로 자신이 원하는 바를 표현하고 행동에 옮기는 것은 심지어 바람직한 태도라고까지 할 수도 있다.

하지만 두 사람 간의 칼자루 싸움이라는 데 초점을 맞추어 본다면 이는 생각해 볼 여지가 있다. 남녀의 진화심리학적 특징으로 미루어 보건대 육체적인 접촉과 관련해서 칼자루를 쥔 쪽은 일반적으로 남성이 아니라 여성이다. 여성이 상대를 신중하게 선택하려는 경향으로 자신의 몸을 쉽게 허락하지 않음에 반해, 남성은 기회가 되면 육체적 접촉을 시도하려는 경향이 있기 때문이다. 수요가 있는데 공급이 제한될 경우 어느 쪽이 칼자루를 쥐게 될 것인지는 짐작하기 어렵지 않다. 그런데 상대가 원하는 것을 가진 쪽인 여성이 이를 자진해서 상대방에게 줘 버릴 경우 설령 주도권이 완전히 남성에게로 넘어가지는 않는다고 하더라도 여성은 기존의 주도권을 어느 정도 잃게 될 확률이 높다. 물론 주도권 장악이 여성의 행복에 아무런 영향을 주지 않는다면 주도권이 누구에게 있든 별 문제가 없다. 하지만 그게 아니라고 한다면 주도권을 염두에 둔 포석을 할 필요가 있고, 아무리 사랑한다고 하더라도 스킨십을 쉽게 할 수 있다는 느낌을 상대에게 주지 않는 것이 그렇게 하는 것보다 나을 것이다.

곰이냐, 여우냐? 그것이 문제로다

남성에게 곰 같은 여자와 여우 같은 여자 중 어느 쪽이 좋은지를 물어보면 어떤 대답이 나올 것 같은가? 여기서 대략 곰은 우직하면서 시종일관한 모습을, 여우는 변화무쌍하고 어디로 튈지 모르겠음을 나타내는데, 이것이 곧 '곰=이타적, 여우=이기적'이라는 말은 아니다. 내가 염두에 두고 있는 곰과 여우는 대체로 융통성에 초점을 맞추고 있는 구분이다. 이러한 질문에 대해 생각보다 많은 남성이 곰보다 여우 같은 여자가 좋다고 이야기한다. 심지어 여우 같은 여자와는 같이 살아도 곰 같은 여자와는 못산다는 말까지 있다. 이 문제와 관련해 내가 여기서 말하고자 하는 것은 남성들이 그렇게 생각하는 이유에 대한 설명이 아니다. 이는 진화심리학이 답할 수 있는 문제가 아니다. 내가 말하고자 하는 것은 곰보다 여우와 같은 태도를 취하는 것이 여성의 입장에서는 연애를 하면서 더 행복할 수 있다는 것이다.

남성은 변하지 않는 겉모습뿐만 아니라 심지어 자신에게 이익이 되는 상대의 한결같은 헌신에 대해서마저도 마냥 긍정적으로 생각하지는 않는 것처럼 보인다. 남성들이 곰 같은 여성을 대하는 태도를 엿볼 수 있는 예를 한 가지 들어보자. 곰 같은 여성의 전형은 남녀 불평등이 팽배한 시절, 아내로 살아가는 여성의 모습에서 어렵지 않게 발견된다. 그 시절의 여성은 이래저래 불행했다. 여성은 자신에 대한 남성의 사랑을 별로 느끼지 못하고 사는 경우가 비일비재했으며, 그러면서도 평생 남성의 뒷바라지만 했다. 그럼에도 남성은 아내의 뒷바라지를 고마워하기는커녕 당연하게 받아들였고, 여기에서 한 걸음 더 나아가 자신의 마음에 조금이라도 맞지 않으면 난리를 피웠다. 더욱 기가 막힌 것은 적지 않은 경우 남성이 바람까지 피웠다는 점이다.

이러한 현상을 보면서 일부 독자는 남성 우월주의의 문제점을 떠올릴 것이다. 하지만 이는 남성이 곰 같은 여성을 어떻게 대하는지를 엿볼 수 있게 하는 대목이기도 하다. 곰 같은 여성은 대체로 상대가 자신을 어떻게 대하건 상대에게 일관된 태도를 보이는데, 이러한 여성은 칼자루를 쥐고 있을 수 없다. 게다가 남성 중심적인 사회에서는 이러한 태도가 당연한 것으로 받아들여지기 때문에 남성이 더욱 활개를 칠 수 있게 된다. 칼자루가 완전히 남성에게 넘어가 버림으로써 여성은 자신에 대한 남성의 배려를 느끼지 못하게 되며, 상대에게 헌신하면서도 배려받지 못하는 정말 희한한 상황에 놓이게 되는 것이다.

많은 사람은 상대가 잘해 주면 처음에는 고마워하다가도 시간이 흐르면 차츰 이를 당연한 것으로 받아들이는 경향이 있다. 이 경우 상대를 대하는 태도 또한 달라질 수 있는데, 적절한 비유가 될지 모르겠지만 부모의 사랑처럼 최선을 다한, 진실된 사랑은 없음에도 많은 사람은 이를 당연한 것으로 받아들일 뿐, 마음속 깊이 고마움을 느끼면서 보은하려는 생각은 좀처럼 하지 않는다. 이처럼 상대가 줄곧 헌신할 경우 이는 일상이 되어 버리고, 결국 그러한 헌신이 공기와 같은 것으로 변해 버리고 만다. 우리가 부모님의 고마움을 모르는 것은 아니다. 하지만 너무 일상화되어 있다 보니 고마움 자체를 잊게 되고, 이에 따라 함부로 하는 경우까지도 종종 있다.

이와 같은 변화가 남녀 관계에서 남성에게 일어날 경우 여성은 상대에게 불만을 느낄 수밖에 없다. 자신이 헌신하면 상대가 더욱 헌신해야 함에도 그렇게 하지 않고, 오히려 이를 당연하게 생각하면서 함부로 대하니 이 때문에 가슴앓이를 하지 않는 것이 오히려 이상한 것이다. 이렇게 보았을 때 곰 같은 모습은 적극 권할 만한 전략은 아니다. 희생은 희생대로 하면서 얻는 것이 적다면 굳이 그와 같은 전략을 채택할 이유는 없다. 물론 헌신 자체가 나쁜 것은 전혀 아니다. 실제로 적당한 헌신은 서로의 관계를 유지하는 데 매우 중요하며, 이러한 헌신이 없는 관계는 사랑이라 말할 수도 없다. 내가 여기서 말하고자 하는 것은 헌신을 하지 말라는 것이 아니라 남녀 관계에서 여성의 남성에 대한 헌신이 지나칠 경우, 그리고 동일한 패턴으로 반복될 경우 그러한 헌신이 여성을 대하는 태도에 부정적인 영향을 줘 오히려 독이 되는 경우가 있을 수 있다는 이야기를 할 따름이다.

곰 같은 여성과는 달리 여우 같은 여성은 남성이 자신을 완전히 장악했다는 느낌을 가질 수 없도록 행동한다. 여성은 이러한 방법으로 칼자루를 빼앗기지 않을 수 있는데, 이 경우 남성은 상대를 쉽게 보지 못하며, 이에 따라 상대를 배려하는 행동을 더 많이 하게 된다. 너무 천편일률적이라 특별한 느낌이 들지 않는 곰 같은 여성과 달리 톡톡 튀는 여우의 모습은 남성에게 계속적으로 새롭다는 생각을 하게 할 수 있다. 그리고 이 때문에 주도권이 쉽게 남성에게로 넘어가지 않게 된다.

이처럼 여우의 전략은 상대에게 철저히 희생하지 않을 뿐만 아니라 그러면서도 상대에게 대접까지 받는다. 여우는 자신이 전적으로 손해를 보지 않으면서 동시에 자신에 대한 헌신까지도 얻을 수 있으니 여성의 입장에서 보았을 때 최선의 전략이다. 이와 같이 할 수 있는 가장 중요한 이유는 여우가 자신의 꼬리를 이용하여 칼자루를 상대방에게 넘겨주지 않기 때문이다. 만약 칼자루가 상대방에게 넘어가 버린다면 아무리 여우 흉내를 낸다고 하더라도 이는 여우를 빙자한 곰이지 실제 여우는 아니다. 여우가 여우이기 위한 전제조건은 자신이 의식하건 의식하지 못하건 칼자루를 계속 쥐고 있는 것이며, 이를 유지하기 위해 상대방이 경계를 늦추지 않도록 행동하는 것이다. 이를 헌신 문제에 적용해서 이야기하자면 여우는 상대에게 헌신하는 모습을 보이되, 그것이 과해서 상대가 이를 당연하게 받아들이지 않도록 행동하며, 동시에 부족하다는 생각이 들지 않도록 행동한다. 이렇게 함으로써 여우는 상대가 헌신을 고맙게 생각하도록 만들며, 상대가 자신에게 더 잘해야겠다는 생각이 들도록 한다. 바로 이처럼 중용의 태도를 취해 헌신이 그 가치를 최대한 발휘할 수 있도록 행동하는 것이 바로 여우인 것이다.

여성이 여우의 전략을 채택하는 것이 좋다고 해도 문제는 여우냐 곰이냐를 여성이 자신의 의지로 선택하기가 그리 쉽지 않다는 것이다. 사람마다 타고난 기질이나 살아온 환경이 달라 어떤 사람은 자연스레 여우를, 또 다른 사람은 곰의 특징을 나타낸다. 이를 의도적으로 거슬러 여우가 곰을, 또는 그 반대의 흉내를 내려는 것이 그리 쉽지만은 않다. 이래서 세상은 불공평하다고 하는 것일까?

신비스러움을 유지하라

여우 전략을 취하는 방법 중 하나는 신비스러움을 유지하기 위해 노력하는 것이다. 이때의 신비란 “이성적으로나 상식적으로 설명할 수도 없고 이해할 수도 없을 만큼 신기하고 묘한 데가 있다”는 뜻이 아니다. 여성이 마법사가 아닌 이상 결코 이와 같은 특징을 갖출 수는 없다. 여기서 말하는 신비란 뭔가 바닥이 다 드러나지 않고 항상 무엇인가가 남아 있다는 느낌이 드는 것을 이야기한다.

여성이 마음에 들면 남성의 눈에는 상대가 여신으로 보인다. 이러한 상황에서는 남성이 여성을 자연스럽게 떠받들게 되는데, 시간이 흘러가면서 여신은 점차 인간의 모습으로 변한다. 이러한 전환이 이루어지는 것은 불가피한데, 그럼에도 어떤 인간의 모습으로 변하느냐가 중요하다. 밑바닥이 앙상하게 드러나면서 흉악한 모습으로 바뀌는 것만큼은 피해야 하는 것이다. 여성이 상대를 의식할 때는 어느 정도 내숭을 떠는데, 이 경우에는 상대적으로 바닥이 드러날 가능성이 크지 않다. 하지만 어느 정도 친해지고 나서는 이러한 모습이 점차 사라지게 된

연애할 때 바닥이 보인다는 느낌을 주면 곤란하며, 신비스러움을 계속 유지할 필요가 있다. 사진은 오로라.

다. 특히 결혼하고, 아기가 태어나고 나서는 더욱 그렇게 될 가능성이 높다. 이 시기에 이르러서는 옷도 아무 곳에서나 갈아입고, 방귀도 아무 데에서나 뀌며, 화장실 문도 닫지 않고 용변을 보는 등 과거에는 생각하지도 못한 일들을 자연스럽게 하게 된다. 물론 모든 것을 포기하고 육아에 힘쓰는 상황에서 이런저런 일에 신경을 쓰기란 그리 쉽지 않다. 그럼에도 지나칠 정도로 '인간적인' 모습을 보인다고 했을 때 남성은 여성을 더 이상 여성으로 보지 않을 수 있다. 여성으로 느껴지지 않는 것이다. 오죽 했으면 결혼하고 어느 정도 시간이 지난 남성에게 부부 관계에 대해 물으면 "근친상간은 금지되어 있거든?"이라는 대답이 나올까? '친하면 친할수록 지킬 것은 지키는 것이 좋다'는 말이 있듯이 서로가 서로에게 익숙해졌다고 해서 상대에게 이것저것 가리지 않고 행동하는 것은 결코 긍정적이라 할 수 없다.

그렇다면 신비스러움을 유지하기 위한 구체적인 방법에는 어떤 것이 있을까? 사실 내숭으로 자신의 적나라한 모습을 보이지 않는 데는 한계가 있다. 오래 만나면 결국 본색이 드러나게 마련이기 때문이다. 예컨대 평소에 나이트 지킴이였는데, 안 그런 척한다고 그것이 드러나지 않는 것은 아니며, 담배를 즐겨 피우거나 욕을 잘했는데 그렇지 않은 척한다고 나중까지도 그런 모습을 가릴 수 있는 것은 아니다.

일부 여성들은 이와 같은 모습까지도 사랑해야 진정한 사랑이 아니냐며 상대방이 제대로 받아주지 못하는 태도를 나무랄지도 모르겠다. 어떻게 보면 맞는 말인 것 같기도 하다. 만약 '아낌없이 주는 나무'와 같은 사랑이 참다운 사랑이라고 한다면 상대방이 어떤 모습을 보여줘도 상대방을 한결같이 사랑하는 것이 진정한 사랑이고, 이를 기준으로 보면 여성의 이야기가 틀린 것은 아니다. 하지만 유감스럽게도 그와 같은 사랑을 할 수 있는 사람은 없다고 할 정도로 드물다. 상대가 변하면 내 의지와 무관하게 상대에 대한 내 태도도 달라진다. 내가 아무리 머리로 통제하려 해도 내 가슴은 그와 무관하게 움직인다. 그리하여 의식적으로 '아낌없이 주는 나무'처럼 행동하고자 해도 상대방이 과거에 보이지 않았던 이상한 점이 자주 눈에 띄게 되면 상대에 대한 긍정적인 느낌이 나도 모르는 사이에 희석되는 것이다.

너무 원론적인 이야기인 것 같지만 신비스러움을 유지하기 위해 좋은 방법은 스스로 교양을 쌓으면서 인품을 함양하기 위해 노력하는 것이다. 폭넓은 교양을 습득하면서 인성에 관심을 기울일 때 상대는 신비감을 갖지 않을 수 없다. 사실 이는 신비스러움을 유지하고, 남성과 여성, 자신과 상대를 이해하여 사랑을 더욱 성숙시키는 데에만 필요한 것이 아니다. 굳이 연애 문제를 이해하고 해결하기 위해서가 아니라 하더라도, 이는 삶을 올곧게 살아가기 위해서도 중요하다.

상황에 따라 밀당을 하라

'밀당'을 해야 한다는 말은 연애를 하고 있거나 연애에 대해 이야기를 들은 사람이라면 거의 한 번쯤 들어보았을 것이다. 밀당이 구체적으로 무엇인지 분명하지는 않지만 이는 대체로 상대가 만나자는 등의 요구를 했을 때 쉽게 받아들이지 않고 다소 버티다가 마지못해 받아주는 척하는 것을 말한다. 밀당을 해야 하는 이유는 이것이 상대방을 애타게 하여 자신에게 더욱 헌신하도록 만들기 위한 방법이기 때문이다. 만약 여성이 쉽게 끌려온다면 남성은 이를 고마워하기보다는 자신이 잘나서 상대방이 쉽게 응했다고 생각할 수 있다. 이런 경우에는 칼자루가 남성에게로 넘어갈 가능성이 있다. 최소한 처음 연애를 시작할 때는 그럴 수 있다는 것이다. 하지만 튕기면서 밀당을 할 경우 남성은 상대적으로 여성을 훨씬 조심스럽게 대할 것이고, 이 경우 여성이 칼자루를 계속 장악할 수 있게 된다.

이러한 밀당이 항상 소기의 목적을 달성하는 데 도움이 되는 것은 아니다. 밀당은 상대가 누구며, 시기가 언제냐에 따라, 또한 얼마만큼 하느냐에 따라 그 효과가 다를 수 있다. 따라서 밀당을 무조건 해야 한다고 생각하는 것은 잘못이다. 밀당을 하는 근본적인 이유가 자존심 등이 아닌 상대와의 관계에서 칼자루를 잡고 있는 것이며, 상대의 헌신 의지를 다지게 하는 것이라면, 거꾸로 이와 같은 목적을 달성할 수 없을 경우에는 밀당을 삼가야 한다. 이하에서는 밀당의 조건을 간단하게 정리해 보자.

먼저 밀당은 상대와 나의 이성에 의한 선호도가 유사할 경우에 효용이 있지 상대방의 선호도가 훨씬 높다면 하지 않느니만 못할 수 있다. 극단적인 예로 강동원이 당신에게 프러포즈했다고 가정해 보자. 이러한 상황에서 밀당을 한답시고 상대의 제안을 받아들이지 않는다면 이로써 상황은 모두 종료될 가능성이 크다. 강동원 같은 경우는 굳이 특정 여성이 아니라고 하더라도 만나고 싶어하는 여성이 백만 대군이다. 그렇기 때문에 강동원은 특정한 여성에게 얽매일 필요가 없다. 이런 상황에서 공연히 밀당을 한답시고 튕겼다가는 일생일대의 기회를 놓치고 평생을 후회할 수 있다.

다음으로 설령 이성에 의한 선호도가 비슷하다고 해도 연애 전 단계에서는 밀당을 가급적 하지 않는 것이 좋다. 여성의 밀당은 미묘하게 이루어지는 경우가 적지 않다. 이에 따라 남성은 상대가 정말 싫어서 만나기를 거부하는지, 좋지만 튕겨 보는지 구분하지 못하는 경우가 허다하다. 이는 남성의 무감각만 탓할 수는 없다. 왜냐하면 여성이 상대가 싫을 때에도 거의 유사하게 행동을 하기 때문이다. 심지어 여성 자신은 틈을 보였다고 생각하는 경우마저도 남성은 이를 눈치 채지 못할 수 있다. 그런데 만약 남성이 자존심이 매우 세거나 마음이 여리거나 내성적인 경우, 처음으로 여성을 사귀어 보는 경우, 집안에 남자만 득실거리고 남중·남고를 졸업했을 경우에는 여성의 거부 표시를 상당히 크게 느낄 수 있고, 이로 인해 지레짐작으로 대시하기를 포기할 수 있다. 그렇기 때문에 남성이 애프터를 신청했을 때 상대에게 어느 정도 관심이 있다면 튕기기보다는 만나는 편이 좋다. 설령 정말 시간이 없다고 해도 안 된다고 잘라 버리지 마라. 그보다는 거절하되 다른 날에 만나자고 제안을 하라. 남자가 용기를 내서 전화했는데, 여자가 한두 번 튕기면 남자는 이내 자신감을 잃고 포기할 수 있다. 여자가 밀당을 하려는 의도로 상대가 마음에 드는데도 만날 수 없다고 이야기하면 남성은 이를 자신에게 관심이 없다는 뜻으로 해석할 수 있다.

여성으로서는 이런 상황에서도 계속 남성이 도끼질을 해야 하는 것 아닌가 생각할 수 있다. 하지만 남자도 어느 정도 가능성이 보여야 대시를 하지 '넘사벽'처럼 느껴지면 아예 시도조차 하지 못할 수 있다. 연애하면서 칼자루를 쥐는 것도 중요하지만 그것 때문에 의외의 대어를 놓칠 수 있음을 감안한다면 밀당은 처음에는 하지 않거나 최소한으로 하는 편이 좋다. 칼자루는 몇 번 만나면서 장악해도 늦지 않다. 칼자루 등의 이유로 아예 시작도 하지 못하는 것보다는 일단 시작을 해 놓고 주도권을 잡아가도 전혀 늦지 않을 것이다.

세 번째로 밀당은 너무 자주 해도 좋지 않고, 그렇다고 너무 하지 않는 것도 좋지 않다. 말 그대로 중용이 필요하다. 아리스토텔레스는 현실 속에서 풍부한 경험과 지식으로 중용의 지점을 찾아내는 것을 실천적 지혜(프로네시스)라고 했고, 이러한 지점을 찾아 살아가는 것이야말로 덕스러운 삶이라고 생각했다. 그런데 밀당에서 중용의 지점을 찾는 것은 설령 덕스러움을 구하는 것이 아니라 하더라도 적어도 상대를 위해서나 자신을 위해서도 필요하다. 밀당을 너무 자주 하면 남성은 거기에 담겨 있는 의미를 파악하고 조심하려 하기보다는 상대방의 변덕에 지쳐버릴 수 있다. 다시 말해 제멋대로인, 통제가 되지 않으며 인간적으로 문제가 있는 사람이라고 생각해 버릴 수 있다는 것이다. 거꾸로 밀당을 전혀 하지 않고 상대방이 하자는 대로 하면 남성이 오판을 해서 마음대로 해도 별 문제가 없다고 생각할 수도 있다.

이렇게 보았을 때 밀당은 시도 때도 없이 하기보다는 적절할 때, 예컨대 남자가 자신을 대하는 태도가 전과 같지 않다는 것을 직감할 때 해 보는 것이 좋다. 이로써 남성이 반성을 하고, 조심스레 대하려는 태도를 갖게 된다면 그 밀당은 목적을 달성한 것이다. 그런데 이러한 목적을 달성하기 위해 밀당을 너무 길게 하는 것은 좋지 않다. 이것이 남성에게 앙금으로 남을 경우 남성 또한 여성을 만나서 툴툴거리게 될 수 있고, 이것이 싸움의 빌미가 될 수도 있기 때문이다. 지혜롭게, 원하는 목적을 달성할 수 있는 범위에서 밀당을 하면 이는 서로에 대한 끈을 느슨하지 않게 유지시켜 줄 것이다.

외모는 나의 힘!

별로 인정하고 싶지 않지만 남성이 여성에게 끌리는 제일 조건이 외모인 것은 분명하다. 그만큼 외모가 빼어난 여성은 남성에게 인기가 있다. 오죽했으면 예쁜 것이 착한 것이라는 말까지 있을까? 실제로 아무리 빼어난 사회적 성과를 거두었다 하더라도 외모가 빼어나지 못하면 그 여성은 비교적 사회의 주목을 받지 못한다. 예를 들어 김연아나 손연재는 괄목할 만한 실력과 더불어 외모마저 빼어나다 보니 집중적인 스포트라이트를 받고 있다. 이들이 실력만 있고 외모가 별로였다면 아마도 지금만큼 인기를 누리지는 못했을 것이다. 이는 일부 운동 종목에서 탁월한 실력을 갖추었지만 외모가 평범한 선수들을 보면 어느 정도 짐작해 볼 수 있다.

외모에 대한 관심은 어제오늘의 일이 아니다. 젊고 건강한 여성에 대

여성은 남성이 외모에 지대한 관심을 가지고 있다는 사실을 염두에 둘 필요가 있다.

한 관심이 진화 과정을 통해 남성에게 주어진 특징이라고 한다면 여성의 외모에 대한 남성의 관심은 실로 오래전부터 있어왔다고 말할 수 있을 것이다. 그럼에도 최근 들어 이러한 경향이 더욱 강화되고 있는 듯이 보이는 데는 인터넷이 기여한 바가 적지 않다. 주지하다시피 인터넷이라는 공간에서는 익명성이 보장된다. 그러다 보니 사람들이 다소 저급한 방식으로 솔직해진 경향이 있는데, 그 대표적인 예가 외모에 대한 관심이다. 인터넷이 발달하기 전에는 사람들의 생각이 많은 사람에게 전달되기가 힘들었고, 많은 사람의 솔직한 이야기를 듣기도 어려웠다. 특히 외모 이야기는 자칫 상대에게 큰 실례나 상처가 될 수 있기 때문에 대체로 자제하는 분위기였고, 대략 짐작만 했을 뿐 많은 사람이 외모에 대해 어떻게 생각하는지에 대해 적나라한 생각을 듣기란 그리 쉽지 않았다. 그런데 순식간에 정보가 수많은 사람에게 전달되는, 익명성이 보장되는 인터넷이라는 공간이 제공되다 보니 사람들의 외모에 대한 속마음이 여과 없이 드러나게 되었고, 그러한 속마음이 널리 퍼질 수 있게까지 되었던 것이다.

남성이 여성의 외모에 관심을 갖는다고 해서 여성이 굳이 상대에게 맞출 필요가 없는 것은 물론이다. 그럼에도 적어도 연애를 해 보겠다는 의지가 있다면 이에 대해 어느 정도 관심을 갖는 편이 좋다. 그런데 유감스럽게도 외모는 일부 경우에 성형 수술 등으로 바뀌기도 하지만 선천적인 것이라 어떻게 할 방법이 없다는 문제가 있다. 그럼에도 아예 포기하고 관심을 끊을 것도 아니니 주어진 상황에서 최선을 다해야 한다. 예컨대 얼굴형에 따라, 피부색에 따라 자신에게 맞는 화장이나 코디 등이 각자 다르다. 복장도 마찬가지다. 체형이 어떤가에 따라 상대적으로 더 아름답게 보일 수도 있고 그렇지 않을 수도 있다. 이러한 점들을 감안해서 나름대로 멋을 낸다면 그렇게 하지 않는 경우보다 남성을 사귀게 될 확률이 높아질 것이다.

남성이 여성의 외모에 지대한 관심을 갖는다는 말은 사귀는 시간이 어느 정도 흘렀다고 해도 여성이 계속적으로 어느 정도 외모에 관심을 가져야 함을 시사한다. 다시 말해 오래 사귀었다고 해서 남성을 만나러 갈 때 아무렇게나 하고 나가는 것은 바람직하지 않다는 것이다. 예를 들어 좁은 집에서 살다가 넓은 집에 살게 되면 행복해도 그 반대의 경우는 그렇지 않다. 이와 유사하게 오래 만났다고 해서 모자로 감지 않은 머리를 감춘다거나 슬리퍼를 신고 만난다거나 처음에는 민낯으로 만난 적이 없는데, 나중에는 그냥 만난다거나 했을 경우 상대가 어떤 생각을 할지 예측하기란 어렵지 않다. 긍정적인 방향으로 변한다면 문제가 없지만 그 반대 방향으로 변하면 상대의 마음도 부정적인 방향으로 나아갈 가능성이 크다. 그렇게 될 경우 상대에 대한 헌신의 강도 또한 상대적으로 약해질 수 있다. 이를 미연에 방지하려면 아무래도 외모에 대해 계속 관심을 갖는 것이 그렇지 않는 경우보다 좋을 것이다.

이와 같은 이야기가 남자를 만날 때마다 최선을 다해 신부 화장을 하고 만나라는 것은 결코 아니다. 그와 같은 요구를 한다면 이는 사실상 연애를 하지 말라는 이야기와 다를 바 없을 것이다. 늘 만나기 전에 스트레스를 받아가면서 안간힘을 다해 꾸며야 하는데 어찌 그 연애가 행복할 수 있을 것인가? 외모에 신경을 쓰라는 것은 단지 너무나도 편하게, 집에서 안 씻고 있을 때와 다를 바 없는 꾀죄죄한 모습으로 남성을 만나길 삼가는 것이 좋다는 정도로 이해하면 좋을 것이다.

시간이 흐를수록 인품의 중요성이 부각됨을 기억하라[3]

남성들이 누구와 사귈지를 결정할 때 외모에 이끌리는 경우가 많은 것은 어느 정도 사실이다. 때문에 외모가 빼어난 여성들은 연애를 시작하는 데 별다른 어려움을 느끼지 않는다. 하지만 예쁜 여자가 반드시 연애를 잘하는 것은 아니다. 특히 그러한 여자가 공주과에 속하면 더욱 그러하다. 몇 가지 이유로 아름다운 공주들은 연애가 단기에 그칠 가능성이 있다. 예를 들어 어떤 남성이 여성의 미모에 이끌려 연애를 시작

3 이는 여성이건 남성이건 다를 바가 없다. 그럼에도 이를 굳이 여성의 연애 기술에 포함시킨 것은 여성의 연애 조건에서 유달리 외모에만 초점이 맞추어짐으로써 다른 특징이 간과될 수 있기 때문이다.

했다고 가정해 보자. 처음에는 그 여성의 아름다움이 모든 것을 아름답게 보이게 한다. 사랑하기 때문에, 또한 아름답기 때문에 그 여성의 행동은 상당 부분 정당화되고 예뻐 보인다. 하지만 시간이 흐르면서 콩깍지가 벗겨지게 되고, 이때부터는 상대의 모습이 비교적 객관적으로 보이기 시작한다. 만약 여성이 인격적으로도 훌륭하다면 연애는 별 탈 없이 계속 이어질 것이다. 하지만 여성이 공주이고, 허영심이 지나치거나 외모 가꾸기에만 유달리 열중한다면 그러한 모습이 자꾸 눈에 거슬리고 짜증스럽게 느껴질 수 있다. 남성의 눈에 콩깍지가 벗겨지고, 여성 또한 조심스러움이 줄어들게 되면 남성이 여성의 이런저런 측면들에 불만을 느끼게 되는 것이다.

이러한 상황에서 남성이 불만을 표출할 경우 두 사람이 헤어질 가능성이 높아지게 된다. 그 이유는 이러한 여성은 자신을 공주로 모셔줄 다른 남성을 어렵지 않게 구할 수 있으며, 그리하여 굳이 누군가에게 집착하지 않아도 되기 때문이다. 물론 훌륭한 품성의 여성이라면 문제가 있을 때 해결해 나가기 위한 노력을 기울일 것이다. 하지만 여성이 공주병에 걸려 있다면 연애를 쉽게 포기할 가능성이 비교적 높다. 모든 면에서 자기 위주이고, 자기만을 위해야 한다고 생각하며, 그럴 수 없다면 다른 사람을 기꺼이 만날 수 있다고 생각하는데, 그러한 여성이 연애를 길게 할 가능성은 낮을 수밖에 없다.

여성에게서 외모가 연애의 출발에 도움이 되는 요인이라고 한다면 인품은 연애를 잘하기 위해 갖추어야 할 중요한 덕목이다. 아무래도 인품녀와 외모녀[4] 중에서 연애를 쉽게 시작할 수 있는 쪽은 후자일 것이다. 하지만 품성이 잘 드러나게 되는 집단 내에서는 인품녀가 더 인기가 높을 수 있고 연애를 잘해 나갈 가능성은 말할 것도 없다. 아름다운 마마님과 인품녀 중에서 연애를 잘할 쪽을 꼽으라면 아무래도 후자가 그럴 가능성이 높다고 말할 수 있을 것이다.

콩깍지가 벗어나서의 관계는 활활 불타오르는 연애의 절정을 어느 정도 지나간 관계다. 이때가 되면 남녀 간의 관계는 뜨거운 연인보다는 친한 친구와 같은 사이로 서서히 전환이 이루어진다. 이 관계가 원활하게 유지되는 데 가장 중요한 것 중의 하나는 상대를 배려할 줄 아는 마음이다. 여성이 이와 같은 마음을 갖추고 있다면, 나아가 남성마저도 이러한 마음을 갖추고 있다면 싸울 일이 비교적 적을 것이다. 이성(異性)으로 못지않게 하나의 인간으로 상대를 느끼게 되는 이 시기에 이르면 외모 등 다른 어떤 요인보다도 인품이 두 사람 간의 관계를 유지하는 중요한 덕목으로 자리 잡게 된다.

만약 이것이 어느 정도 사실이라면 우리는 훌륭한 인품이 연애를 잘하는 데에도 도움이 될 수 있음을 의식해야 할 것이다. 설령 인품을 함양하는 것이 인간으로서의 훌륭한 삶을 살기 위한 기본적인 조건이며, 어떤 목적을 위해 인성을 함양하는 것이 아니라고 해도 훌륭한 인품은 연애의 지속에 직접적인 영향을 미치며, 이에 따라 연애를 잘하기 위해서도 인품을 갈고닦을 필요가 있다.

그런데 이러한 이야기는 자칫 공허하게 들릴 수 있다. 무엇보다도 인품이란 하루아침에 형성되는 것이 아닌데, 훌륭한 인품을 갖추지 못했다면 어떻게 해야 하는가? 이러한 사람은 연애를 잘하길 포기해야 하는 것 아닌가?

---

4 외모가 수려한 여성 중에서 인품마저 훌륭한 여성도 적지 않은데, 여기서 외모녀란 오직 외모만이 빼어난 여성을 말한다.

그렇지 않다. 물론 인품이 하루아침에 형성되는 것은 아니다. 그럼에도 인품이 연습에 의해 함양될 수 있다면 우리는 자신의 말과 행동에 신중을 기함으로써 걸러진 행동을 하려고 노력할 수 있을 것이다. 당장 사귀는 사람과의 관계에서 이러한 노력을 기울여 보라. 예를 들어 우리는 의지를 통해 짜증이 나도 짜증을 통제하려 할 수 있으며, 자신부터 생각하려 하다가도 상대방을 먼저 생각할 수 있다. 이처럼 우리가 반성적 사유를 통해 적절한 말과 행동을 선택하려 꾸준히 노력한다면 그렇지 않은 경우에 비해 연애를 훨씬 잘 이끌어갈 수 있을 것이다. 화가 날 때 마음대로 화를 내고, 신경질을 부리고 싶을 때 마음대로 신경질을 내는 것은 결코 솔직함이 아니다. 이는 유아적인 욕구 분출에 지나지 않는다. 성인으로서의 우리는 결코 유아와 같은 행동을 아무 생각 없이 해서는 안 된다. 화가 나도 상황에 따라 이를 조절하려는 태도, 자신부터 생각하고 싶어도 상대방을 우선 배려하려는 태도를 견지하려고 노력하는 것이야말로 훌륭한 인격체가 되기 위한 연습이며, 이를 통해 연애를 잘할 수 있게 된다. 이러한 노력을 기울이려는 태도를 견지하면서 상대를 대한다면 연애는 특별히 잘못된 방향으로 나아가게 되지 않을 것이다. 연애를 잘 이끌어 가는 여성은 이와 같은 여성이지 인격은 뒷전으로 미루어놓고 자신의 외모를 꾸미는 데에만 초점을 맞추는 여성은 아니다.

여우와 곰 같은 여성을 언급하면서 이미 거론했지만 내가 생각하는 훌륭한 인격자란 시종일관 누군가에게 헌신하는 사람을 뜻하지 않는다. 훌륭한 인격자는 아리스토텔레스가 말하는 중용을 지키는 덕스러운 사람에 가깝다. 이러한 사람은 어떤 경우에도 화를 내지 않고 모든 것을 참고 상대방에게 시종일관 헌신하는 사람이 아니라 화를 낼 필요가 있을 때 화를 내되, 지나치지도 모자라지도 않아서 긍정적으로 화를 낸 효과가 발휘될 수 있도록 조절을 할 수 있는 사람을 말한다. 이러한 사람은 상대가 자신을 함부로 대하는 데 이르기까지 상대에게 헌신하기만 하지 않으며, 이상적인 관계가 유지될 수 있도록 적절한 태도를 취한다. 이와 같은 사람이 실제로 존재하는지는 알 수 없다. 그럼에도 훌륭한 인격체가 되고자 할 때 우리는 이와 같은 태도를 지향해야 할 것이다.

여성이 남성과 대화할 때 유의해야 할 점

여성이 남성과 대화할 때 보여주어야 할 미덕은 대체로 남성이 여성과 대화할 때 보여주어야 할 내용과 대동소이하다. 여기에서는 어떠어떠한 방식으로 대화해야 한다는 이야기보다는 어떤 방식의 대화를 피해야 한다는 이야기를 해 보도록 하자.

자신에 대한 헌신을 중요시한다는 측면에서 생각해 보았을 때 상대가 자신을 어떻게 대하는가에 대한 불만이 클 가능성은 남성보다는 여성이 높다. 이 때문에 상대를 쪼아댈 가능성도 여성이 많다고 할 수 있다. 여성이 화가 났을 때 취하는 전형적인 행동은 삐치는 것이다. 여성이 삐치면 남성은 상대의 마음을 달래기 위해 최대한 노력한다. 만약 그러한 노력을 하지 않거나 심혈을 기울이는 자세를 보이지 않으면 여성은 실제로 헤어져 버리기로 결심을 하기도 한다. 남성이 상대의 마음을 달래주기 위해서는 쏟아지는 비를 묵묵히 맞고 있어야 한다. 이에 일일이 대응하다가는 더욱 심한 비가 쏟아질뿐더러 번개를 맞을 수도

싸움은 적당한 수준에서 끝내야지 결코 천둥 번개가 내려치는 데까지 가서는 안 된다.

있다. 남자의 입장에서는 이왕 맞을 수밖에 없다면 잔비를 맞는 데 머무는 것이 좋지 비를 줄기차게 맞는다든가 번개를 맞는 데까지 가면 곤란하다. 거꾸로 여성 또한 잔비를 내리는 데 머물러야지, 소나기를 퍼붓는다거나 번개를 내려치는 데까지 가지 않도록 유의할 필요가 있다. 이렇게 될 경우 남성 또한 맞대항을 할 가능성이 높아지고, 이로써 자칫 걷잡을 수 없는 상황을 맞을 수도 있기 때문이다.

이는 여성도 어느 정도 양보할 필요가 있음을 시사한다. 다시 말해 적당히 쪼아대야지 지나치게 빈번하거나 과하면 상대 또한 가만히 있지 않을 수 있고, 이로써 뜻밖에 전선이 확대될 수가 있다는 것이다. 비교적 가벼운 비난이나 불평은 남성이 애교로 봐줄 수 있다. 그런데 이것이 심해져서 캐묻거나 빈정대는 등의 방법으로 상대방의 심기를 크게 자극한다거나 헤어지자고 자주 협박할 경우 또는 줄기차게 잔소리를 한다고 했을 경우에는 남성도 인간인지라 참는 데 한계가 있다. 서로 심기가 극도로 불편해진 상태에서 전투가 벌어지면 각자 자신도 모르는 사이에 치명적인 무기를 사용할 수 있다. 그러면 양쪽 모두 초토화되는 결과를 낳게 된다. 이처럼 같이 망해 버리는 상황을 맞이하기 전에 지혜를 발휘해야 하는데, 남성은 여성이 불만을 갖지 않도록 행동을 조심해야 하고, 여성은 불만 수위를 적절히 조절해서 남성과 크게 다툴 상황을 만들지 말아야 한다. 서로 이와 같은 지혜를 발휘한다면 극단적인 이야기가 오갈 수 있는 상황을 미연에 방지할 수 있을 것이다.

세상사란 일종의 역학관계 속에 놓여 있기 때문에 상대가 어떻게 하느냐에 따라 내 행동도 어느 정도 달라진다. 그렇기 때문에 여성이 남성을 너무 편안하게 내버려두는 것은 바람직하지 않으며 간혹 바가지를 긁을 필요도 있다. 그저 묵묵히 상대방이 하자는 대로 다 하기보다는 여우처럼 행동할 필요도 있는 것이다. 하지만 그 여우는 현명해야 하는데, 극단적인 상황에 이르기까지 상대방을 일방적으로 몰아세우면서 상대에게 상처가 되는 이야기를 쏟아붓는다면 상대는 잘못했다는 생각을 하다가도 반발심에 마음에도 없는 말로 상대에게 대응할 수 있다. '과유불급(過猶不及)', '지렁이도 밟으면 꿈틀한다', '쥐도 궁지에 몰리면 문다'는 말들을 명심해야 한다. 상대방을 몰아세우더라도 달아날 여지를 만들어 놓아야 하며, 상대가 극단적으로 화가 날 때까지 몰아세워서도, 그러한 방법을 이용해서도 안 된다.

상대에게 어느 정도 빈틈을 보여라

남성이건 여성이건 상대가 너무 완벽해서 끼어들 여지가 없다는 느낌을 주는 것은 그리 바람직하지 않다. 혼자 있으면 불완전하지만 둘이 있음으로써 완전하게 된다는 느낌이 들어야 서로에게 좋다. 혼자 있어도 특별히 문제될 것이 없는 듯한 느낌을 주면 상대방은 자신이 할 일이 없다는 것 때문에 만남을 재고해 볼 수 있다. 이 말을 하면서 내가 머리에 그리는 모습은 〈건축학개론〉에서 서연(수지)이 승민(이제훈)의 어깨에 기대어 자는 척하는 장면이다. 그처럼 자신에게 기대어 잔다고 했을 때 남성으로서는 그 모습이 사랑스럽게 느껴지고, 자기가 무엇인가를 해 줄 수 있다는 사실에 뿌듯함을 느낄 수 있다. 만약 수지가 절대로 졸지 않고, 설령 졸아도 상대의 어깨가 아니라 창문에 기대어 존다면, 그리고 그렇게 졸지 말고 어깨에 기대라는 제안에 "됐어!"라고 한다면 남자는 상대가 튕긴다고 생각하기보다는 자신을 신뢰하지 못하거나 자신을 별로 좋아하지 않아서 전혀 틈을 주지 않는다고 생각하면서 서운함을 느낄 것이다.

또 다른 예를 들어보자. 여성이 술을 상당히 많이 마셨는데도 취한 모습을 전혀 보이지 않고 "나 간다!"라는 말을 던지고 또각또각 구두 소리를 내며 술집을 나간다면 남성은 순간적으로 당황할 것이다. 이때 남성이 기사도 정신을 발휘하겠다는 의지를 밝혔음에도 여성이 상대의 도움을 굳이 거절하고 혼자서 술집을 떠나면 남성은 여성이 술을 엄청나게 마시고도 아무렇지 않다는 사실에 놀랄 수도 있지만 그것보다는 자신에게 헌신할 기회를 주지 않는 것에 마음이 편치 않을 것이다.

이러한 상황에서 여성은 전혀 아무렇지 않다고 하더라도 남성에게

상대방을 긍정적으로 평가할 경우 상대방은 그러한 평가에 부응하는 행동을 하려는 피그말리온 효과가 나타나게 된다. 제롬(Jean Gerome)이 그린 〈피그말리온과 갈라테이아〉

무엇인가를 할 기회를 주는 것이 좋다. 그리하여 벌떡 일어났다가도 다시 풀썩 주저앉는다든가 약간 비틀거림으로써 남성에게 집에 바래다 줄 기회를 줄 필요가 있다. 물론 여기에서 말하는 빈틈이란 어느 정도를 이야기하는 것이며, 다소 의도적인 것을 말하지 빈틈이 지나치게 커서 술을 마실 때마다 인사불성이 되어 자기가 어디에 있는지도 모른 채 바닥을 기어 다니는 것은 문제가 아닐 수 없다. 반면 남성은 취했다 하더라도 취하지 않은 척해야 한다. 취해서 정신을 놓고 여성이 어떻게 되건 상관하지 않고 혼자 술집을 나설 경우 뒷감당을 할 수 없게 될 것이다.

여성이 도움을 받을 경우 남녀 관계는 선순환 구조로 이어질 가능성이 높아진다. 남성이 자신을 제대로 챙겨주었다는 사실을 칭찬해 줄 경우 남성은 이를 기억하고서 여성에게 더욱 헌신하려는 태도를 보일 것이다. 이러한 헌신은 여성을 즐겁게 하며, 이러한 즐거움이 또다시 상대에게 긍정적인 영향을 주어 결과적으로 서로의 관계가 더욱 돈독해지게 되는 것이다. 이처럼 어느 정도 빈틈을 보이는 것은 상대가 기사도 정신을 발휘할 좋은 기회를 제공한다. 그리고 이때의 남성의 행동에 긍정적인 태도를 보이면 두 사람의 관계는 더욱 긍정적인 방향으로 나아갈 가능성이 높아지게 될 것이다.

3부

연애의 단계

최근 들어서의 연애는 단계가 구분되지 않는 경우가 흔하다고 말한다. 굳이 최근이 아니라고 해도 연애의 단계가 선을 확실히 그을 수 있을 정도로 명확히 구분되지는 않을 것이다. 그럼에도 대략적으로 연애는 한 사이클이 연애 전(前) 단계, 연애 단계, 권태기라는 세 단계로 이루어진다고 말할 수 있다. 이번에는 각각의 단계에 대해 이야기를 나누어 보자. 지금부터 하는 이야기는 일반적인 경우를, 그리고 남녀가 유사한 정도의 이성에 의한 선호 대상임을 전제로 한다. 이 말은 예를 들어 남성이 여성보다 더 선호의 대상일 경우 이하의 이야기가 적절히 적용되지 않을 수 있음을 뜻한다. 또한 이하의 내용은 현실을 매우 일반화한 것으로, 예외적인 경우가 얼마든지 있을 수 있음을 허용하고 있다. 가령 상대에게 구애를 하는 쪽은 일반적으로 남성이지만 성격이 매우 활달하고 적극적일 경우 여성이 남성에게 프러포즈할 수도 있다.

1장

연애 전(前) 단계

연애 전 단계에서 구애를 하는 쪽은 대개 남성

연애 전(前) 단계는 본격적인 연애를 하기 전에 탐색전을 벌이는 시기를 말한다. 이러한 단계에서 대시를 하는 쪽은 일반적으로 남성이다. 이와 같이 말하는 이유는 여성이 쉽게 상대를 선택하지 않으며, 헌신과 배려에 대한 욕구를 가지고 있기 때문이다. 이러한 욕구를 가지고 있는 여성은 거의 본능적으로 자신이 칼자루를 쥐고 있어야 한다는 점을 알고 있고, 자신이 구애할 경우 주도권이 상대방에게 넘어가 버림으로써 헌신과 배려에 대한 욕구를 충족할 확률이 낮아질 것을 직관적으로 알고 있다. 그래서 상대에게 엄청난 관심을 갖지 않는 이상 여성이 먼저 남성에게 사귀자고 할 가능성은 상대적으로 적다.

여성은 남성에게 관심을 가지고 있을 경우에도 이런저런 우회적인 방법으로 자신에게 고백하도록 분위기를 조성하지 좀처럼 직접 대시를 하지는 않는다. 또 상대에게 어느 정도 연정을 품고 있다고 하더라도 남자가 고백하지 않으면 그와 사귀기를 포기하지 그가 고백하기를 끝끝내 기다리거나 자신이 먼저 고백할 확률은 비교적 낮다. 여성은 남성이 자신에게 고백하지 않는다는 사실 자체를 헌신과 배려 의지가 상대적으로 적다고 해석하고, 그러한 남성을 만나면 행복하지 않을 것이라고 판단한다. 아니 그렇게 믿어 버린다.

연애가 아니라고 하더라도 상대에게 무엇인가를 원하는 사람과 이를 제공할 수 있는 위치에 놓인 사람 가운데 누가 최선을 다해야 하며, 누가 실제로 최선을 다하는지는 굳이 말하지 않아도 될 것이다. 남녀 관계에서 구애하는 쪽이 일반적으로 남성임을 감안해 보았을 때 상대에게 최선을 다하는 쪽은 남성일 수밖에 없다.

상대에게 빠지게 되면 남성은 상대와 사귀기 위해 최선을 다하는데 이때에는 말 그대로 자신의 역량을 총동원해 상대의 환심을 사기 위해 노력한다. 아마도 연애 전(全) 단계를 통틀어 남자가 상대에게 가장 헌신하는 때가 바로 이 시기일 것이다. 이 시기에 상대의 마음을 사지 못하면 남성은 본격적인 연애 단계로 진입할 수 없다. 따라서 남성은 최선을 다하지 않으면 안 된다. 이 시기에 자존심을 내세우거나 상대가 싫어하는 일을 하지 않겠다는 윤리적(?)인 이유를 들어 상대에게 대시를 하지 않을 경우에는 아예 연애를 시작하지도 못한다.

대시를 할 때 중요한 것은 '내 방식으로 최선을 다한다'가 아니라 '상대방의 마음에 드는 방식으로 최선을 다한다'는 것이다. 남녀가 각각 좋아하는 일반적인 특징이 있지만 모든 남녀가 예외 없이 그러한 특징을 좋아하는 것은 아니며, 개인마다 성격과 선호 등이 다를 수 있다. 예

대체로 연애를 할 때 여성보다는 남성이 상대에게 프러포즈를 한다. 그 이유는 무엇일까? 영화 〈프러포즈 데이〉의 한 장면.

를 들어 여성이 헌신과 배려에 관심이 있다고 해도 무엇을 헌신과 배려로 생각하는지는 각기 다를 수 있다. 물론 송중기나 김수현이라면 어떤 행동을 해도 대부분의 여성이 마음에 들어 하겠지만 선호도가 비슷한 남녀 간에서는 시시콜콜한 것들이 중요할 수 있다. 바로 이와 같은 이유로 상대의 성격이나 선호 등은 대시를 하기 전에 여러 경로를 통해 미리 알아놓는 편이 좋다.

용기 있는 자만이 미인을 차지한다

"용기 있는 자만이 미인을 차지한다"라는 말은 연애 전 단계에 있는 남성이 새겨들어야 할 말이다. 여기서 '용기 있는 자'란 상대가 자신을 어떻게 생각할지, 혹시 거절을 당하지는 않을지 등에 대해 너무 많이 생각하지 않고 자신의 감정에 충실하여 행동에 옮기는 사람을 말한다. 또 용기 있는 자란 상대가 싫다고 하더라도 끝끝내 포기하지 않고 열심히 노력하는 사람을 뜻하기도 한다.

다음으로 '미인'이란 대시가 어느 정도 통할 수 있는 범위에서 마음에 드는 상대를 말하는 것이지 누가 봐도 아름답다고 생각하는 여성을 말하는 것이 아니다. 후자와 같은 여성에게 '용기 있는 자~'라는 말을 곧이곧대로 믿고 대시를 할 경우 자칫 마음고생만 죽어라 하고 성과는 전혀 없을 수 있다. 예를 들어 내가 수지에게 '용기 있는 자~'라는 말을 곧이곧대로 믿고 대시를 한다면 결과는 뻔하다. 이 경우 나는 어떤 의미로는 진정으로 '용기 있는' 자다. 왜냐하면 오르지 못할 나무는 쳐다보지도 말라고 했음에도 그 나무에 오르기 위해 불필요하게 인생을 낭비하는 것이야말로 역설적으로 진정 용기 있는 자일 수 있기 때문이다. 하지만 엄밀히 말해 이는 용기가 아니라 만용이다.

용기 있는 자가 되라는 말은 여성의 특징을 염두에 둔 이야기다. 여성에게는 상대가 어떤 사람인지 확인하는 과정이 필요하다. 여성은 처음부터 쉽게 마음을 여는 편이 아니며, 자신에게 헌신할 수 있는 사람인지를 확인하는 과정에서 상대의 애를 태우기도 한다. 심지어 어느 정도 마음에 들어도 상대가 어떤 사람인지 확인하기 위해서나 칼자루를 쥐기 위해 밀당을 하기도 한다. 이런 상황에서 상대의 태도에 지나칠 정도로 얽매일 경우 남성은 소기의 목적을 달성하지 못할 가능성이 크다. 상대가 어떻게 나오건 용기 있게 밀어붙이는 남성이 마음에 드는 여성과 사귀게 될 확률이 높아지는 것이다.

이와 관련해서 이야기하고 싶은 것은 상대가 다소 호감을 갖는 듯이 보이면 너무 신중한 태도를 취하기보다는 일단 대시를 해 보라는 것이다. 예를 들어 여성이 은연중에 시그널을 보여주는데, 그 의미를 분명하게 알고 나서야 대시를 하겠다고 생각하는 것은 정말 바보스러움의 극치다. 여성은 웬만해서는 직접적으로 상대방에게 사랑한다고 말하지 않고, 이런저런 방식으로 우회적으로 시그널을 줄 뿐이다. 예를 들어 〈광식이 동생 광태〉에서 광식이(김주혁)는 친구 결혼식에서 자신이 대학 다닐 때 사랑했던 윤경(이요원)을 만난다. 그녀는 광식이의 이름과 학번 그리고 과거에 함께했던 일들까지 세세히 기억하고 있다. 왜 그럴까? 기억력이 좋아서? 그렇게 생각하는 사람은 여성의 심리를 제대로 파악하는 연습을 더 해야 한다. 이는 분명한 관심의 표시다. 그런데 여성이 이처럼 시그널을 주는데도 이것을 더 확실히 해석해야만 행동을 취할 수 있다고 생각하여 쉽게 행동에 나서지 못하고 고민만 하는 남성은 연애할 자격이 없다. 여성의 처지에서는 속이 터지는 노릇이다. 만약 상대방에게 관심이 있다면 술에 술 탄 듯, 물에 물 탄 듯 행동해서는 안 된다. 대략적으로 시그널을 준다고 느껴지면 상대에게 퇴짜를 맞더라도 적극적으로 대시할 필요가 있다. 그것이 착각이면 어떤가? 상대의 태도를 정확하게 해석하는 데 지나칠 정도로 집착하지 마라. 어쩌면 그러한 태도를 보이는 여성도 그 정확한 의미를 모를 수도 있다.

다시 한 번 〈광식이 동생 광태〉 이야기를 하자면 시종일관 뜨뜻미지근한 태도를 견지하는 광식에게 지친 윤경은 결국 훨씬 적극적으로 자신에게 대시해 오는 다른 남자를 선택한다. 물론 영화에서는 어떤 뜻하지 않은 실수 때문에 윤경이 다른 남자와 맺어지며, 실제로 영화 대사처럼 "인연이라는 것에는 운명의 장난이나 실수도 포함"될 수 있다. 하지만 “여자들은 짐작만 가지고 움직이지 않아요.”라는 또 다른 대사처럼 여성은 상대에게 폭 빠지지 않는 이상, 다시 말해 상대에게 어느 정도만 관심이 있는 경우 여성은 적극적으로 대시를 하기보다는 상대가 대시해 올 기회를 주면서 기다리는 편이다. 이러한 상황에서 남성이 적극성을 보이지 않을 경우 여성이 상대를 포기해 버리는 경우가 비일비재하다.

용기 있는 사람이 되어야 한다고 말하는 또 다른 이유는 여성은 헌신을 중요하게 생각하기 때문에 처음에 별로라고 생각했더라도 나중에 남성이 보여주는 모습에 따라 생각이 바뀔 가능성이 충분히 있기 때문이다. 그런데 열 번 찍어도 넘어갈까 말까 하는 상황에서 아예 찍어보지도 않고 지레짐작으로 포기한다면 결과는 어떻게 될까? 그러한 남성은 결코 원하는 여성과 사귈 수 없을 것이다. 만약 상대가 너무나도 분명하게 싫다는 태도를 보여주지만 않는다면 남성은 우직하게 밀고 나가 볼 필요가 있다.

대시를 하는 쪽에서는 상대방이 실제보다 훨씬 커 보이고, 자신이 하찮게 보일 경우도 적지 않다. 이 때문에 상대의 조그만 부정적인 반응에도 쉽게 실망하고 자신감이 없어지기도 한다. 이외에도 상대의 반응이 두려울 수 있고, 내가 느낄 상처, 주변 사람들의 시선 등 이런저런 고민거리가 적지 않으며, 이에 따라 이런저런 구실을 만들어 아예 상대를 포기하기도 한다. 하지만 이처럼 쉽게 실망하거나 자신감을 잃으면 자신이 원하는 상대와 결코 사귈 수 없다. 물론 실망하거나 자신감을 잃는 것은 내 의지를 벗어나 있다. 누가 용기와 자신감을 갖고 싶지 않을까? 그럼에도 대시를 하는 사람은 억지로라도 무너지지 않으려고 애써야 한다. 대시해 보라! 그리고 설령 상대가 부정적으로 반응했다고 해도 상대의 그러한 반응에 쉽게 좌절하지 말고 끈기 있게, 지속적으로 관심을 가져 보라! 상대에게 관심이 있다면 다른 사람이 치고 들어오기 전에, 그리고 상대가 지치기 전에 얼른 행동으로 옮겨라!

알퐁스 도데의 『별』

알퐁스 도데(Alphonse Daudet)의 『별』은 산속에 살고 있는 양치기 소년의 주인집 아가씨 스테파네트에 대한 사랑을 그린 단편소설로, 양치기 소년의 상대에 대한 마음과 행동이 애틋하고도 아름답게 그려지고 있다. 독자들은 소설을 통해 맑고 순수한 사랑이 무엇인지를 확인하게 된다. 『별』에서 양치기 소년은 비가 와서 물이 불어 산을 내려가지 못한 스테파네트 아가씨에게 밤하늘에 떠 있는 별과 그에 얽힌 이야기를 들려준다. 양치기 소년은 자기 이야기를 열심히 듣다가 어느 순간 자신의 어깨에 기대어 잠든 스테파네트 아가씨를 바라보면서 무척 행복한 마음으로 밤을 꼬박 새운다. 다음은 소설의 마지막 장면이다.

> "어머나! 그럼 별들도 결혼을 하니?"
> "그럼요, 아가씨."

그러고 나서, 그 결혼이라는 게 어떤 것인지를 이야기해 주려고 하고 있을 무렵에, 나는 무엇인가 싸늘하고 보드라운 것이 살며시 내 어깨에 눌리는 감촉을 느꼈습니다. 그것은 아가씨가 졸음에 겨워 무거운 머리를, 리본과 레이스와 곱슬곱슬한 머리카락을 앙증스럽게 비비 대며, 가만히 기대온 것이었습니다. 아가씨는 훤하게 먼동이 터 올라 별들이 해쓱하게 빛을 잃을 때까지 꼼짝 않고 그대로 기대고 있었습니다. 나는 그 잠든 얼굴을 지켜보며 꼬빡 밤을 새웠습니다. 가슴이 설렘을 어쩔 수 없었지만, 그래도 내 마음은, 오직 아름다운 것만을 생각하게 해 주는 그 맑은 밤하늘의 비호를 받아, 어디까지나 성스럽고 순결함을 잃지 않았습니다. 우리 주위에는 총총한 별들이 마치 헤아릴 수 없이 거대한 양떼처럼 고분고분하게 고요히 그들의 운행을 계속하고 있었습니다. 그리고 이따금 이런 생각이 내 머리를 스치곤 했습니다.

저 숱한 별들 중에 가장 가냘프고 가장 빛나는 별님 하나가 그만 길을 잃고 내 어깨에 내려앉아 고이 잠들어 있노라고.

이와 같은 이야기를 읽고 마음 한구석에 울림을 느끼지 못하는 사람은 그리 많지 않을 것이다. 사람들은 대부분 목동의 풋풋하고도 진심으로 상대를 사랑하는 마음에 짠해짐을 느끼게 된다. 대개 남성은 기회가 주어질 경우 자신의 본능에 충실하려 하지 이를 통제하는 데 익숙한 편이 아니다. 목동이 처해 있는 상황처럼 아무도 없이, 단둘이 있는 상황에서 상대가 자신의 어깨에 기대어 잠들었을 때 아무 짓도 안 하고 상대를 지켜주기 위해 애쓰며 아름다운 것만 생각하려 하기란 매우 어렵다. 목동은 말 그대로 숭고하고도 순결한 사랑을 보여주고 있는 것이다. 아마도 이러한 상황에 놓여 있다면 많은 남성은 적어도 상대방의 입술이라도 훔쳐보려고 애쓸 것이다.

과거에 비해 성적으로 훨씬 개방되어 있고, 자신의 욕구를 통제할 능력이 훨씬 줄어든 오늘날의 젊은이 중에서 이와 같은 사랑을 하려는 사람은 별로 많지 않을 것이다. 심지어 그렇게 할 필요성마저 느끼지 못하는 경우도 허다할 것이다. 아니, 자신의 욕구를 충족할 수 있는 시기가 무르익지 않았음에도 욕구부터 해결하고자 하는 남성도 다수이며, 심지어 상대를 사랑하지 않음에도 온갖 감언이설을 늘어놓으며 상대방을 유혹하거나 설득하여 욕구를 채우려는 남성도 있다. 진정한 사랑이 무엇인지에 대해 생각해 보려 하지 않는 오늘날의 세태 속에서 '해소하는 사랑'은 너무나도 쉽게 볼 수 있음에 반해 '지키려는 사랑'은 찾아보기가 힘들어졌다. 여성들이 목동의 사랑에 감동하는 이유는 아마도 자신의 욕구를 애써 외면하면서 충심을 다해 상대를 지켜주려는 모습 때문일 것이다. 역설적으로 여성은 이처럼 자신을 아껴주는 모습에 매력을 느껴 상대와 기꺼이 관계를 맺고자 하는 욕구를 느끼게 될지도 모른다.

어린 시절 『별』은 진정한 사랑에 대한 내 가치관에 상당히 커다란 영향을 주었다. 사실 영향이 너무나도 컸기 때문에 오히려 연애를 방해하는 경우도 적지 않았다. 상대의 손을 잡는 것마저도 내 욕심을 채우는 것 같아 억제하려 했고, 상대가 기회를 주는 듯했을 때도 애써 외면하면서 그래서는 안 된다고 마음을 다스리려 하기도 했다. 그저 그것이 진정한 사랑이라고만 생각했다.

하지만 나는 이러한 생각에서 벗어나지 않는 것도 문제임을 뒤늦게 깨달았다. 실제로 일정한 시간이 흘렀음에도 좀처럼 진도가 나가지 않는 것은 자칫 상대방에게 "과연 이 사람이 나를 진정으로 사랑하는 것인가?"라는 의문을 갖게 할 수 있고, "내가 그만큼 매력이 없나?"라는 생각을 갖게 할 수도 있다. 매사에 물 흐르듯 유연하게 대처해야지 어떤 생각을 머리에 집어넣어 놓고 이를 엄격한 잣대로 삼아 융통성 없이 행동하는 것은 바람직하지 않다. 만약『별』에서 스테파네트 아가씨가 작정을 하고 산에 올라갔고, 목동에게 무엇인가를 기대하는데 목동은 그저 혼자 성호를 그으면서 기도만 하고 있다면 결국 사랑은 이루어질 수 없다. 이런 상황에서 스테파네트 아가씨는 마음속으로 목동을 욕하거나 귓방망이를 날렸을지도 모를 일이다.

〈건축학개론〉에서 수지가 이제훈의 어깨에 기대어 자는 척하는 것은 관심의 표시이자 어느 정도 상대의 대응을 바라는 행동이다. 이때 이를 애써 외면하면 관계는 진척되지 않고 평행선을 긋게 될 수 있다. 적극적으로 대응하지 않는 것은 나쁘게 말하면 소심함의 소치이지, 이를 반드시 상대방에 대한 진정 어린 사랑이라고 말할 수는 없다. 자신의 욕구에만 초점을 맞춰 행동하는 것도 곤란하지만 너무 상대의 반응을 의식한 행동도 바람직하지 않다. 특히 이와 같은 소심함을 진정한 사랑을 하는 방식이라고만 생각하면 결국 사랑을 꽃 피우기가 힘들어질 수 있다.

영화 〈광식이 동생 광태〉는 이의 적절한 예다. 영화에서 광식이는 자신이 사랑하는 사람에게 제대로 고백 한 번 못한 노총각으로, '연애계의 평화 유지군'이라는 소리를 들을 정도로 사랑을 쟁취하는 데는 한마디로 젬병이다. 하지만 평화 유지군이라는 말이 시사하듯 광식이는 인간적으로는 정말 착한 휴머니스트다. 이에 반해 동생 광태는 자신이 원하는 바를 얻기 위해 수단과 방법을 가리지 않는다. 형과 비교해 보았을 때 광태는 한마디로 망나니에 가깝다. 그런데 자신이 원하는 사람과 정작 사랑을 나누는 쪽은 광식이가 아니라 광태다. 광식이가『별』에서의 목동의 사랑을 이상이라 생각해서 행동이 지나칠 정도로 신중한 것은 아니다. 하지만 목동의 사랑을 머리에 그리고 있건, 소심하건 결과적으로 드러나는 행동은 대동소이하며, 이것이 지나칠 정도로 오랫동안 지속되면 결국 상대는 지쳐 버리게 된다. 이로써 연애는 제대로 피워 보지도 못한 채 시들어버린다. 소심함에서 벗어나라! 그리고 목동의 사랑을 기억하되 거기에 너무 집착하지는 말라!

상대가 자신에게 관심이 있는지는 직관적으로 파악된다

연애를 시작하려 할 때 사람들이 가장 관심을 갖는 것 중 하나는 상대방이 자신에게 관심이 있는지의 여부다. 평상시에 관심을 가지고 있었는데 어떤 기회에 상대방도 관심이 있다는 이야기를 듣게 될 때의 환희란 이루 말로 표현할 수 없다. 아마도 평생 그처럼 행복을 느끼는 일은 그리 흔치 않을 것이다.

연애를 하고자 하는 사람에게는 좋아하는 상대가 자신에게 나타내는 관심이 무척 중요하다. 이 때문에 사람들은 이를 파악하기 위해 백방으로 노력하며, 단서 아닌 단서를 가지고 자신에게 관심을 가지고 있다고 해석하기도 하고, 작은 단서를 가지고도 아전인수(我田引水)격으로 이해하기도 한다. 나아가 자신이 판단하지 못할 때는 주변 사람들에게 자신이 생각하는 이런저런 말과 행동상의 단서를 이야기하면서 과연 상대방이 자신에게 관심이 있는 것인지 묻는다.

상대의 마음을 아는 가장 확실한 방법은 상대방에게 직접 묻는 것이다. 하지만 직접 물어본다는 것은 웬만한 용기 없이는 쉽지가 않다. 대체로 상대방이 어느 정도 관심이 있는 것처럼 보여야 물어볼 수 있지 상대가 별다른 관심이 있는 것 같지 않을 때는 물어보는 것 자체가 어렵다. 또 민망하다는 이유로, 상대가 황당해할 수 있다는 생각에, 그렇게 하다가 자칫 아예 다시는 못 볼 수도 있다는 등의 여러 이유로 자신을 어떻게 생각하는지 물어보기가 그리 쉽지는 않다.

더 큰 문제는 많은 경우 남성이 여성에게 직접 마음을 물어본다고 해서 확실한 답변을 들을 수 있는 것도 아니라는 점이다. 실제로 여성이 정말 상대에게 관심이 있는 경우가 아니라면 긍정적으로 답하지 않을 가능성이 있고, 튕기는 것인지 정말 싫은지를 판단하기도 쉽지 않다. 그뿐만 아니라 싫다는 말에 너무 집착할 경우 여성의 마음이 바뀔 가능성이 있는데도 지레짐작으로 아예 포기할 가능성도 배제할 수 없다.

그렇다면 상대의 마음을 알 수 있는 구체적인 방법은 무엇일까? 만약 당신이 애매한 것 같다고 느낀다면 대개 상대방은 '현재로서는' 관심이 많지 않거나 관심이 있다고 하더라도 적극적으로 관심이 있는 상황이 아닐 가능성이 높다. 상대가 어떤 마음 상태인지 알고 싶다는 것은 달리 말하면 상대가 특별히 좋아하는 것도 싫어하는 것도 아닌 또는 호감은 느끼되 적극적으로 호감을 보이는 상태는 아닐 확률이 높다.

이렇게 이야기하는 이유는 상대방이 당신에게 관심이 있다면 굳이 상황을 판단할 필요가 없을 정도로 비교적 분명하게 이런저런 시그널을 보내기 때문이다. 물론 내가 상대방을 좋아할 경우 상대방이 내게 관심을 가지고 있다는 증거 자료가 아님에도 이를 실질적인 증거 자료라고 생각하게 될 수도 있다. 하지만 상대방이 당신을 좋아한다면 일반적으로 굳이 많이 생각하지 않아도 될 만큼 당신에게 관심을 시사하는 말과 행동을 한다.

물론 예외적인 경우도 있다. 예를 들어 어장관리를 하고자 할 경우라든지, 필요할 때 이용하려 할 경우 등에는 상대가 당신을 현혹할 수 있다. 또 상대가 전혀 의식하지 않고 하는 행동이 당신을 착각에 빠지게 할 수도 있다. 특히 당신이 상대에게 빠져 있을 경우에는 이러한 경향이 흔히 나타난다. 하지만 상대가 당신에게 관심이 많다면 당신이 이런저런 생각을 해 볼 필요가 없을 정도로 분명하게 시그널을 보낸다. 그것이 간접적인 방법이라 해도 말이다.

중요한 것은 설령 상대에게서 분명한 시그널이 느껴지지 않는다고 하더라도 쉽게 실망을 하지 말라는 것이다. 특히 남성이 여성에게 접근하고자 할 때는 그러한데, 여성이 자신에 대한 헌신을 중요하게 생각한다는 점을 감안한다면 남성이 이후 어떻게 행동하느냐에 따라 상대방의 생각이 호감으로 바뀔 가능성이 충분히 있기 때문이다. 만약 뚜렷하게 거부 의사를 보이지 않는다면 상대방이 내게 별다른 관심이 없다고 해서 포기할 필요는 없다. 너무 서두르지 말고 적절하게, 지속적으로 관심을 기울인다면 상대의 마음이 바뀌게 될 가능성은 얼마든지 있다.

동성에게 좋은 사람이 이성에게도 좋은 사람일까?

동성의 눈으로 보았을 때 괜찮은 사람임에도 이성을 사귀지 못하는 남성을 흔히 볼 수 있다(물론 그 반대의 경우도 마찬가지다). 이처럼 동성에게 인간성이 좋고, 이른바 진국이라는 이야기를 듣는 남성이 동성이 보았을 때 영 아니다 싶은 남성에 비해 이성을 사귀지 못하는 경우가 흔히 있는 이유는 무엇일까? 이는 언뜻 생각하기에 이상하다. 상식적으로 따져보면 인간성이 좋으면 남녀를 불문하고 인기가 있어야 하는 것 아닐까?

이에 대한 한 가지 이유를 지적하면 이성 간의 만남과 동성 간의 만남은 패러다임이 다르다는 것이다. 일반적으로 동성에게 인기가 있는 남성은 의리 있고, 친구가 어려울 때 기꺼이 도움을 주는 등의 인덕을 갖춘 사람이다. 이러한 남성은 여러 사람에게 두루 친절하며, 술을 먹고 쓰러진 이성 후배와 동성 후배가 있을 때에도 본인이 데려다 주고 싶은 이성 후배보다는 무거워서 훨씬 힘든 동성 후배를 집에 데려다 주기도 한다.

그런데 안타깝게도 이러한 특징을 갖추었다는 것은 일반적으로 동성에게는 미덕이지만 이성에게는 반드시 그렇지가 않다. 그 이유는 여성은 연애할 경우 남성이 이런저런 곳에 관심을 분산하기보다는 자신에게만 집중하기를 바라는 편이기 때문이다. 그렇기 때문에 박애주의자는 자신에게 헌신하기를 원하는 여성의 바람을 제대로 충족시켜 주지 못한다.

예를 들어 친구가 군대에서 휴가를 나왔고, 이 친구가 마땅히 만날 만한 사람이 없어 연락을 했다고 가정해 보자. 이 경우 박애주의자는 애인이 아닌 친구를 만나러 갈 수 있다. 윤리학적 잣대를 들이대자면 이러한 행동은 정당할 수 있다. 친구는 군대에서 적지 않은 고생을 하다가 나왔으며, 얼마 있지 않아 또다시 고생하러 부대로 복귀한다. 이런 친구를 만나는 것이 적어도 잘못이라 할 수는 없다. 그런데 문제는 이러한 행동이 공평무사한 태도일 수 있음에도 막상 이러한 일이 반복될 경우 여성에게는 그리 유쾌한 일이 못 된다는 것이다. 이런 일이 드물게 일어난다면 대부분의 여성은 이를 충분히 이해해 줄 것이다. 하지만 남성의 오지랖이 넓어서 이와 같은 일이 자주 반복된다면 여성의 입장에서 이는 염려되는 특징일 수 있다. 이것이 적어도 자신에게 집중하는 모습은 아니기 때문이다.

이처럼 동성과의 만남에서 미덕으로 간주될 수 있는 일부 특징은 이성을 만날 때 악덕이 될 수 있다. 설령 이성이 아닌 동성을 널리 사랑한다고 하더라도 여성은 그러한 박애주의자를 그다지 탐탁하게 생각하지 않는다. 여성으로서는 친구가 많아서 여기저기 불려 다니는 것보다는 자신에게만 관심을 집중하기를 바라는 것이다.

가정을 소홀히 하고 바깥일에만 열중하는 남성을 반기는 여성은 없다. 사진은 소크라테스의 머리에 물을 붓는 아내 크산티페.

철학자 소크라테스의 아내 크산티페는 악처로 유명하다. 그런데 소크라테스처럼 집안일을 소홀히 하고, 특별히 돈을 벌어오는 것도 아니면서 매일 광장에서 사람들과 대화를 나눈다고 했을 때 이를 쌍수 들고 환영할 아내는 무엇인가 잘못되지 않는 이상 사실상 없다. 크산티페의 이야기는 가정이나 여성에게 좋은 남성이 되는 것과 대외적으로 좋은 사람이 되는 것이 별개임을 보여준다. 실제로 집안에서는 인기 없는 아버지이자 남편이 대외적으로는 훌륭한 인격자로 칭송받는 경우도 비일비재하다. 이와 같은 경우가 아니라 하더라도 훌륭한 애인이 되는 것과 훌륭한 동성 친구가 되는 것을 조화시키기란 그리 쉽지 않다. 애인을 만난다며 갑자기 잠수를 탄다고 했을 때 동성 친구들은 잠수 탄 친구에게 어느 정도 섭섭한 마음을 갖는다. 거꾸로 친구를 만나기 위해 애인과의 약속을 저버린다면 애인이 기뻐할 리 만무하다. 이렇게 보면 한쪽에서 좋은 평가를 들을 경우 다른 쪽에서는 좋은 이야기를 듣기 힘들 수 있다. 동성에게 인기 있는 남성이 여성에게 인기가 없을 수 있는 것은 나름대로 이유가 있다.

남성은 상대방에게 기꺼이 칼자루를 넘겨라

연애를 시작하려 할 때 프러포즈를 하는 쪽은 대개 남성이다. 여성이 자신에 대한 헌신도를 측정하려는 경향이 있음을 감안한다면 남성은 여성에게 적극적으로 숙이고 들어가는 것이 좋다. 연애를 시작할 확률을 조금이라도 높이려면 말이다. 남성은 특히 연애 전 단계에는 상대에게 헌신할 각오가 되어 있음을 여러 방법으로 전달해야 한다. 예를 들어 소개팅을 하기 위해 약속 장소와 시간 등을 정할 때 남성이 일방적으로, 자신의 편의에 따라 정하면 안 된다. 남성이 동대문, 여성이 서대문에 산다면 약속 장소는 당연히 서대문에서 가까운 곳으로 정해야지, 공평무사성을 내세워 한가운데 정도의 장소에서 만나자는 제안을 할 경우 설령 여성이 이를 받아들인다 하더라도 남성은 만나기 전부터 점수를 잃게 된다.

마찬가지로 약속 날짜를 잡을 때 실제로 바쁜 일이 있다고 하더라도 이를 이유로 특정한 날은 안 된다고 이야기하는 것도 연애를 시작할 때는 그다지 바람직하지 않다. 물론 공적으로 피치 못할 사정이 있다면 모르겠지만 사적으로 다른 일이 있기 때문에 안 된다고 말하는 것은 가급적 피해야 한다. 이는 바쁜 일과 자신을 선택해야 하는 상황에서 전자를 선택할 가능성이 있음을 은연중에 보이는 것인데, 이는 여성에 대한 헌신에 별로 관심을 기울이지 않는 사람이라는 인상을 심어줄 수 있다. 남성은 여성의 '괜찮아', '그렇게 하자'라는 말을 액면 그대로 받아들여서는 안 되고, 서로 합의했다는 점을 너무 믿어서도 안 된다. 그것이 합리적으로 보일지 몰라도 남녀 관계는 그와 같은 합리성을 믿었다가는 큰코다칠 수가 있다. 특히 외모나 능력 외에 상대에 대한 헌신의 정도에 대해 전혀 정보가 없는 상태에서는 사소한 정보가 상대를 판단하는 비교적 커다란 정보가 될 수 있다.

연애 전 단계에서 가장 바람직한 것은 남성이 여성의 이러한 특징을 적절히 파악하고 알아서 기는 것이다. 만나는 장소, 날짜, 시간 등 외에도 남성이 의식해야 할 것들은 적지 않지만 그것이 정확히 무엇인지를 여기서 일일이 나열할 수는 없다. 그럼에도 남성이 시종일관 최선을 다해 상대에게 헌신하는 모습을 보여야 한다는 것만을 의식한다면 이로부터 행동상의 지침을 도출하기란 그리 어렵지 않을 것이다. 예컨대 상대방의 말에 귀를 기울이려는 태도, 상대의 말에 대한 적극적인 반응, 음식을 먹을 때, 어떤 장소를 들어갈 때, 길거리를 걸을 때, 집에 돌려보낼 때 등 상대에 대한 배려가 묻어나는 행동은 적지 않다. 이러한 행동을 종합선물 세트로 보여줌으로써 헌신하려는 의지가 상대에게 느껴졌을 때 남성은 연애 단계로 접어드는 조건 중 한 가지를 충족한 것이다.

이제 연애 전 단계에서 흔히 벌어지는 일들을 정리해 보자. 비슷한 이성에 의한 선호도의 남녀 사이에서 프러포즈를 하는 쪽은 대체로 남성이다. 남성이 구애할 때 일반적으로 여성은 마음을 쉽게 주지 않으면서 탐색전을 벌이는데, 이때 남성은 여성의 호감을 사기 위해 최선을 다하고 또한 그렇게 해야 하기도 한다. 이와 같은 노력이 상대에게 긍정적인 평가를 받는다면, 그래서 남녀 간에 느낌의 간극이 줄어든다면 결국 연애 단계로 나아가게 된다. 반면 이러한 간극을 줄이지 못하면 연애가 시작되기도 전에 두 사람은 남남이 된다.

이 시기에 연애 기술이 필요한 것은 대체로 여성보다는 남성이다. 이는 여성이 자신에 대한 헌신을 중요시하며, 이에 따라 대개 남성이 프러포즈를 해야 한다는 점을 감안한 이야기인데, 환심을 사려는 사람과 이를 평가하는 사람 중에서 누가 상대방의 마음에 들도록 노력해야 하는지는 굳이 말하지 않아도 될 것이다. 그런데 이 시기에 남성이 최선을 다하는 것은 양면의 날이다. 이는 연애에 성공하기 위해 어쩔 수 없는 일이지만 나중을 생각하면 오히려 화가 될 수도 있다. 뒤에서 다시 언급하겠지만 권태기에 이르면 남성이 여성을 대하는 태도가 자신도 의식하지 못하는 사이에 어느 정도 달라진다. 만약 상대를 대하는 태도가 초지일관 시큰둥했다면 여성은 굳이 상대방의 태도에 화가 나지 않을 것이다. 아니, 이런 경우는 아예 상대와 사귀지도 않았을 것이다. 하지만 여성의 입장에서는 연애 전 단계에서 자신을 대할 때의 태도나 말 등을 회상해 본다면 권태기에 보여주는 상대의 모습은 실로 실망스럽기 짝이 없다. 이는 싸움을 부르고, 이러한 싸움이 계속되면 결국 헤어지는 수순을 밟게 된다.

이처럼 상대에 대한 최선의 헌신은 미래에 있을 싸움의 싹이 될 수 있다. 하지만 그렇다고 나중을 생각해서 상대에게 최선을 다하지 않는다는 것은 생각할 수도 없고, 그래서도 안 된다. 이 시기에는 그저 다른 생각을 하지 않고 최선을 다해 상대방의 마음에 들도록 노력하는 것이 중요하다. 구더기 무서워 장 안 담글 수는 없는 것 아닌가!

2장

연애 단계

서로가 서로에게 빠져드는 시기

연애 단계에 이르면 서로가 서로에게 최선을 다해 정성을 쏟게 된다. 일생을 통틀어 아마도 이때가 서로에게 가장 행복한 시기일 것이다. 이 시기에는 말 그대로 사랑에 눈이 멀게 되는데, 이는 결코 지나친 표현이 아니다. 실제로 이 시기에는 도파민, 페닐에틸아민 등이 분비됨으로써 상대의 모든 면이 좋아 보이며, 심지어 상대의 똥마저도 아름답게 보일 수 있다.

상대에게 호감을 느낄 때 분비된다는 도파민은 그저 상대를 바라만 보고 있어도, 상대를 생각하는 것만으로도 행복하다는 느낌을 갖게 한다. 이 때에는 "그대가 옆에 있어도 그대가 그립다"는 말이 결코 과장이 아니다. 페닐에틸아민이라는 신경전달물질은 흥분과 환각작용을 일으키는데, 이러한 상황에서는 제어하기 힘들 정도로 열정이 분출된다. 이러한 물질은 우리가 긍정적으로 생각하는 상당수의 감정을 한꺼번에 느끼게 한다. 그리하여 이성이 마비되고, 즐거운 흥분감과 상대를 향한 격정에 잠을 못 이룬다. 말 그대로 가슴 뛰는 사랑을 하게 되는 것이다. 이 밖에도 엔돌핀, 옥시토신 등의 호르몬이 분비됨으로써 사랑의 콩깍지가 씌워지는데, 이때에는 다른 것은 아무것도 보이지 않고 오직 사랑하는 연인만 보이게 된다. 부모님의 생신과 제사 등은 물론, 공부와 친구, 그렇게 열심히 하던 컴퓨터 게임마저도 뒷전이 되고, 둘만의 시간을 갖기 위해 세상의 모든 것으로부터 등을 진다. 이처럼 이 시기에는 모든 것이 연인 중심으로 돌아간다. 상대방의 결점은 전혀 눈에 들어오지 않고, 연인과 만나서 쓸 것을 생각하면서 친구들에게 욕을 먹어도 구두쇠 작전에 돌입하는 등 자연스레 상대에게 몰입하게 된다.

한창 상대에게 몰입할 시기에 밸런타인데이나 화이트데이, 생일 등이 포함되어 있으면 이 날은 정말 행복한 하루가 된다. 특히 여성에게는 그럴 가능성이 높은데, 그 이유는 남성이 마음을 가득 담아 상대방을 행복하게 해 주기 위해 최선을 다하기 때문이다. 이때에는 의무감이 개입될 여지가 별로 없으며, 상대에게 하는 말도 상대가 기분 좋으라고 하는 말보다는 상대에게 헌신하는 느낌이 흠뻑 묻어나는 말들이 자연스레 쏟아져 나온다. 사랑에 빠지면 시인이 된다는 말은 공연히 나온 말이 아니다. 헌신을 보여주는 행동도 아주 자연스럽다. 누군가에게 들어서 연인에게 어떤 행동을 하는 것이 아니라 저절로 헌신의 마음을 담은 행동이 나오는 것이다. 이처럼 마음이 담긴 헌신의 말과 행동에 여성은 감동하지 않을 수 없고, 이 때문에 느끼는 행복감은 이루 말할 수 없다.

사귐과 사랑이 반드시 일치하는 것은 아니다

여기서 유의해야 할 것은 사귀는 것과 사랑하는 것은 어느 정도 차이가 있다는 점이다. 물론 양자가 일치하는 것이 최선이지만 그렇다고 양자가 반드시 일치하는 것은 아니다. 예를 들어 초점이 특정한 사람이 아니라 자신의 허전함이나 이성에 대한 그리움에 놓여 있다면 설령 누군가를 사귄다 하더라도 그 관계가 서로 사랑하는 것이 아닐 수 있다. 거꾸로 서로 사랑한다고 하더라도 사귀지 못할 수 있는데, 〈건축학개론〉에서의 수지와 이제훈은 상대에 대한 그리움을 간직한 채 결국 이런저런 이유로 제대로 사귀지 못하고 만다. 이처럼 사랑하는 것과 사귀는 것은 어느 정도 구분된다.

그런데 자신의 허전함이나 이성에 대한 그리움 때문에 누군가를 만날 경우 연애 단계에서 일어나는 현상이 나타나지 않을 수가 있다. 그 이유는 이 경우 상대에 대한 진정한 사랑이 전제되지 않은 채, 그저 이성을 사귀고자 하는 바람 때문에 상대를 만나고 있는 것일 따름이기 때문이다. 따라서 위에서 언급한 호르몬이 제대로 분비되지 않을 수 있고, 설령 분비된다 하더라도 충분하지 않을 수 있다. 이런 상황에서는 콩깍지가 제대로 씌워지지 않음으로써 정말 헌신할 다른 사람을 만나고 싶다는 생각을 품을 수 있는데, 이에 따라 상대에 대한 싫증도 훨씬 빨리 느끼게 될 수 있다. 또한 사귀긴 하되 사랑이 느껴지지 않는 상태로 만남을 지속할 수도 있다.

서로가 진정으로 사랑을 느끼며 연애를 하기란 생각보다 쉽지 않다. 그 이유는 어떤 사람이건 상대가 최선이 아니며, 더 좋은 상대가 있을지 모른다고 생각할 수 있기 때문이다. 한편 한쪽이 만족해도 상대방은 만족하지 못할 수 있다. 예를 들어 이성에 의한 선호도가 다소 차이가 있는 남녀, 예컨대 이성에 의한 선호도가 중간 정도인 남녀가 만난다고 할 경우 남성은 만족할지 몰라도 여성은 만족하지 못할 수 있다. 이 상황에서 여성은 더 좋은 상대를 만날 수 있지 않을까 하는 생각을 할 수 있다. 이러한 여성의 눈은 중상 정도 이상의 이성에 의한 선호도를 갖는 남성에게 맞추어져 있을 것이기 때문이다.

불만족은 심지어 선호도가 중상 정도인 남성과 중간 정도인 여성이 만났을 때, 다시 말해 비슷한 선호의 대상이 되는 남녀에게서도 나타날 수 있다. 한마디로 각자 더 좋은 상대를 머리에 그릴 수 있기 때문이다. 이러한 경향은 주변에서 잘난 남녀를 사귀는 모습을 보면 더욱 커질 수 있다. 사실 이렇게 욕심을 부리자면 밑도 끝도 없다. 자신의 허전함에 초점이 맞추어져 있고, 상대를 마치 자신의 소유물이나 과시물처럼 생각하여 이왕이면 선호도가 더 큰 상대를 구하려는 생각을 품고 있는 사람들은 이성을 만나면서도 제대로 된 사랑의 감정을 느끼기가 힘들 수 있다.

1990년대에 활동한 가수 이덕진의 〈내가 아는 한 가지〉라는 노래를 들어보면 다음과 같은 가사가 나온다. "살아가는 동안 한 번도 안 올지 몰라 사랑이라는 감정의 물결/그런 때가 왔다는 건 삶이 가끔 주는 선물~." 만약 사랑을 상대에게 정신없이 빠져드는 느낌이라고 정의한다면 아마도 사람들은 거의 대부분 사랑해 본 경험이 있다고 말할 것이다. 심지어 한쪽이 상대를 사랑하지만 다른 쪽이 관심을 갖지 않는 짝사랑마저도 사랑의 감정이라고 규정한다면 사람들은 대부분 살면서 마음에 누군가를 담아놓고 그 사람에게서 헤어나지 못한 경험을 해 보았을 것이다.

하지만 이처럼 일방적인 감정이 아닌 상호 교감을 나누면서 상대에게 몰입하여 행복감을 느끼는 경우를 사랑이라고 정의한다면 이덕진의 노래 가사처럼 살아가는 동안 사랑을 한 번도 경험하지 못한 사람의 수는 의외로 많을 수 있다. 심지어 수차례 이성을 사귀어 봤어도 막상 그와 같은 사랑을 해 보지 못했을 수 있다. 결혼 또한 때가 되어서, 혹은 조건이 맞아서 하는 것일 뿐 정말 서로 사랑에 푹 빠져서 하는 경우는 생각보다 많지 않을 수 있다.

진정으로 원하는 사람과 사랑에 빠질 가능성이 큰 남녀는 이성에 의한 선호도가 가장 높은 남녀들이다. 이들은 서로가 최선의 선택을 할 수 있는 위치에 놓여 있기 때문이다(이 사랑이 오래갈 수 있는지는 별개의 문제다). 물론 지극히 평범한 사람들도 사랑에 빠지지 말라는 법은 없다. 예컨대 자신의 허전함이 아니라 상대 자체에 빠져드는 사람들, 그리고 현실에 충분히 만족하면서 살아갈 수 있는 등의 특징을 갖춘 사람들은 그렇지 않은 사람에 비해 삶이 가끔 주는 선물인 사랑으로 인해 행복함을 느낄 수 있을 것이다.

스킨십을 놓고 벌어지는 실랑이

> 나의 연애를 끝나게 했던 것은 다름 아닌 스킨십의 문제였다. 오빠는 사귀자는 약속 이후 스킨십을 계속해서 시도했고, 그것이 연애 초짜인 나로서는 굉장히 당황스러웠고 부담스러웠다. 주위 친구들에게 물어봤더니 "남자들은 원래 다 그래" 하는 이야기뿐이었다.
>
> —어느 학생의 글에서

많은 사람이 스킨십이라는 말을 사용하지만 이것이 어디에서 어디까지를 말하는지는 분명치 않다. 어찌되었건 이는 대략적으로 육체적인 접촉을 말하는데, 과거와는 달리 최근에는 연애를 하면서 스킨십을 하는 것을 너무나도 당연하게 생각하는 편이다. "남자들은 원래 다 그래"라는 말에서 충분히 짐작할 수 있듯이 적지 않은 남성들은 여성을 사귀게 되면 얼마 있지 않아 스킨십을 시도하는 듯하다. 이에 따라 사귀면서도 아무런 육체적 접촉이 없었다는 이야기를 주변에 들려주면 오히려 이상한 관계라는 눈총을 받게 되며, 이러한 눈총을 받을 경우 스킨십 없는 연애를 하고 있는 여성은 남성이 자신을 사랑하지 않는 것이 아닌지 내심 의심할 수도 있다.

대체로 스킨십은 남녀 모두를 행복하게 만든다. 하지만 남성과 달리 여성은 스킨십이 이루어진다고 해서 마냥 즐거운 것만은 아니다. 특히 여성은 충분히 서로를 알 수 있을 만큼 시간이 흐르지 않았음에도 상대가 줄기차게 스킨십을 요구하거나 시도할 경우 매우 당혹스러워한다. 만약 여성이 남성과 같은 특징을 가지고 있다면 사귀자마자 이루어지는 스킨십에 대해 별다른 거부감이 없을 것이다. 하지만 여성이 자신을 허락하는 데 신중하다는 점을 감안한다면 남성의 성급함은 부담이 되고, 심지어 불쾌하기까지 할 수 있다. 특히 몸을 지켜야 한다는 생각을 확고하게 가지고 있는 여성에게는 남성의 스킨십에 대한 요구가 적지 않은 스트레스를 줄 수 있다. 이렇게 스트레스를 받는다는 것은 사랑과 무관하다. 다시 말해 설령 상대를 사랑하고 있다고 해도 여성은 성급한 스킨십을 안 했으면 하는 바람을 가지고 있을 수 있는 것이다.

남성들은 이러한 점을 감안하지 않고 충분히 시간이 흐르지 않았음에도 종종 스킨십을 시도한다. 이러한 경향은 오늘날 더욱 심화되는 것처럼 보인다. 이는 자신의 욕구를 통제하는 훈련을 상대적으로 받지 않은 세태와 무관하지 않을 것이다. 그럼에도 사귀는 것이 전제된다면 아주 가벼운 스킨십은 다소 성급해도 별다른 문제가 되지 않을 것이다.

그런데 최초의 스킨십이 이루어지면 여성의 입장에서는 난처한 문제들이 발생할 수 있다. 예를 들어 일단 육체적 접촉이 이루어지고 나면 남성이 만날 때마다 줄기차게 스킨십을 요구함으로써 심지어 만남의 목적이 스킨십인 것처럼 느껴지는 경우가 있을 수 있다. 여성은 사랑을 확인하기 위한 방편으로 스킨십을 받아들이지 스킨십 자체가 목적인 경우는 남성에 비해 훨씬 적은 편이다. 반면 남성은 스킨십 자체가 목적이 되는 경우도 있는데, 이는 여성을 불편하게 만들 수 있다.

다음으로 가벼운 스킨십은 이내 스킨십의 최종 단계로 넘어갈 가능성이 적지 않은데, 가벼운 스킨십에서 최종 단계로 넘어가는 것은 순식간에 이루어질 수 있다. 스킨십은 비교적 가볍게 이루어진다고 해도 강한 성적 자극이 된다. 이처럼 성적 자극이 강하게 느껴지기 때문에 일단 기본적인 스킨십이 허용되었을 경우 남성은 이내 최종 단계까지 요구할 가능성이 높고, 만약 남녀 모두 혼전 순결 규범 등으로 인한 통제기작이 작동하지 않는다면 최종 단계로의 이행은 다만 시간 문제에 불과하다. 남성은 성적 욕구를 해소하지 못할 경우 해발의 역치가 낮아져서 심지어 구체적인 대상이 없이도 자신의 욕구를 해소하고자 한다. 하물며 구체적인 대상이 옆에 있고, 그 사람에게 사랑의 감정을 느낀다면, 그리고 상대 또한 자신을 사랑하고, 어느 정도 스킨십을 원한다면 남성이 최종 단계의 스킨십을 요구하지 않는 것이 오히려 이상하다.

스킨십과 관련해서 이야기하고 싶은 것은 다음과 같은 것들이다. 먼저 남성은 여성이 스킨십을 원하지 않을 수 있음을 알아야 하며, 만약 상대가 진지하게 거부한다면 상대의 입장을 존중해 줘야 한다는 것이다. 여성은 경험이 없어서, 시기가 무르익지 않아서, 스킨십 자체가 목적인 느낌이 들어서, 상대를 충분히 신뢰하지 못해서 등의 이유로 스킨십을 거부할 수 있다. 그런데 남성이 계속적으로 스킨십을 시도할 경우 여성은 정말로 화가 날 수 있으며, 이를 계기로 헤어지게 될 수도 있다.

남성이 끝끝내 스킨십을 하려고 "내가 싫어졌냐?", "나를 사랑하지 않는구나, 이러려면 만나지 말자", "알에서 깨어나라" 등 이런저런 말을 내뱉거나 화가 난 척하는 것은 정말 치졸한 짓이다. 만약 상대를 진정으로 사랑한다면 육체를 통해서 사랑을 확인하는 데에만 초점을 맞추지 말고 설령 자신이 원하는 바를 이루지 못하더라도 상대의 의견을 존중해 주어야 할 것이다. 상대가 스킨십을 받아주지 않는다고 할 때 남성은 이에 즉물적으로 반응할 것이 아니라 진정한 사랑이 무엇인지를 자문해 볼 필요가 있고, 거기에 따르고자 노력할 필요가 있다. 사랑과 스킨십을 받아들이는 것은 별개이며, 상대가 싫다고 하면 때를 기다려라. 상대방에게 자신을 사랑하지 않는다고 푸념을 하지 말고, 자신이 상대를 사랑할 경우 어떻게 해야 하는가를 잘 생각해 보라. 여성은 특성상, 그리고 이런저런 이유로 스킨십을 거부할 수 있다. 이는 결코 부당한 거부가 아니다. 만약 이것이 부당하지 않다면 상대의 의사를 존중하는 것이야말로 진정한 사랑이 아닐까? 남성들은 상대에게 나를 사랑하지 않는다고 불만을 털어놓지 말고, 자신부터 제대로 사랑을 하려는 성숙한 자세를 보일 필요가 있다. 지킬 것은 지키는 박카스 젊은이가 될 수 있도록 노력해 보라.

다음으로 여성은 오늘날 대부분의 남성이 연애를 한다고 했을 때 스킨십을 요구할 것임을 예견하고 있어야 하며, 그러한 요구가 있을 때 어떻게 대응할 것인지를 미리 준비해 놓을 필요가 있다. 『별』에서의 목동과 같은 사랑을 할 남성은 최근에는 거의 없다. 시도 때도 없이 느끼는 존재임을 감안해 보았을 때, 그리고 "남자들은 원래 다 그래"라는 말이 시사하듯 남성은 시기가 문제일 뿐 상대에게 대부분 스킨십을 요구한다고 생각해야 한다. 그리고 일단 기본적인 스킨십이 이루어졌을 경우 그 다음 단계로의 이행이 이루어지는 것 또한 거의 필연적인 수순이라고 생각하는 것이 좋다. 대비 태세를 갖추어 놓고 있지 않다가 난데없이 어떤 경험을 하게 될 경우 자신이 원하지 않는 결정을 하게 될 수도 있다.

여성은 자신의 입장이 분명하다면 상대가 어떤 이야기를 하건 마음 약해지지 말고 자신의 입장을 고수하는 것이 좋다. 여성이 분명하게 입장을 밝혔음에도 끈질기게 자신이 원하는 바를 하고자 하는 남성은 의심스러운 구석이 있는 남성이다. 사랑에 빠져 있는 상황에서는 이러한 남성이 헌신하는 모습을 보일지 모르지만 나중에 권태기에 이르러서는 어떤 모습을 드러낼지 알 수 없다. 상대가 싫다고 해도 자신이 원하는 바를 기어이 이루려는 남성이라면 권태기에 이르러서는 여성을 의식하지 않고 자신이 원하는 대로 행동하려 할 가능성이 높다. 그런데 이와 같은 남성과의 트러블이 두려워서 자신이 원하지 않음에도 과도한 스킨십을 한다는 것은 별로 바람직할 것 같지 않다. 역설적으로 여성은 여성의 입장을 최대한 존중하면서 자신의 욕망마저도 통제하려 하는 남성에게 농도가 짙은 스킨십을 허용하는 것이 좋지 않을까? 이러한 남성이야말로 나중까지 자신을 통제하면서 상대에게 헌신하는 태도를 보일 남성일 것 같지 않은가?

스킨십은 서로의 사랑을 확인하는 수단일 수 있지만 자칫 이에 대한 의견 차이로 다툼이 일어날 수 있다. 나는 이 문제에서 남녀 중 상대에게 요구하는 입장에 있는 남성이 많이 양보를 해야 한다고 생각한다. 스킨십을 거절할 때 남성은 자신의 요구를 거절한 것에 대해 불만을 갖기보다는 상대가 나름의 이유가 있어서 거부한다고 생각하고 이에 응하려고 노력해야 한다. 자신의 요구를 거절한 데 불만을 드러내는 것은 일종의 응석이다. 이런저런 구실을 붙여서 자신의 뜻을 끝끝내 관철시키려는 것은 한마디로 못난 짓이다.

3장
권태기

사람들은 끝없는 사랑을 꿈꾼다. 그런데 과연 그것이 가능할까? 그리하여 연애를 한참 할 때와 같은 느낌을 평생 유지하며 살아갈 수 있을까? 만약 그것이 가능하다면 아마도 이 세상에는 비록 가진 것이 없어도 행복해하면서 살아가는 사람이 적지 않을 것이다. 바로 옆에 있어도 그리운 사람과 함께하는데 그 무엇이 힘들고 괴로울 수 있으랴? 어떤 풍파에도 흔들리지 않고 단지 함께 있다는 것만으로도 늘 힘이 되고 즐거울 수 있는 사람과 함께한다면 정말 그처럼 행복한 삶은 없을 것이다. 하지만 안타깝게도 그와 같은 사랑은 이 세상에 존재하지 않는다. 해피엔딩 멜로 영화 또한 사랑이 맺어지는 극적인 순간에 이야기가 마무리되어서 그렇지 만약 그 이후의 모습까지 보여준다면 아마도 남녀 주인공이 삶에 찌들어 살아가는 장면을 보거나 적어도 영화에서와 같이 살아가는 모습을 보지 못할 것이다.

권태기 없는 영원한 사랑이 가능할까? 영화 <태양은 외로워>의 한 장면.

이는 체내에서 분비되는 신경조절 및 신경전달물질과 호르몬이 줄고, 상대의 특징을 좀 더 잘 알게 됨으로써, 상대를 빈번하게 봄으로써, 그리고 이외의 여러 이유로 나타나게 되는 자연스러운 변화다. 물론 정도의 차이는 있다. 그리하여 어떤 커플은 그래도 서로 만족하며 잘 살아감에 반해, 어떤 커플은 얼마 있지 않아 파국을 맞이한다. 하지만 전자마저도 오랜 친구를 만나는 것과 같은 느낌으로 전환되면서 관계가 이어지는 것일 뿐, 연애 단계에서의 정서나 느낌을 그대로 유지하는 것은 아니다. 아무리 인간이 만물의 영장이라 하더라도 생물학적인 영향에서 벗어날 수는 없다. 이 때문에 인간은 원하지 않아도 어쩔 수 없이 사랑이라는 감정의 변화를 겪게 되는 것이다.

만약 인간이 '빈 서판'으로 태어났고, 일정한 사회적·문화적 환경 등의 조건이 주어질 경우 완전히 주조될 수 있다면 '영원한 사랑'을 할 수 있도록 일정한 방법을 동원할 수 있을지 모른다. 하지만 생물학적인 영향의 굴레를 근본적으로 벗어날 수 없다면 우리는 감정의 변화를 어느 정도 받아들이면서 주어진 상황에서 최선의 선택을 모색해야 할 것이다. 바로 이와 같은 선택을 모색해야 하는 시기인 권태기에 대해 마지막으로 살펴보도록 하자.

권태기가 찾아오는 원인

우리가 이상(理想)으로 생각하는 사랑은 '끝없는', '영원한', '다음 세상에서도 이어지는' 사랑이다. 하지만 정말 안타깝게도 이와 같은 사랑은 현실에 존재하지 않는다. 일정 시기가 지나면 사랑의 약발이 다하게 되며, 이에 따라 콩깍지가 차츰 벗겨지게 된다. 이른바 권태기라는 것이 찾아오게 되는 것이다. 그 어떤 커플도 권태기를 맞이하고 싶다고 생각하지는 않는다. 하지만 여러 복합적인 원인으로 권태기는 거의 모든 커플에게 예외 없이 찾아온다.

호르몬의 변화는 권태기가 찾아오는 주요한 원인이다. 만약 한창 연애할 때와 같이 사랑의 호르몬이 끊이지 않고 왕성하게 분비된다면 아마도 모든 커플이 회피하고 싶어하는 권태기를 맞이하지 않게 될지 모른다. 하지만 사랑의 호르몬은 어느 순간 더 이상 분비되지 않고, 설령 분비된다고 하더라도 사랑에 빠져 있을 때처럼 다량 분비되지는 않을 것이다. 예를 들어 사랑의 호르몬인 페닐에틸아민이 지나칠 정도로 오랫동안 분비된다고 생각해 보자. 이 경우 우리는 너무 오랜 기간 흥분과 환각 상태에 놓이게 됨으로써 결국 목숨을 잃게 되지 않을까? 이러한 호르몬이 마약의 주성분인 암페타민 계열에 속한다는 점을 감안한다면 이는 개연성 있는 이야기다. 이러한 점을 고려해 보았을 때 사랑의 호르몬이 시종일관 왕성하게 분비되지는 않을 것이다.

호르몬의 변화가 문제인 이유는 무엇보다도 이로 인해 콩깍지가 벗겨지기 때문이다. 호르몬의 변화가 일어나 콩깍지가 벗겨지게 되면 그 순간부터 사랑의 마법이 서서히 풀리게 된다. 그러면서 적어도 상대가 백마 탄 기사나 여신으로 보이지 않게 될 것이다. 이 경우 우리는 상대를 사랑이라는 감정을 이입해서 보기보다는 비교적 객관적인 모습에 가깝게 보게 된다. 물론 사랑이라는 필터가 제거된다고 곧바로 상대를 미워하게 되는 것은 아니다. 하지만 필터가 단단히 부착되었을 경우와 그렇지 않은 경우를 비교해 본다면 후자의 경우에 당연히 상대에게 사랑스럽다는 느낌을 덜 갖게 될 것이다. 또한 필터가 느슨해지거나 제거될 경우 상대의 일거수일투족이 사랑스럽게만 보이지는 않을 것이다.

다음으로 생각해 볼 수 있는 권태기가 찾아오는 원인은 익숙함이다. 굳이 한계효용체감의 법칙을 이야기하지 않는다 하더라도 사람들은 익숙해진 것에 대해서는 자연스레 싫증을 내게 된다. 예를 들어 몹시 갖고 싶어하던 물건도 막상 소유해 시간이 흐르면 더 이상 쳐다보지 않게 된다. 음식이나 영화 등도 마찬가지다. 아무리 좋은 음식이나 영화라 할지라도 반복해서 먹거나 보게 되면 결국에는 싫증이 나기 마련이다. 그런데 이와 같은 경향이 사람을 접할 때라고 해서 예외일 리는 만무하다. 설령 상대가 특별히 잘못한 것이 없다고 하더라도 그냥 단지 오래 보아왔다는 이유만으로 상대에 대한 관심의 정도는 낮아질 가능성이 크다.

호르몬의 변화와 익숙함은 연애 전선에 먹구름을 드리운다. 호르몬이 변화하면서 상대방에게 익숙해지게 될 경우 한창 연애할 때 보여주지 않았던 모습을 보여주게 될 가능성이 높아진다. 상대를 대할 때 덜 신중해지는 것이다. 그리하여 처음에는 만나러 나갈 때 신경 썼던 외모도 이 시기가 되어선 별 관심을 갖지 않게 되고, 과거에는 상대가 어떻게 생각할지를 염두에 두면서 언행에 신중을 기했다면 이제는 별다른 관심을 갖지 않고서 생각나는 대로 행동하게 될 가능성이 높아진다. 이러한 변화는 특히 여성에게 불쾌하게 느껴진다. 이 모든 것이 곧 자신에 대한 배려나 관심의 크기가 상대적으로 줄어들었음을 암시하는 신호로 여겨지기 때문이다.

콩깍지가 벗겨짐으로써 발생하는 또 다른 문제점은 상대의 단점이 점차 눈에 띄기 시작한다는 것이다. 호르몬의 변화, 서로에게 익숙해지는 이유 등으로 남녀 커플은 한창 연애할 때와 다른 느낌으로 상대를 보게 되며, 콩깍지 때문에 보이지 않던 상대방의 약점을 의식하게 된다. 이러한 약점이 상대에 대한 사랑 때문에 보이지 않았는지, 자주 보다 보니 조심하지 않고 행동함으로써 보이게 되는지, 아니면 사랑할 때에는 자연스레 상대에게 최선을 다하게 되고, 이에 따라 약점으로 간주될 만한 행동을 하지 않아서 안 보였는지는 모르지만 어찌되었건 시간이 흐르면서 상대의 약점이 점차 눈에 들어오게 된다. 그리고 그러한 약점이 크게, 자주 보이게 되면 결국 다툼이 발생한다.

권태기의 흐름

이상에서 제시한 이유 외에도 권태기로 접어들게 되는 이유는 많다. 하지만 단지 이상에서의 이유만으로도 사랑에 유효기간이 있음을 어느 정도 알 수 있다. 사랑의 강도에는 반드시 부침(浮沈)이 있게 마련이다. 얼마만큼 시간이 흘러야 권태기에 접어들게 되는지는 사람마다 다르다. 하지만 어떤 커플도 권태기를 반드시 맞이하게 된다는 것만은 분명하다. 권태기를 맞지 않는 커플은 별나라 사람이거나 스스로 착각할 따름이지 누구나가 크고 작은 방식으로 권태기를 맞이하게 된다.

남녀 중에서 어떤 쪽이 먼저 상대에게 권태를 느끼는지는 획일적으로 말할 수 없다. 이는 진화심리학적으로 설명할 수 있는 문제가 아니다. 생물학적으로 주어진 남녀의 성 특성과 무관하게 상대에 대한 권태는 쉽게 싫증을 내는 성격의 소유자가 먼저 느낄 가능성이 높고, 사랑의 강도, 상대에 대한 배려심, 이성에 의한 선호도 등 다양한 요인이 권태기의 도래에 영향을 미칠 것이다. 예를 들어 한쪽은 진심으로 상대를 사랑함에 반해, 다른 쪽은 상대가 아닌 연애에 초점이 맞추어져 있다면, 권태기가 빨리 올 가능성은 남녀와 무관하게 후자일 가능성이 높다고 할 수 있을 것이다.

권태기가 되면 뜨거운 사랑이 어느 정도 식으며, 상대를 보아도 더 이상 과거에 느꼈던 설렘이 느껴지지 않는다. 이 정도만 되도 다행이다. 이 시기가 되면 어떤 이유 때문이건 상대에게 별다른 이유 없이 화가 나기도 한다. 이러한 문제로 다른 사람이 보았을 때는 정말 사소하지만 당사자들로서는 매우 중요하게 느껴지는 문제를 놓고 서로 다툼을 벌이게 된다.

사랑의 강도가 약해지는 조짐을 잘 파악해내는 것은 일반적으로 여성이며, 이 때문에 화를 내는 쪽도 대개 여성이다. 그 이유는 앞에서 언급한 바와 같이 여성은 자신에 대한 헌신과 배려가 매우 중요함에 반해 남성은 그와 같은 특징을 가지고 있지 않기 때문이다. 그래서 여성은

여성은 보이지 않는 남성의 미세한 변화를 직감적으로 잡아낸다.

권태기가 될 무렵 남성의 변화를 직감적으로 파악한다. 여성은 상대가 자신에게 관심을 덜 나타내는 징후를 정말 예리하게 잡아내는데, 여성이 육감이 발달했다고 이야기하는 것은 바로 이러한 맥락이다.

변화의 조짐이 보이기 시작하는 초기 단계에서는 여성이 비교적 크게 반응을 나타내지 않는 편이다. 단지 한 번 보여 주는 변화의 모습은 우연적인 사건일 수 있기 때문에 여성이 이를 심각하게 받아들이지 않는 것일 수 있다. 하지만 이러한 일들이 반복될 경우 여성은 상대방이 변한 게 아닌가 하는 의문을 확신으로 전환한다. 이때부터 여성은 상대의 행동을 대부분 자신의 확신과 결부시켜 보게 되며, 심지어 남성으로서는 억울할 정도로 색안경을 끼고 보기도 한다.

사고는 의외로 사소한 상황에서 터진다. 만약 여성이 화를 내는 바로 그 상황이 충분히 납득할 만하다면 오히려 싸움이 벌어지지 않을 수 있다. 누가 봐도 남성이 여성을 배려하지 않은 상황이라면 남성이 사과함으로써 정리될 것이다. 하지만 상대의 태도에 대한 불만이 누적되었을 경우 아주 사소한 데에서 불만이 터져 버린다. 이때 남성은 어리둥절해 하는데, 상황 자체가 애매했기 때문에 여성에게 역공을 가할 기회를 갖게 된다.

여기서 남성이 그동안 누적되었던 섭섭함이 일시에 터져 버렸다고 생각하고 진심으로 상대를 달래고 행동을 조심하려 한다면 그래도 어느 정도 수습이 된다. 하지만 문제는 그러한 경우가 많지 않다는 것이다. 만약 남성이 한창 사랑할 때와 같은 강도로 여성을 사랑하고 있다면 남성은 최선을 다해 미안함을 표시할 것이다. 아니, 아예 그러한 일이 일어나지도 않을 것이다. 하지만 남성도 사랑의 강도가 정점을 넘어섰기 때문에 이 상황에서 싸움이 벌어질 가능성이 있다. 특히 많은 사람이 상대가 화를 내면 덩달아 화를 낸다는 점을 감안한다면 싸움이 일어날 확률은 적지 않다. 그리하여 대전(大戰)을 치르고 나면 서로에게 앙금이 남는다. 남성은 상대가 왜 아무것도 아닌 것 가지고 그리 화를 내는지 이해할 수 없어하며 여성의 까칠함에, 여성은 자신에 대한 남성의 사랑이 식었음에 섭섭함을 느끼게 된다.

이러한 상황에서 잘못이 반드시 남성에게만 있는 것은 아니다. 만약 여성이 자신만을 바라봐야 하며, 모든 것을 자신에게 맞추어 달라는 식으로 오랜 기간 반복적으로 행동해 왔다면, 그리고 그러한 행동에 대해 남성이 견디다 못해 화를 내는 것이라면 이를 남성이 잘못한 것만으로 치부할 수는 없다. 지렁이도 밟으면 꿈틀하는 법이다. 오랜 기간 안하무인으로 공주 대접을 받기만 고집해 왔다면 남자도 지칠 수 있다. 아무리 돌쇠라고 하더라도 너무 자기 생각만 해달라고 요구하는 것은 문제 아닌가?

권태기에는 대략 이러한 맥락에서 다툼이 벌어진다. 여성은 남성의 헌신 부족을, 남성은 여성의 과잉된 헌신 요구나 사소한 것에 대한 예민한 반응 등에 불만을 느껴 싸우게 되는 것이다. 누군가가 명백하게 윤리적인 잘못을 범해서 싸움이 일어나는 경우는 그렇게 많지 않다. 예컨대 바람을 피우다가 들켜서 싸우는 경우는 생각보다 소수다. 싸움은 싸움이 일어난 상황을 설명하면 다른 사람이 이해하기 힘들 정도로 별일이 아니다. 그래서 이를 다른 사람에게 말하기도 창피하다. 하지만 당사자들은 이를 매우 중요한 문제라고 생각하고 싸움을 벌인다.

누구와 싸우건 일단 싸우고 나거나 섭섭함을 느끼면 앙금이 남게 된다. 싸움을 해결하는 방법이 미봉책에 그쳤다면 더욱 그러하다. 깔끔하게 정리되지 않은 상태에서 상대를 만나면 상대에게 남아 있는 감정 때문에 상대에게 툴툴거리게 되고, 이는 또다시 싸움의 도화선이 된다. 이런 일들이 반복되다 보면 만날 때마다 싸울 확률이 높아지고 싸움이 자주 일어나다 보면 서로 성격이 안 맞는다는 등의 이유로 결국 헤어지겠다는 생각을 하게 된다. 사실 성격이 안 맞는 경우는 별로 없다. 그렇다면 어떻게 그동안 만날 수 있었겠는가? 안 맞는 것은 성격이 아니라 단지 사랑의 온도가 내려갔을 뿐인데, 이에 대한 불만이 서로 안 맞는다는 방식으로 표현되면서 헤어짐을 정당화하게 되는 것이다.

권태기 때 특히 싸울 확률이 높은 날은?

권태기 때 특별히 싸울 확률이 높은 날은 언제일까? 뜻밖에도 기념

권태기 때 심하게 다툴 가능성이 높은 날은 뜻밖에도 생일, 밸런타인데이 등의 기념일이다.

일이나 행사일이다. 발렌타인데이, 생일, 만난 지 500일이 되는 날 등에는 행복해야 하는데도 싸우는 경우가 적지 않다. 그런데 왜 하필이면 이처럼 좋은 날 싸우는 것일까? 바로 권태기 속의 기념일이라는 것이 문제다. 앞에서도 언급했지만 한창 사랑이 정점에 이른 커플에게는 기념일이 서로의 사랑을 확인할 수 있는 좋은 기회다. 남성은 이와 같은 기념일에 최선을 다해 여성을 기쁘게 하려고 노력한다. 남성은 여성이 기뻐하는 모습을 보면서, 여성은 남성의 진심어린 사랑을 확인하면서 정말 행복한 시간을 보내게 된다. 하지만 사랑의 열기가 다소 식은 권태기에는 남성이 다소 의무 방어전에 가까운 마음으로 기념일을 준비하게 된다. 이러한 변화를 여성이 놓칠 리가 없다. 기념일은 상대에게 헌신하는 마음을 뚜렷하게 보여주어 상대를 감동시키고 기쁘게 만들어야 하는 날로, 여성의 입장에서는 상대의 헌신 정도를 가늠할 수 있는 날이다. 그런데 이 날을 준비하는 남성의 태도는 연애 전성기와 비교해 보았을 때 차이가 있을 가능성이 크다. 이는 여성을 슬프게 만든다.

마음 이론(theory of mind)에 따르면 인간은 단지 표정이나 행동만으로도 상대가 어떤 마음 상태에 놓여 있는지를 파악하는 능력을 갖추고 있다. 간단한 예를 들면 평소에 과묵하던 사람이 흥얼거리면서 노래를 부른다면 우리는 그 사람이 즐거운 마음 상태에 놓여 있음을 짐작할 수 있다. 그런데 여성은 상대의 마음을 파악하는 능력 중에서 유독 상대방의 언행으로 자신에 대한 배려와 헌신의 정도를 잘 파악하는 능력을 갖추고 있다. 여성은 아주 사소한 단서만으로도 자신에 대한 상대의 마음 상태를 읽어내는 것이다.

만약 이것이 사실이라면 여성은 사랑의 강도가 약해진 권태기에 기념일을 준비하는 상대방의 마음이 과거와 달라졌음을 쉽게 파악할 것이다. 물론 자존심도 있고, 숨기고 싶기도 하고, 싸우고 싶지 않기도 하고, 이를 말하는 것이 속 좁음으로 비춰질 수 있는 등 다양한 이유 때문에 상대의 변화로 입은 마음의 상처를 직접적으로 표현하지 않으려 할 수 있다. 이러한 상황에서 여성이 자신이 화가 난 근원적인 이유를 밝히기보다는 다른 이야기를 하는 경우도 적지 않다. 실제로 여성은 "나를 더 이상 좋아하지 않아"라고 말하기가 쉽지 않다. 왜냐하면 잡아낸 단서는 증거라고 말하기엔 너무 미묘하기 때문이다. 그럼에도 애정을 확인받지 못하는 여성에게는 증거의 크고 작음이 문제가 아니다. 오히려 상대가 스스로 의식하지 못하는 아주 작은 증거들이 애정의 강도가 약해졌음을 보여주기 때문에 여성은 더욱 화가 나거나 슬플 수 있다.

그런데 마음속 응어리는 아무리 표현하지 않는다고 하더라도 어떤 방식으로든 드러나는 법인데, 이는 공연한 화나 짜증 등으로 표출된다.

여성이 참을 수 없어 화를 내면서 자리를 박차고 일어나면 남성은 여성이 왜 그러는지 원인을 제대로 파악하지 못하고 황당해한다.

어떤 면에서 남성은 여성이 화를 내고 짜증을 부리는 것이 야속할 수 있다. 남성으로서는 기껏 나름 정성 들여 열심히 기념일을 준비했음에도 상대가 짜증만 부리는 모습에 덩달아 화가 날 수도 있다. 이러한 상황에서 서로 화를 내면 결국 싸움이 벌어지게 된다. 누가 잘못하고 누가 잘한 것도 없이 권태기의 심리 상태 때문에 다툼이 일어난다. 하지만 어쩌겠는가? "아홉수라서 그래~"가 아니라 "권태기라서 그래~"인 것을. 권태기 잔혹사다.

고정 틀에 갇히다

우리에게는 일단 상대를 파악하는 일정한 시각이 만들어지면 그러한 시각의 틀 안에서 그의 모든 언행을 판단하고 평가하려는 경향이 있다. 설령 그러한 틀에서 벗어난 행동을 하더라도 이를 기존의 시각에서 바라보려 하지 좀처럼 그러한 틀 밖의 행동으로 파악하려 하지 않는다. 이는 특정한 상대를 바라보는 시선에만 국한된 이야기가 아니다. 살아가면서 겪게 되는 경험은 외계를 바라보는 일정한 틀을 형성한다. 예를 들어 어떤 사건으로 정신적 외상을 심하게 입었다면 그 경험을 바탕으로 다양한 외계의 현상을 판단하게 될 가능성이 커진다. 특정 지역, 특정 인종의 사람에게 심각한 사기를 당했을 경우 사기당한 사람은 사람을 믿지 못하는 경향을 갖게 되고, 특히 특정 지역, 특정 인종의 사람에 대한 불신감은 남다를 것이다. 흔히 이처럼 만들어진 틀을 고정관념이라고 말한다. 이러한 효과를 상식적으로 표현한다면 '뭐 눈에는 뭐만 보인다'가 될 것이다. 이러한 고정관념은 어느 정도 진실을 반영하기도 하지만 이로 인해 '오버'하게 되는 경우도 적지 않다.

고정관념하고는 다소 다르지만 우리는 사랑에 빠졌을 때도 이와 유사한 경향을 나타낸다. 물론 고정관념은 경험을 하여 갖게 된 일종의 편견임에 반해, 사랑이라는 감정은 경험과 무관하게 발생한다. 그럼에도 다른 방식으로 생각하기 힘들게 한다는 측면에서 양자는 유사하다. 예를 들어 상대에 대한 사랑이라는 색안경을 끼게 된 사람은 상대방이 어떤 행동을 해도 사랑스러워 보일 수밖에 없다. 그러한 틀을 벗어나서 상대를 보기란 거의 불가능하다. 아무리 상대에 대해 부정적인 생각을 하려 해도 일단 사랑에 빠지면 상대는 그저 사랑스럽게 보일 따름이다. 누군가를 짝사랑함으로써 아픈 가슴을 부여안고 하루하루를 보내는 사람을 생각해 보라. 그가 잊어야 한다는 마음으로 온갖 생각을 다해 보려 해도 상대의 얼굴은 더욱 새록새록 떠오를 뿐 결코 지워지지 않는다. 어쩌다 상대를 마주치기라도 하면 그에게서 후광이 비친다. 똑같은 행동을 해도 다른 사람이 하는 행동은 까칠하게 여겨지지만 사랑하는 사람의 행동은 그 사람다운, 멋진 행동으로 여겨진다. 이처럼 사랑에 빠진 사람은 상대에 대한 사랑이라는 틀을 벗어나 상대를 판단하기가 어렵다. 객관적으로 보았을 때 평범한 사람이라고 할지라도 사랑하는 사람의 눈으로 보았을 때 상대는 공주요 왕자다.

그런데 이와 같은 사랑의 감정이 수그러드는 과정에서도 어떤 고정관념이 만들어질 수가 있다. 사랑이라는 감정은 불꽃이 튈 정도로 격렬하다. 이 때문에 이와 같은 사랑을 받는 사람은 감정이 강렬했던 만큼 그 강도가 약해지는 것에 대해서도 금세 눈치를 챈다. 특히 자신에 대한 헌신이 중요한 여성은 변해 가는 상대의 태도를 다른 것에 비해 훨씬 예민하게 간파하고 심각하게 받아들인다. 그러면서 서서히 상대의 행동을 사랑의 강도가 약해졌다는 견지에서 바라보려는 틀을 만들어 간다.

그런데 일단 이와 같은 틀이 만들어지면 자칫 상대의 모든 언행을 이러한 틀로 바라보려는 경향을 갖게 될 수 있고, 이것이 자가 발전을 할 경우 상대에 대한 불만으로 이어지게 된다. 이러한 지경에 이르면 여성은 자신에 대한 사랑을 확인해 보고 싶어한다. 사랑에 대한 확신이 흔들리는 조짐을 어떤 방식으로든 부정하고 싶기 때문이다. 이때 남성의 반응은 매우 중요하다. 여성이 "자기 나 사랑해?", "나 얼마만큼 사랑해?"라고 물었는데 "새삼스럽게 왜 그래?" 등으로 한창 사랑할 때와는 다르게 반응할 경우 여성이 어떻게 느낄 것인지를 짐작하기란 어렵지 않다. 상대의 사랑에 확신이 느껴지지 않는 상황이 반복되고 있고, 그것 때문에 우울한 상황에서 퉁명스러운 답변을 듣는다는 것은 불에 기름을 붓는 격이다. 사랑이 약해졌다는 시각은 더욱더 강화된다.

사랑의 강도와 관련된 여성의 틀은 남성이 의식하지 못한 상태에서 상당히 오래전부터 만들어져 온 것이다. 따라서 이러한 틀은 웬만해서는 바뀌지 않는다. 남성의 다른 모습을 지속적으로 보게 되지 않는 이상 기존의 틀이 계속 유지될 가능성이 높은 것이다. 그런데 권태기가 되면 남성이 한창 사랑할 때의 모습으로 되돌아가기가 어렵기 때문에 여성의 틀이 바뀔 가능성은 별로 없다. 문제는 이러한 틀이 두 사람의 관계에 적지 않은 장애가 된다는 점이다.

〈연애의 온도〉

영화 〈연애의 온도〉에서 주인공 영(김민희)과 동희(이민기)가 헤어졌다가 다시 만나 공원에 놀러가기 전후에 벌어지는 일들은 권태기 연인의 심리 상태와 그들이 겪게 되는 애로점 등을 잘 보여준다. 두 사람은 헤어졌다가 다시 만난 사이로, 자신들이 헤어지게 된 이유를 어느 정도 알고 있다. 그래서 다시 만나게 되었을 때는 과거의 실수를 반복하지 않기 위해 나름대로 열심히 노력한다. 그러던 어느 날 두 사람이 공원으로 놀러가게 되는데, 김민희는 만날 때부터 공원에서 밥 먹고, 놀이기구를 타는 모든 순간에 그다지 즐거워하지 않는 이민기를 발견한다. 마음에서 우러난 것이 아니라 의무감에서 어쩔 수 없이 하는 듯이 보이는 행동들. 이러한 이민기의 모습을 차마 더 이상 보고 있을 수 없어 김민희는 우산을 쓰고 음료수를 사러 간다는 핑계를 대고 자리를 뜬다. 한창 사랑을 나누었던 때의 모습이 아닌 이민기에게 상심한 김민희는 결국 우산을 떨어뜨린 채 비를 맞으며 웅크리고 앉아 울음을 터뜨린다.

한편 음료수를 사러 간 김민희가 나타나지 않자 이민기는 김민희를 찾아 나서고, 얼마 있지 않아 벤치에 혼자 앉아 있는 김민희를 발견한다. 김민희를 발견하자 또다시 헤어질까 노심초사하며 조심스럽게 살얼음 위를 걷듯이 만나는 것이 답답했던 이민기는 상대를 배려하고자 하는 자기 마음을 김민희가 제대로 알아주지 못하는 것에 화가 치밀어 오른다. 대판 싸움이 벌어지고 결국 이들은 또다시 헤어진다.

이와 같은 문제가 발생하는 이유는 비교적 간단하다. 한마디로 권태기라서 그런 것이다. 상처 주지 않기 위해 '노력'한다는 것은 이미 그 커플이 권태기로 접어들었다는 표시다. 만약 사랑이 한창 절정기에 있다면 상대가 상처받을 것을 굳이 의식할 필요가 없고, 상처받을 만한 행동을 할 리도 없다. 상대방 또한 대부분의 말과 행동을 이해해 줄 것이기 때문에 문제 자체가 거의 발생하지 않는다.

권태기에 남성이 여성을 대하는 태도는 설령 스스로 의식하지 못해도 과거와는 달라져 있다. 이러한 변화는 쉽게 감춰지지 않는다. 여성은 이와 같이 변화의 조짐이 보인다는 사실이 너무 화가 나고 슬프다. 하지만 이는 어쩔 수 없는 변화이고, 의지로 어떻게 할 수 있는 것이 아니다. 남성이 할 수 있는 일이라고는 어느 정도 하기 싫은 구석이 있어도 상대가 좋아하거나 불편해하지 않는 일을 하려고 노력하는 것이다(이렇게 노력하는 남성은 그래도 그나마 훌륭한 남성이다). 그런데 이러한 행동에서는 한창 사랑할 때와는 다른 무엇이 감지되며, 이것이 여성의 마음을 아프게 한다. 그래서 김민희는 난데없이 벌떡 일어나 총총걸음으로 그 자리를 뜨려 한 것이다.

그런데 이 상황에서 남성 또한 화가 날 수밖에 없다. 자연스럽게 마음에서 우러난 것이 아니긴 해도 상대를 위해 무엇인가를 하려 하는데, 상대가 화를 내니 나름대로 노력하는 쪽에서도 화가 날 수밖에 없다. 실제로 두 사람이 싸우는 장면을 보면 누구도 틀린 이야기를 하지 않으며, 두 사람 모두 화가 날 만하다는 생각이 든다. 이처럼 서로 화가 나게 되는 것은 권태기를 맞이할 수밖에 없는 우리의 숙명이라고 할 수 있다.

고민 상담 아무하고나 하지 마라

권태기가 되어 서로에 대한 부정의 피드백이 본격화되면 이제 아름다웠던 과거는 어디론가 사라지고, 만나서 싸우지 않는 날보다 싸우는 날이 많아진다. 이때부터 고민 상담이 시작된다. 문제를 해결하고자 하는 마음에, 그리고 이야기를 털어놓아서라도 어느 정도 스트레스를 해소하고 싶다는 생각에 자기 고민을 주변 사람에게 털어놓게 되는 것이다.

연애 고민 상담의 대상은 거의 대부분 친구다. 그런데 이 친구가 항상 문제다. 대체로 친구는 게가 가재 편이라는 말이 있듯이 자기 친구 편을 든다. 사태를 좀 더 객관적으로 바라보고, 잘되는 방향으로 해결책을 제시하기보다는 무조건 친구 편을 들어주는 것이다. 이렇게 하게 되는 데는 몇 가지 이유가 있다. 먼저 고민을 털어놓는 사람은 자기 위주로 이야기하지 객관적인 상황을 털어놓는 경우가 별로 없다. 불만이 있으니까 싸운 것이고, 싸우다가 해결이 안 되니까 친구에게 이야기하는 것인데, 이미 화가 났거나 섭섭해져 있는 상태에서 이런저런 이야기를 각색까지 해서 상황을 전달한다고 생각해 보라. 이 경우 듣는 사람은 친구에게 상처를 주는 친구 애인이 잘못했다고 믿을 수밖에 없다.

다음으로 친구가 화가 나서 펄펄 뛰는데, 네가 잘못했다고 이야기하기가 그리 간단한 것만은 아니다. 어떻게 보면 친구는 문제 해결이 주 목적이 아니라 그냥 이야기를 함으로써 스트레스를 해소하고 싶은 것일 수 있다. 그런데 들어주는 사람이 '네가 잘못했는데 뭘 그래?'라고 말하면 친구는 더 화가 날 수 있다. 말 그대로 친구라면 이러한 상황에서 굳이 친구의 화를 돋우기보다는 친구의 편을 들어줌으로써 친구의 고민을 공유하는 역할에 충실할 수 있다.

세 번째로 상담해 주는 사람들은 대체로 동성의 친구다. 그런데 동성의 친구는 말 그대로 동성이기 때문에 이성의 특징을 이해하는 데 한계가 있을 수 있다. 그리하여 남자 친구들은 여자의 처지를 이해하지 못한 상황에서, 여자 친구들은 남자의 입장을 이해하지 못한 상황에서 친구의 이야기를 동성의 입장에서 듣게 되는데, 이 때문에 동성의 친구는 자연스레 자기 친구 편을 들 가능성이 높아진다.

여성이 친구에게 고민 상담을 하는 경우를 예로 들어 보자. 헌신이 느껴지지 않는 것 때문에 고민 상담을 하는 쪽은 남자보다는 여자다. 일반적으로 친구에게 고민 이야기를 하는 여성은 남성이 자신에게 덜 헌신적인 태도를 보이는 것을 종합해서 이야기한다. 하지만 덜 헌신적인 순간순간의 상황은 사실상 다른 사람이 보기에 매우 하찮다. 이 때문에 이러한 이야기를 할 때는 화를 내는 것이 이상하다고 느껴지는 자잘한 상황보다는 남자가 극도로 화가 나서 내뱉은 이야기, 정말 객관적으로 헌신에 위배된다고 생각할 수밖에 없는 내용을 맥락은 생략한 채 집중적으로 거론한다. 이는 그와 같이 하지 않을 경우 친구들의 동조를 얻어내기 어렵기 때문에 나타나는 현상이기도 하다. 그런데 이야기를 듣는 사람들도 여성이라면, 그리고 감정이 이입된다면 친구에 대한 관심이 줄어들거나 없어진 것이 정말 못마땅하게 느껴질 가능성이 높다. 자신들이 그 상황이 되어도 헤어질 것을 고려하기 때문에 그들은 심지어 친구에게 헤어지라는 충고까지 서슴지 않고 한다. 이때 남자 친구가 없는 여성의 경우는 더욱 혹독하게 남성을 몰아붙일 수 있는데, 그 이유는 자세하게 이야기하지 않겠다. 분명한 것은 이때 친구들이 해 주는 충고가 상당히 위험할 수 있다는 점이다. 어찌되었건 주변의 충고는 고민을 이야기한 여성의 생각을 더욱 강화하는 계기로 작용하고, 사태가 이 정도까지 이르면 이별의 카운트다운이 시작될 조짐이 조금씩 보이게 된다.

이해관계에서 벗어나 충고할 수 있는 이성의 말에 귀를 기울여라

한쪽 방향으로 지나치게 나아가고자 할 때, 또한 그것이 반드시 맞는 방향은 아니라고 할 때에는 그와 반대 방향으로 나아가려는 노력을 기울여야 균형을 어느 정도 맞출 수 있다. 그런데 동성 친구들에게 충고를 들을 경우, 그 친구들은 대개 고민에 빠진 친구의 의견에 동조해 준다. 심지어 어떤 경우에는 단호하게 극단적인 조치를 취할 것을 권하기도 한다. 이러한 경우 균형 잡힌 시각을 갖추기가 여간 어렵지 않으며, 그보다 쉽사리 한쪽 방향으로 더 나아가게 된다.

이러한 충고들이 필요한 경우도 분명 있다. 하지만 이러한 충고들이 불필요한 이별을 부추기는 경우도 없지 않은데, 이렇게 보자면 연애 문제를 해결하는 진정한 해결사로서의 역할을 하기에 동성 친구는 단점이 없지 않다. 물론 동성 친구들은 자신의 이야기를 마음껏 털어놓을 수 있다는 장점이 있긴 하다. 하지만 동성 친구는 한쪽 방향으로 나아가는 생각을 다른 방향으로 이끌어주기보다는 원래 방향으로 더 나아가게 하는 데 일조하는 면이 있다. 한마디로 균형을 맞추는 데 도움이 되지 못하는 것이다.

균형 있는 시각을 갖는 데 도움을 줄 수 있는 사람은 동성보다는 이성일 수 있다. 왜냐하면 이성은 다른 성의 시각에서 왜 문제가 발생했는지를 좀 더 객관적으로 이야기해 줄 수 있기 때문이다. 실제로 이성은 동성이 비교적 초점을 맞추지 않은, 그럼에도 이성들에게서 흔히 살펴볼 수 있는 특징을 이야기해 줌으로써 이성의 시각에서 사태를 바라볼 수 있게 한다. 그는 고민을 털어놓는 상담자가 애인에게 가지고 있는 불만이 애인의 성과 동일한 성의 많은 사람들이 가지고 있는 문제이기도 하다는 것을 말해 줄 수도 있다. 하지만 문제는 이성 친구에게는 '허심탄회'가 쉽지 않다는 것이며, 개인적으로 이성 친구를 만나는 것 자체가 부담이 될 수 있다. 또한 〈개그 콘서트〉 '놈놈놈' 코너의 키 큰 세 명의 친구들처럼 도움을 주는 척하면서 은연중 자신에게 관심을 갖도록 이런저런 과시를 하는 이성들도 있다. 이와 같은 문제가 있음에도 이성 문제는 동성보다는 이성의 이야기를 듣는 것이 상황을 좀 더 객관적으로 바라보는 데 도움이 될 가능성이 크다.

내 생각에 가장 좋은 조언자는 이성 친구보다는 나이 차이가 비교적 많이 나는 이성이다. 애인이 아닌 이성 친구는 아무래도 나이가 비슷하고, 경험이 상대적으로 부족하다 보니 이성 일반의 시각보다는 자신의 개인적 시각을 이야기해 줄 가능성이 있다. 듣는 사람으로서도 동년배가 어떤 이야기를 할 경우에는 그 말에 권위가 실리지 않아 설령 진실이 담겨 있다고 하더라도 신뢰하지 않을 가능성도 있다. 반면 나이 차이가 있는 이성의 이야기는 또래 이성의 충고가 갖는 문제점을 어느 정도 보완해 줄 수 있다. 적어도 연륜이 있음을 감안해 보았을 때, 이러한 이성들은 사태를 바라보는 시각이 훨씬 넓고 객관적일 가능성이 높다. 또 나이차가 있으니 같은 말이라도 듣는 입장에서는 제대로 된 충고라고 생각할 가능성도 높다. 나이차가 지나칠 정도로 심할 경우엔 세대 차라는 문제가 있을 수 있지만 나이차가 적당히 나는 이성은 사심 없이 상황에 대한 종합적인 의견을 제시해 줄 수 있다.

기억해야 할 것은 아무리 좋은 충고라도 문제를 근본적으로 해결해 줄 수 있는 경우는 생각보다 많지 않다는 것이다. 예컨대 남녀의 특성 등을 공부한 사람들은 문제가 왜 일어났는지 원인을 분석하여 충고해 줄 수 있다. 하지만 원인을 알게 되었다고 해서 문제가 해결되는 것은 아니다. 특히 원인이 바꿀 수 없는 무엇인가와 관련되어 있다면 설령 상황을 비교적 객관적으로 파악할 수 있게 되었다고 해도 원하는 방법으로 해결을 하지 못할 수 있다.

그럼에도 객관적 시각을 가지고 상황을 폭넓게 이해해 보려는 노력은 중요하다. 맞장구를 쳐 주는 것이 악화 일로로 치닫는 상황에 가속 페달을 밟는 것이라고 한다면 이러한 노력은 브레이크를 거는 것에 비할 수 있다. 상황에 대한 이해의 폭이 넓어질 경우 갈등을 경험하는 사람은 문제를 자기 위주로 판단하려 하기보다는 조금 더 객관적으로 파악하려 할 것이며, 어느 정도 객관적인 견지를 취할 수 있게 되면 싸우는 빈도를 줄일 수 있을 것이다. 연애 고민이 있다면 가급적 나이차가 있는 이성에게 충고를 구해 보길 권한다.

문제가 생겼을 때 중재해 줄 수 있는 사람을 만들어라

서로 화가 나서 다툴 때는 사태의 본질이 왜곡되면서 전혀 엉뚱한 방향으로 전선이 확대되기도 하고, 자존심 등의 문제로 서로 양보하지 않는 경우도 적지 않다. 이 지경에 이르면 갈등은 좀처럼 해소되지 않으며, 결국 헤어지는 사태까지도 발생한다. 이와 같은 갈등을 해소할 수 있는 방법은 무엇일까?

두 사람을 모두 잘 아는 사람을 만들어 놓는 것은 그 한 가지 방법이다. 이러한 사람은 둘만의 관계에서 문제의 실마리가 풀리지 않을 때 어느 정도 도움을 줄 수 있다. 내 후배 커플 이야기를 잠시 해 보면, 나는 두 사람을 모두 잘 알고 있었는데, 여자 후배의 생일에 즈음하여 두 사람이 심하게 다투었다. 남자 후배는 생일이 코앞인데 전혀 생일을 챙겨줄 생각을 하지 않고 있었고, 여자 후배는 그렇게 다투고 나서 헤어질 생각까지 하고 있었다. 이 상황에서 내가 부득불 개입하지 않을 수 없었다. 우선 남자 후배에게는 생일을 반드시 챙겨줄 것을, 여자 후배에게는 남자 후배가 생일을 챙겨주겠다고 연락을 하면 못 이기는 척하고 받아주라고 열심히 충고해 두었다. 물론 내가 두 사람을 따로 만나서 일을 꾸몄다는 사실을 두 사람은 전혀 몰랐다. 결국 작전은 성공을 거두었고, 두 사람은 그날 이후 다시 관계가 회복되어 결국 결혼까지 했다.

물론 내 중재가 두 사람이 화해하는 데 결정적인 역할을 한 것이 아닐 수도 있다. 그럼에도 두 사람이 상대에게 연락하고 싶어도 자존심 등의 문제 때문에 연락하지 못하고 있을 때 중재인이 개입하여 다리를 놓을 경우 두 사람은 못 이기는 체, 그리고 서로의 자존심을 그대로 유지하면서 관계를 복구할 수 있다. 갈등 상황에 놓여 있는 커플은 당사자끼리 직접 문제를 해결하기가 생각보다 쉽지 않은 경우가 꽤 있다. 예를 들어 상대가 생일을 챙겨주길 바라고 있고, 이를 계기로 관계를 회복하고자 하는 생각이 있다고 가정해 보자. 이때 상대방이 알아서 그렇게 한다면 문제를 해결할 실마리가 생기겠지만 그렇게 하지 않는다면 어떻게 될까? 그렇다고 여성이 남성에게 연락해서 생일을 챙겨주면 화해의 실마리가 풀릴 것이라고 이야기할 수 있을까? 만약 그 정도로 이야기할 상황이라면 이미 다툼을 벌이고 있는 것도 아니다. 그저 상대방의 행동만 예의주시할 뿐 구체적으로 어떻게 해 달라고 이야기할 수는 없는 것이다. 바로 이때 두 사람을 오가면서 관계 개선에 도움을 줄 수 있는 사람이 필요하다. 이러한 역할을 할 수 있는 사람이 있는데, 만약 그가 멀뚱멀뚱 그저 상황을 지켜보고만 있다면 적극적으로 그에게 개입을 요청할 필요도 있다.

이러한 사람이 없으면 갈등 속의 두 사람은 자존심 등의 문제 때문에 연락을 취하지 않다가 화해할 기회를 놓쳐 버릴 수도 있다. 이러한 시간이 길어질 경우 처음에는 사소하게 보이던 것이 나중에는 눈덩이가 되어 서로의 관계가 완전히 종료되어 버릴 수도 있다. 예를 들어 〈건축학개론〉에서 수지와 이제훈 사이에 중재자가 있었고, 서로에게 가졌던 오해나 불만, 아쉬운 점들이 그 사람을 통해 전달되었다면 어땠을까? 서로가 몹시 그리워하고 사랑하면서 오해나 실수 등으로, 혹은 솔직하지 못함으로써 헤어지는 커플이 의외로 상당히 많다.

이러한 방법이 늘 성공한다는 보장은 없다. 그럼에도 서로의 갈등을 중재해 주는 사람이 있는 것이 그렇지 않은 경우보다 관계 보전에 도움이 되는 것은 분명하다. 견우와 직녀가 만나려면 까마귀들이 오작교를 만들어 주어야 할 때가 있다.

〈대화가 필요해〉

다음은 꽤 오래전 자두가 부른 〈대화가 필요해〉라는 노래다. 이는 권태기에 접어든 남녀의 심리 상태를 매우 잘 보여주는 노래다. 먼저 가

사부터 살펴보자.

남자 | 또 왜 그러는데 뭐가 못마땅한데 할 말 있으면 터놓고 말해 봐
여자 | 너 많이 변했어
남자 | 내가 뭘 어쨌는데
여자 | 첨엔 안 그랬는데
남자 | 첨에 어땠었는데
여자 | 요샌 내가 하는 말투랑 화장과 머리 옷 입는 것까지 다 짜증나나 봐
남자 | 그건 네 생각이야
여자 | 우리 서로 사랑한 지도 어느덧 10개월 매일 보는 얼굴 싫증도 나겠지 나도 너처럼 나 좋다는 사람 많이 줄 섰어
남자 | 간다는 사람 잡지 않아 어디 한번 잘해 봐
여자 | 근데 그놈의 정이 뭔지 내 뜻대로 안 돼 맘은 끝인데 몸이 따르지 않아 아마 이런 게 사랑인가 봐 널 사랑하나 봐
남자 | 지금부터 내 말 들어봐 넌 집착이 심해
여자 | 그건 집착이 아냐
남자 | 나를 너무너무 구속해
여자 | 그럼 너도 나를 구속해
남자 | 우리 결혼한 사이도 아닌데 마치 와이프처럼 모든 걸 간섭해
여자 | 너의 관심 끌고 싶어서 내 정든 긴 머리 짧게 치고서 웨이브 줬더니 한심스러운 너의 목소리 나이 들어 보여
남자 | 난 너의 긴 머리 때문에 너를 좋아했는데
여자 | 네가 너무 보고 싶어서 전화를 걸어 날 사랑하냐고 물어봤더니

귀찮은 듯한 너의 목소리 나 지금 바빠

남자 | 듣고 보니 내가 너무 미안해 대화가 필요해

여자 | 이럴 바엔 우리 헤어져

남자 | 내가 너를 너무 몰랐어

여자 | 그런 말로 넘어가지 마

남자 | 항상 내 곁에 있어서 너의 소중함과 고마움까지도 다 잊고 살았어

여자 | 대화가 필요해 우린 대화가 부족해 서로 사랑하면서도 사소한 오해 맘에 없는 말들로 서로 힘들게 해

남자 | 너를 너무 사랑해

아마도 권태기를 겪어 본 사람이라면 노래 가사와 유사한 경험을 해 보았을 것이다. 이제 이를 이용해 권태기 남녀의 심리를 정리해 보도록 하자.

남자 | 또 왜 그러는데 뭐가 못마땅한데 할 말 있으면 터놓고 말해 봐

이는 여자가 자꾸 어깃장을 놓는 것에 남자가 불만을 가지고 항변하는 장면이다. 물론 연애 전성기에는 이처럼 볼멘소리를 내는 경우가 좀처럼 없다. 남성이 이렇게 대응한다는 것은 남성 또한 어느 정도 반복되는 투덜거림을 경험했고, 이것이 반복되다 보니 결국 이런 반응이 나오게 되는 것이다.

여자 | 너 많이 변했어

남자 | 내가 뭘 어쨌는데

여자 | 첨엔 안 그랬는데

남자 | 첨에 어땠었는데

여자 | 요샌 내가 하는 말투랑 화장과 머리 옷 입는 것까지 다 짜증나나 봐

남자 | 그건 네 생각이야

이는 두 사람이 어느 정도 화가 난 상태에서 주고받는 대화인데, 이러한 상황에서는 흔히 상대에게 따져 물음으로써 상대에 대한 공격성을 드러낸다. 이때 남자는 자신이 변했음을 알 수도 모를 수도 있지만 여자는 남자가 변했음이 눈에 확연하게 들어온다. 변화가 더욱 뚜렷하게 느껴지는 이유는 시간이 흐르면서 만들어진 틀과 무관하지 않다. 일단 고정관념이 만들어졌을 경우 여자는 많은 상황을 그러한 틀에 맞추어 해석하게 된다. 그래서 남자로서는 다소 억울하게도 여자가 "요샌 내가 하는 말투랑 화장과 머리 옷 입는 것까지 다 짜증나나 봐"라고 일반화해서 말하는 것이다.

이와 같은 이야기를 들으면 대개 남성은 여성이 지나치다고 생각하게 된다. 하지만 남성이 간과해서는 안 될 사실은 여성이 이런 이야기를 한다는 것은 그만큼 상대에 대한 불만을 쌓아왔다는 간접적인 증거라는 것이다. 행간을 읽지 못하고 단지 현상에만 집착하면 곤란하다. 그러한 남성은 여성 공부를 더 해야 한다.

이러한 이야기가 오갈 즈음해서 남성의 태도가 과거와 달라진 것은 부정할 수 없는 사실이다. 그럼에도 남성은 자신의 변화를 모르는 경우가 적지 않으며, 자신이 나름대로 노력하고 있다고 생각하는 경우도 많다. 그래서 상대가 투정을, 그것도 반복적으로 하찮은 이유로 투정을

부린다고 생각하면 남성 또한 짜증을 내게 된다.

남자 | 지금부터 내 말 들어봐 넌 집착이 심해
여자 | 그건 집착이 아냐
남자 | 나를 너무너무 구속해
여자 | 그럼 너도 나를 구속해
남자 | 우리 결혼한 사이도 아닌데 마치 와이프처럼 모든 걸 간섭해

이 대화는 남녀가 서로를 너무 모르고 있음을 보여준다. 권태기에 접어든 남녀는 전형적으로 '구속'에서 극명한 견해 차이가 나타난다. 헌신에 관심을 갖는 여성은 권태기에 이르렀음에도 계속 남성이 자신을 '구속'하기를 바란다. 이에 반해 콩깍지가 벗겨지는 시기에 이른 남성은 이러한 여성의 태도를 '구속'이라 생각할 수 있다. 만약 남녀가 동일한 특징을 가지고 있다면 여성의 "너도 나를 구속해"라는 말에 남성이 귀를 기울일지도 모른다. 하지만 여성이 머릿속에서 차지하는 비율이 부지불식간에 줄어들었고, 이에 따라 동성 친구를 만나기도 하고, 다른 활동을 하고 싶음에도 상대가 "너도 나를 구속해"라고 이야기하면 남성이 이에 동의할 가능성은 별로 없다. 콩깍지가 다소 벗겨진 남성은 조금은 자유롭고 싶은 것이다. 만약 권태기가 아니라면 여성이 굳이 이런 이야기를 하지 않더라도 남성은 자연스레, 알아서 상대를 구속하려 했을 것이다.

그럼에도 남성은 여성이 이와 같은 제안을 하는 것에 유념할 필요가 있다. 여성이 이와 같은 이야기를 하는 이유는 구속당하면서 행복함을 느껴 왔기 때문이다. 달리 말해 여성은 상대가 자신에게 줄기차게 관심을 가지면서 헌신하는 모습에서 마음 깊이 기쁨을 느낄 수 있었던 것이

다. 그런데 이러한 이야기를 한다는 사실은 여성이 현재 그러한 느낌을 더 이상 받을 수 없음을 나타낸다. 이때 여성의 제안을 심각하게 고려하지 않으면 나중에 가서 후회할 일이 생길 수 있음을 남성은 분명히 기억해 둘 필요가 있다.

여자 | 너의 관심 끌고 싶어서 내 정든 긴 머리 짧게 치고서 웨이브 줬더니 한심스러운 너의 목소리 나이 들어 보여

남자 | 난 너의 긴 머리 때문에 너를 좋아했는데

여자 | 네가 너무 보고 싶어서 전화를 걸어 날 사랑하냐고 물어봤더니 귀찮은 듯한 너의 목소리 나 지금 바빠

권태기에 이르러서는 상대에 대한 남성의 애정 강도가 낮아지는데, 이러한 상황을 당연하다고 생각하는 여성은 사실상 없다고 해도 지나친 말이 아니다. 이때 여성은 상대의 사랑을 확인해 보고자 이런저런 시도를 하게 되는데, 이것이 빈번해지면 남성 또한 짜증이 날 수 있다. 이를 집착이라고 생각해 버리게 될 수도 있는 것이다. 그런데 짜증이 나면 상대에게 함부로 대응하는 일이 생기게 된다.

이때 여성은 폭발하지 않을 수 없다. 사랑을 확인받고 싶은데, 남성이 잔뜩 볼에 바람을 넣고 엉뚱한 소리를 하면 여성은 사랑에 대한 확인이 이루어지지 않는데다 상대방이 짜증을 내거나 심드렁한 태도를 보이니 화가 나지 않을 수 없다. 남성의 반응은 여성에게 더욱 커다란 불만을 야기하며, 이는 흔히 다툼으로 이어지게 된다.

사랑이 최고조에 달해 있을 때는 남성이 여성의 머리 스타일 변화 같은 큰 변화는 말할 것도 없고, 아주 미세한 변화마저도 잡아내서 긍정

적으로 평가해 주었을 것이다. 하지만 과거의 그와 같은 세심함은 어디로 가고, 이제 엄한 소리를 한다. 이 상황에서 여자는 섭섭함을 느끼게 된다. 이처럼 사랑이 확인되지 않을 경우 여자가 상대에게 자신을 사랑하느냐고 직접 물어볼 수도 있는데, 남자가 귀찮은 듯이 '그래~'라고 어쩔 수 없이 대답하면 어떻게 될까? 이것이 남자로서는 사소한 반응일지 모르겠지만 무심코 던진 돌에 개구리는 맞아 죽는다고 그냥 쉽게 던진 남성의 말에 여성은 과거와 다른 모습을 느끼면서 가슴에 시퍼렇게 멍이 드는 사태가 발생하는 것이다.

남자 | 듣고 보니 내가 너무 미안해 대화가 필요해

여자 | 이럴 바엔 우리 헤어져

남자 | 내가 너를 너무 몰랐어

여자 | 그런 말로 넘어가지 마

남자 | 항상 내 곁에 있어서 너의 소중함과 고마움까지도 다 잊고 살았어

만약 이런 식으로 깔끔하게 정리된다면 그 남녀는 정말 도인(道人)이다. 안타깝게도 말다툼이 벌어지면 한쪽이 진심을 담아 미안해하면서 마무리되는 경우가 그리 많지 않다. 애인끼리의 싸움은 일반적으로 그 뿌리가 오래전부터 서서히 형성되어 온 데 기인하기 때문에 앙금이 쉽게 사라지지 않는다. 그뿐만 아니라 다툼이 벌어지면 자존심 싸움도 아울러 일어난다. 따라서 상대가 충분히 납득할 만큼 진심이 담긴 사과를 하는 일도 그리 흔치 않다. 사과를 해도 대개 영혼 없는 사과에 머무는 것이다. 이는 그저 확전을 피하기 위한 미봉책일 확률이 높다. 그런데

이것이 또다시 여성의 심기를 건드린다. 그리하여 싸움이 일단 멈췄어도 이는 휴전 상태이지 결코 종전이 아니다. 화약고가 원천적으로 제거되지 않았기 때문에 싸움은 다음 만남에서 또다시 이어질 가능성이 남아 있는 것이다.

아무리 화가 나도 정말 상대를 아프게 하는 말만은…

권태기에는 각자 상대에게 기대하는 바가 다르기 때문에 싸움이 일어날 가능성이 높아진다. 그런데 싸움을 할 때 하더라도 수위를 조절할 필요가 있는데, 이것이 잘 되지 않는 경우가 적지 않다. 일단 화가 나면 상대에 대한 공격성을 드러냄으로써 자신도 모르는 사이에 상대에게 상처를 주려는 경향이 나타나며, 자존심 등의 이유로 말싸움에서 지지 않으려 하다가 마음에 없는 말을 하기도 한다. 한편 싸운다는 것은 좋지 않은 감정이 누적되어 있음을 의미하기도 하는데, 이러한 감정은 누적되어 있었던 만큼 어느 순간 필요 이상으로 한꺼번에 쏟아져 나올 우려가 있다.

화가 나서 다툼을 벌일 때 말조심을 해야 하는 것은 남녀 모두 마찬가지다. 그럼에도 둘 중에 더 조심해야 하는 쪽은 아무래도 남성이다. 남성이 여성에게 심하게 이야기하는 것은 여성이 바라는 헌신에의 기대를 완전히 저버리는 격이다. 그렇기 때문에 남성이 어떤 상황에서 막말을 쏟아낸다고 했을 때 여성이 입게 되는 정신적 충격은 남성이 생각하는 것 이상으로 크다. 본의가 아니었음에도 내뱉은 말은 이미 엎질러진 물이다. 이는 되돌릴 수 없다. 싸움 이후에 만남이 계속 이어진다고 하더라도 싸웠을 때의 막말은 긴 파장을 드리운다. 그리하여 이는 심지어 수년이 지난 후에도 반복해서 언급되기도 한다.

막말 이후의 관계는 언제 터질 지 모르는 화약고에 비할 수 있다. 의도가 없었음에도, 화가 난 상태에서 상처를 주기 위해 싸우면서 했던 막말은 계속해서 두 사람의 관계를 위협한다. 남성이 잘못을 뉘우치고 여성에게 수차례 사죄한다고 하더라도 여성이 좀처럼 사과를 받아들이지 않음으로써 애타는 경우가 발생하고, 설령 사과가 받아들여졌다고 하더라도 앙금이 남아 있기 때문에 별것도 아닌 일로 짜증을 내거나 쏘아붙이는 일들이 반복해서 벌어지게 된다. 이런 일들이 반복되면 처음에는 남성이 참을 수 있겠지만 나중에 가서는 남성도 덩달아 화가 날 수 있다. 이때 남성은 여성의 까칠함 내지 속 좁음을 탓하면서 싸움의 책임을 전가하기도 한다.

상황이 여기에까지 이르면 남아 있는 것이 무엇이겠는가? 또다시 싸움이 벌어지며 결국 해서는 안 될 이야기까지 하다가 어느 순간 돌아올 수 없는 강을 건너게 된다. 뒤늦게 관계를 되돌리기 위해 노력하는 것은 별다른 의미가 없을 수 있다. 어느 지점까지는 관계를 돌이킬 수 있지만 어느 선을 넘어가 버리면 그때에는 되돌릴 수 없게 되는 것이다. 헤어짐으로 향하는 급행열차를 타고 싶지 않다면 아무리 화가 나더라도 막말만은 삼갈 필요가 있다. 이는 사람의 됨됨이를 드러내는 지표이기도 하다.

사람들이 큰 염려 없이 안락한 삶을 사는 곳에서는
모두가 비슷하게 친절하고 선량해 보이지만,
막상 위험과 고통이 닥쳐오면 참으로 선한 사람만이

인간의 긍지와 양심을 지킬 수 있다.

—김상봉, 『호모 에티쿠스』, 한길사, 8쪽

일단 말다툼을 심하게 벌였다면 쉽지는 않겠지만 다투면서 한 말들을 곧이곧대로 새겨두지 말고 싸울 때 나타나게 되는 공격성 때문에 본의 아니게 심한 이야기를 주고받았다고 생각할 필요가 있다. 또 화가 나고 억울하다는 생각이 들어도 상대 탓만 하려 할 것이 아니라 자신에게도 문제가 있지 않았는지를 복기해 보아야 한다. 싸움이란 한쪽이 일방적으로 잘못했을 때는 좀처럼 일어나지 않는다. 이는 쌍방이 무엇인가 상대에게 불만거리를 만들었기 때문에 일어나는 것이다.

말다툼으로 인한 앙금을 해소하려면

싸움의 앙금을 빨리 해소하기 위해서는 두 사람이 서로 무엇이 잘못되었는지를 분명하게 깨닫고, 이를 해소하기 위해서 노력해야 한다. 이와 관련하여 염두에 두어야 할 것은 ① 정확한 원인 파악, ② 정확한 처방, ③ 처방에 따른 올바른 실천이다.

환자가 고열로 신음하고 있다고 했을 때 의사가 취하는 조치를 생각해 보자. 먼저 의사는 고열의 원인이 무엇인지를 알아내기 위해 노력하며, 일단 원인을 알아내면 그에 따른 처방을 내린다. 그러고 나서는 처방에 따라 약을 투여한다. 이 과정에서 훌륭한 의사는 병에 대한 심층적인 이해를 바탕으로 정확한 진단과 처방을 내려 환자를 완쾌시킬 것이다. 반면 돌팔이 의사는 병을 제대로 이해하지 못한 상태에서 엉뚱한 진단과 처방을 내려 병을 악화시킬 것이다.

환자를 치료하는 이러한 과정은 남녀 간의 싸움을 해결해 나가는 과정에도 적용해 볼 수 있다. 먼저 싸움이 빈번해지면 왜 싸움이 일어나는지에 대한 정확한 이해와 처방이 요구된다. 여기서 중요한 것은 정확성인데, 정확한 이해와 처방이란 단순히 수박 겉핥기식으로만 따져보는 것이 아니라 좀 더 심층적으로 문제의 원인을 파악하고, 이를 바탕으로 거기에 맞는 적절한 처방을 내리는 것을 말한다. 그저 표면적으로나 형식적으로만 싸움이 벌어진 원인을 따져보는 데 머문다면 싸움을 중단하기 위한 적절한 처방을 내릴 수가 없다. 예를 들어 싸움의 원인을 참을성 부족에 두고 인내력을 갖기 위해 노력하는 것은 적절한 원인 규명과 처방이라 할 수 없다. 참을성이 문제가 되지 않는 것은 분명 아니다. 하지만 싸움이 일어나는 좀 더 근본적인 원인을 찾아보려 하지 않고 참을성에만 초점을 맞추는 것은 의사가 고열의 원인을 정확하게 알아내서 처방을 내리지 않고, 그저 열이 난다고 해열제만 주고 마는 것에 비유할 수 있다. 이 경우 환자가 근본적으로 치료되기는 어렵다.

대부분의 사람은 말 그대로 평범하기 때문에 싸움의 원인에 대한 정확한 이해와 처방을 내리기가 힘들며, 심지어 아예 그것이 무엇인지, 그것이 왜 필요한지 모르는 경우도 허다하다. 이는 비범한 사람도 특별히 다르지 않다. 하지만 이를 위해 노력해 보는 것은 매우 중요한데, 일단 표면적인 요인과 심층적인 요인 등으로 몇 가지 범주를 만들어서 각각의 항목을 세분화하고 이에 살을 붙여 나가다 보면 완벽하지는 않다 하더라도 문제의 원인과 처방을 좀 더 구체적으로 파악해 볼 수 있게 될 것이다.

한편 원인에 대한 정확한 해명과 처방보다 중요한 것은 이를 바탕으로 한 실천이다. 실천 없는 사유는 공허하다. 아무리 문제를 정확하게 파악하고 처방을 알게 되었다고 한들, 그것이 실천으로 이어지지 않는다면 무슨 소용이 있겠는가? 가령 의사가 처방까지 해놓고 막상 이를 실행에 옮기지 않으면 환자는 결코 치료될 수 없을 것이다.

이러한 실천은 무엇보다도 싸움을 벌인 두 사람이 합심 노력할 것이 전제되어야 한다. 이를 위해서는 싸움을 하는 두 사람이 문제점이 무엇인지, 그에 대한 처방이 무엇인지에 합의를 해야 하는데, 사실 이것이 그리 간단한 것만은 아니다. 그럼에도 이와 같이 문제를 해결하려 하지 않고 좋은 게 좋은 것이라고 생각하여 그냥 넘어가다 보면 싸움은 금세 또 일어나기 쉽다. 싸움이 반복되길 바라지 않는다면 문제를 심층적으로 이해하려는 마음으로 조심스레 되짚어보려는 노력을 두 사람 모두가 기울여야 한다. 만약 배우자나 애인과 싸워서 냉전을 벌이고 있는 중이거나 그런 경험이 있다면 적당히 넘어가지 말고 서로 이야기를 나누면서 유의해야 할 점들에 대한 매뉴얼이라도 만들어 이를 지침으로 삼아 행동해 보는 것은 어떨까?

남성은 자유, 여성은 관심

남성이 여자 친구를 두고 친구들과 당구를 치러 갔다. 당구는 돈내기. 결정적인 큐를 날리려는 순간 여자 친구에게서 전화가 왔다.

"어디야?"
"으응~ 다다당구장~"

"머? 지금 당장 나 데리러 와. 안 오면 알아서 해! 툭! 띠띠띠~"

이때 남성은 큐대를 내려놓고 허겁지겁 여성을 만나러 가지 않으면 안 된다. 사소한 데 목숨을 걸어선 안 되기 때문이다. 그런데 이렇게 여성을 만나러 갈 경우 남성은 내심 불만을 갖고 있지 않을 수가 없다. 그렇기 때문에 막상 여성을 만났을 때 가는 말이 곱지 않을 가능성이 높다. 여성 또한 자신을 두고 혼자 놀러간 남성에게 결코 우호적인 말투로 이야기하지는 않을 것이다. 이 상황에서 두 사람이 만나면 어떻게 될지를 예상하기란 어렵지 않다.

권태기가 되면 이와 같은 경우가 과거에 비해 빈번해지는 편이다. 권태기에는 콩깍지가 벗겨지면서 남성은 여성 외의 다른 것에 대한 관심이 새록새록 돋아난다. 그리하여 한동안 잊고 살았던 동성 친구, 게임, 공부, 장래 등 다양한 것에 대한 관심이 회복된다. 이는 사랑의 강도가 예전과는 다소 달라졌기에 생기는 변화다. 그렇다고 남성의 머릿속에서 여성이 완전히 지워진 것은 전혀 아니다. 단지 여성에 대한 관심이 약간 줄어든 만큼 다른 것에 대한 관심이 스멀스멀 그 자리를 차지하게 되는 것이다.

이러한 변화는 부지불식간에 남성을 힘들게 한다. 여성의 울타리를 넘어 다른 세상으로 뛰쳐나가고 싶음에도, 그렇게 할 경우 어떤 일이 벌어질지 너무나도 잘 알고 있기에 남성은 자유를 억누를 수밖에 없다. 여성의 눈치를 보지 않을 수 없는 것이다. 특히 여성의 헌신에 대한 바람이 지나치게 강할 경우나 다른 것을 해 보고 싶은 남성의 욕구가 아주 클 경우 남성은 거짓말을 해서라도 다른 일들을 해 보고 싶어할 수 있는데, 거짓말이 발각이라도 되는 날이면 그날은 제삿날이다. 이때 너와 있는 것 외에 다른 것을 해 보고 싶었다고 솔직히 말한다면 그 후에 벌어질 일은 생각만 해도 오싹하다. 이 모든 상황은 남성에게 여성이 자신을 너무 구속한다는 생각을 하게 만든다. 그리하여 말다툼을 벌일 때 "답답해서 미칠 것 같아"라는 말까지 나오는 것이다. 이러한 상황은 그 자체가 남성이 여성에게 불만을 갖는 요인이 된다.

여성은 권태기에 접어들어서도 자신에 대한 관심만큼은 포기하지 않는다. 이에 따라 여성에게는 이러한 변화가 용납될 리가 없다. 상대에게 다소 싫증이 나 있다고 하더라도 상대가 자신에게 관심을 갖지 않고 다른 짓을 한다면 여성은 이를 받아들이기가 어려운 것이다. 만약 남녀 모두 상대의 헌신이 지속되길 바라는 특징을 가지고 있다면 아마도 쪼아대는 것은 여성만이 아닐 것이다. 거꾸로 남녀 모두 헌신이 지속되길 바라는 특징을 가지고 있지 않다면 두 사람은 서로에게 자유를 주고, 상대가 자신에게 관심을 덜 나타낸다고 하더라도 별로 화를 내지 않을 것이다.

권태기에 접어들었을 때 남녀가 알아야 할 것은 남성은 어느 정도의 자유를, 여성은 자신에 대한 헌신이 계속 유지되길 원한다는 사실이다. 당장 이성 문제로 머리가 아픈 사람이라면 현재 겪고 있는 이런저런 갈등의 원인이 무엇인지를 곰곰이 생각해 보라. 그러면 문제가 대부분 방금 언급한 것과 직간접적으로 관련이 있음을 확인할 수 있을 것이다.

일단 문제의 핵심이 무엇인지를 파악했다면 남녀는 상대가 원하는 바를 의식하고, 이에 관심을 갖기 위해 적극적으로 노력해야 한다. 그리하여 남성은 여성이 헌신에 관심을 가지고 있음을 의식하고 거기에 맞추려 하고, 여성은 남성이 비교적 자유롭기를 바란다는 것을 의식하고 상대방이 어느 정도 자유를 누릴 수 있도록 여지를 줄 필요가 있다.

이처럼 남녀가 원하는 바의 핵심을 어느 정도 알고 있으면서 상대를 배려한다면, 갈등을 최소한으로 줄이면서 슬기롭게 권태기를 넘어갈 수 있을 것이다.

만약 이와 같은 태도를 가지려 하지 않을 경우, 다시 말해 상대가 바라는 바를 무시하고 자신이 원하는 방식으로만 상대를 대하려 하면 연애가 종말을 고할 가능성이 커진다. 상대가 헌신을 바라고 있음에도 전혀 헌신적인 모습을 보이지 않으면서 자신이 하고 싶은 대로 행동하는 남성, 상대를 마치 하인 부리듯이 하면서 다른 것을 할 여지를 전혀 주지 않는 여성은 연애에 실패할 가능성이 높다.

오늘날 남녀가 너무 쉽게 만나고 헤어지는 풍속도는 젊은이의 특징이 반영된 결과일 수 있다. 다시 말해 빈번한 만남과 헤어짐은 타인보다는 자신을 위주로 생각하는 데 익숙해 있는 세태와 맞물려, 사랑을 지켜야 한다는 생각보다는 자신이 좋으면 만나고 싫어지면 그만이라는 생각과 관련이 있다는 것이다. 만약 서로 양보하면서 나에게 상대방이 해 주는 것에 초점을 맞출 것이 아니라 조금만이라도 상대방을 더 이해해 주고 배려해 주려는 마음을 갖는다면 그 사랑은 비교적 순탄하게 이어질 것이다. 쉽진 않겠지만 이상적인 커플이 되고자 한다면 두 사람 모두 상대방이 원하는 바에 맞추려 하면서, 상대방이 자신이 바라는 바에 다소 어긋난다고 하더라도 이를 이해하기 위해 노력할 필요가 있다.

하지만 사람들은 대부분 그렇지 못하고 자기 위주로 생각을 하는 편이다. 이 때문에 이 세상에는 그토록 많은 만남과 이별이 있는 것이다. 만약 우리가 모두 역지사지(易地思之)하는 자세로 상대가 싫어하는 행동, 아파하는 행동을 하지 않으려 한다면, 그리고 그렇게 하기 위해 알아두어야 할 남녀의 성 특징을 적절히 이해하고 있다면 설령 한창 연애할 때와 같은 사랑을 나누는 것이 힘들다고 하더라도 그 사랑은 지속될 가능성이 높다.

인품, 그리고 성차에 대한 이해라는 기준으로 따져 보는 헤어질 가능성

권태기를 보내는 방법은 두 사람이 어떤 특징을 가지고 있느냐에 따라 달라질 수 있다. 대략 타인을 배려할 줄 아는 능력이 있다는 것을 인품을 갖추었다고 말할 수 있다면 우리는 남녀가 ① 모두 인품을 갖춘 경우, ② 둘 중 한 사람만 인품을 갖춘 경우, ③ 둘 다 인품을 갖추지 못한 경우로 나누어 볼 수 있다.

한편 인품과는 별개로 남녀가 성 특징의 차이를 얼마만큼 의식할 수 있는지는 권태기를 얼마만큼 잘 보낼 수 있는지의 척도가 될 수 있다. 이 또한 ⓐ 남녀 모두가 이러한 차이를 적절하게 의식하는 경우, ⓑ 둘 중 한 사람만 차이를 의식하는 경우, ⓒ 둘 다 차이를 의식하지 못하는 경우로 구분할 수 있다.

인품과 남녀의 차이에 대한 이해라는 두 가지 지표만 놓고 보았을 때 권태기를 잘 넘길 수 있는 경우는 당연히 ①ⓐ의 조합이다. 나머지 경우는 크고 작은 방식으로 문제가 일어날 가능성이 있고, 특히 ③ⓒ의 조합은 최악의 경우로, 헤어지게 될 가능성이 가장 높다.

굳이 언급하지 않아도 권태기를 가장 잘 극복할 것으로 예상되는 커플은 서로 잘 배려할 줄 알면서도, 남녀 차이를 잘 아는 커플이다. 이러한 커플은 의식적이건 무의식적이건 권태기에 이르러 과거와는 사랑의 양태가 달라졌음을 의식하고, 이에 적절하게 대응하기 위해 노력할 것이다. 이처럼 권태기에 어떤 변화가 어떻게 일어나고, 이 상황에서 상대를 대하는 최선의 방식이 무엇인지를 파악하여 서로 배려하려는 의지를 가지고 행동할 경우 남녀는 갈등을 최소화할 수 있다. 예컨대 이러한 노력을 기울이지 않았을 때 열 번을 싸운다면, 이러한 노력을 할 경우 싸움을 서너 번으로 줄일 수 있다. 그것도 비교적 평온하게 싸우면서 위기를 잘 극복할 수 있을 것이다.

연애를 잘하기 위해서는 훌륭한 인성을 갖추어야 할 뿐만 아니라 남녀의 성 특징에 대해서도 잘 알아야 할 것이다. 클림트(Gustav Klimt)의 〈부채를 든 여인〉.

①ⓐ 조합 외의 나머지 조합은 어떤 경우에도 문제의 소지가 있다. 예를 들어 ①ⓒ 커플을 생각해 보자. 이러한 커플은 남녀 모두가 인품이 훌륭함에도 남녀의 성 특징을 서로 모른다. 그런데 이처럼 서로 이성의 성 특징을 잘 모를 경우에는 관계에 문제가 생길 가능성이 ①ⓐ에 비해 상대적으로 높다. 왜냐하면 아무리 훌륭한 인품을 갖추고 있다 하더라도 무작정 이해하고 참는 데는 어느 정도 한계가 있기 때문이다. 실제로 무조건적인 이해는 얼마 있지 않아 한계에 도달할 가능성이 높다. 감정이나 행동 등의 인과관계를 의식하고서 상대를 이해하는 경우와 무엇을 이해해야 하는지도 모르면서 무조건 상대를 이해하려는 경우 중에서 이해를 오래 지속할 수 있는 쪽은 아무래도 전자일 것이다.

이처럼 타인을 배려할 수 있는 넓은 마음은 권태기를 잘 넘길 수 있는 충분조건이 아니다. 상대방이 구체적으로 어떤 것에 민감한지, 무엇을 좋아하고 싫어하는지 등을 적절히 파악할 수 있어야 그러한 넓은 마음으로 상대방을 아프지 않게 하면서 권태기를 잘 넘길 수 있는 것이다. 반대로 상대방의 선호와 민감도 등을 알고 있다고 하더라도, 상대방을 배려하기보다는 자신이 하고 싶은 대로 하려는 경향이 있는 사람도 상대를 결코 기쁘게 만들 수 없을 것이다.

마지막으로 ③ⓒ는 서로가 자기 위주로 생각할 뿐 아니라 남녀의 성차에 대한 이해가 없는 경우인데, 이런 경우는 사랑의 콩깍지가 벗겨지면 헤어질 가능성이 매우 커진다. 이들은 상대에게 자신이 원하는 바를 요구하기만 하고, 자신이 상대에게 무엇인가를 해 줄 생각이 별로 없다. 게다가 상대방이 원하는 것이 무엇인지 제대로 알지도 못한다. 이처럼 상대가 원하는 바를 모를 뿐 아니라 상대를 힘들지 않게 하려고 노력할 의지마저도 없다면, 그것도 쌍방이 그러하다면 이러한 커플은 콩깍지가 벗겨지는 순간이 헤어지는 순간이 될 가능성이 높다. 연애를 잘하려면 남녀 공히 성숙된 인격과 인간에 대한 지식 등을 적절하게 갖추고 있어야 한다. 지식도, 포용력도 없다면 연애의 지속 시간은 그만큼 짧아질 수밖에 없다.

새로 사람을 만나면 그 사람은 과거의 사람과 확연히 다르다. 하지만…

이런저런 이유로 헤어지고 나면 한동안 헤어진 사람을 잊지 못해 가슴 아파하며 이리저리 비틀거리다가 결국 그 사람을 다시 만나기도 한다. 하지만 완전히 헤어지고 나서는 다른 사람을 만나게 되는데, 이 경우 여자는 만족감을 느낄 가능성이 높다. 그러면서 자신의 선택이 옳았음을 확신할 수 있는데, 이는 어쩌면 너무나도 당연하다. 어떻게 권태기 남성의 태도와 연애 단계로 접어들기 위해 노력하는 남성의 태도가 비교 대상일 수 있겠는가? 하지만 이 남자와의 관계라고 영원히 불타오를 수는 없으며, 일정 시기가 지나가면 결국 권태기라는 것이 찾아온다. 그리고 이 시기에 이르러야 이전 남성과 현재 만나고 있는 남성을 비교적 객관적으로 비교할 수 있게 된다.

자신이 사랑받는 느낌이 중요하다면 권태기마다 관계를 청산하고 새로운 남성을 계속 만나는 편이 좋다고 말할 수 있을 것이다. 하지만 적령기에 이르러 결국 사회적 관행인 결혼이라는 제도에 편입되려면 어느 순간 그와 같은 사랑의 여정을 멈추고 특정한 사람을 선택해야 한다. 이 선택은 쉽게 물릴 수 있는 것이 아니며, 평생을 좌우할 수 있는 매우 중요한 결정이다. 이 때문에 극도로 신중하게 상대를 선택해야 하는데, 새로운 사랑과 사람을 만나는 데만 줄곧 관심을 가질 경우 충분히 신중하지 못한 상태에서 배우자를 선택하게 될 가능성이 높아진다. 특히 오랫동안 상대와 사귀지 않은 상태에서 결혼 결정을 내릴 경우 그 선택이 잘못될 가능성도 있다. 그 이유는 권태기에 이르러야 비로소 인간성이 어느 정도 드러나는데, 그런 시기가 오기 전에 서둘러 결혼하게 되기 때문이다.

이것이 사실이라면 사랑받는 느낌에 지나치게 목을 매서는 안 되며, 상대의 인품을 평가해 보았을 때 별다른 문제가 없다면 권태기의 오래된 사랑이 싫어 새로 사람을 만나기보다는 기존에 만나는 사람과의 관계를 계속 유지하는 것이 좋지 않을까? 권태기가 없는 끝없는 사랑이 가능하고, 그런 사랑을 할 수 있는 사람을 만날 수 있다면 모르겠지만 이는 유행가 가사에나 나오는 뻥튀기다. 권태기 없는 사랑이란 없다. 있다면 그것은 이 세상 이야기가 아니다. 공연히 사랑을 찾아 떠돌아다니다 사랑의 전성기에 결혼했는데, 사랑이 어느 정도 식고 난 후 상대의 모습을 보았더니 최악인 경우를 생각해 보라. 이때 울면서 후회해도 소용없다. 비극의 탄생이다.

결혼은 현실이라는 말을 많이 한다. 상당 부분 맞는 말이다. 결혼 생활이 행복하려면 사랑 외의 많은 요소가 충족되어야 한다. 그런데 다른 측면을 배제하고 사랑받는 느낌과 인품 중 하나를 선택해야 한다면 나는 인품을 선택하는 것이 더 현명하다고 생각한다. 특히 권태기를 거쳐서 사랑의 강도가 식은 것이 문제일 뿐 상대방의 인품이 문제가 되는 것이 아니라면 그 사람을 쉽게 포기해선 안 될 것이다.

권태기를 넘어서

어쩌면 지금까지 내가 연애의 전(全) 단계에서 권태기의 부정적인 면만을 지나치게 부각시켰는지 모르겠다. 하지만 연애가 이처럼 부정적인 면이 큰 것은 전혀 아니며, 아름다운 면이 훨씬 많다. 내가 집중적으로 권태기의 갈등을 다룬 이유는 그러한 갈등 상황의 이면을 들여다보고 이를 해결하려는 노력을 기울이기보다는 그저 일어나는 현상에만 초점을 맞춰 쉽게 쉽게 판단하고 결정하는 연인들의 모습이 안타까워서다. 사실 연애 단계에서는 많은 말이 필요하지 않다. 모든 일이 순조롭게 이루어지고 행복한데, 굳이 무엇을 덧붙이겠는가! 하지만 권태기에서의 갈등은 남녀의 특징을 어느 정도 이해하고 있지 않으면 무엇이

궁극적으로 연애는 온갖 역경과 갈등을 뒤로하고 돌아온, 성숙함이 물씬 풍기는 내 누님같이 생긴 국화의 모습을 닮아야 할 것이다.

근본적인 문제인지 알기가 힘들고, 이로써 굳이 헤어지지 않아도 될 커플이 헤어지는 경우가 발생하기도 한다. 바로 이러한 이유 때문에 나는 권태기를 집중적으로 조명하려 한 것이다.

일부 독자는 권태기가 있다는 것이 필연적으로 헤어짐을 예고하는 것이 아니냐고 물을지도 모르겠다. 결코 그렇지 않다. 물론 뜨거운 열정이 활활 타오르는 사랑을 끝없이 할 수 없는 것은 맞다. 하지만 그러한 사랑을 할 수 없다고 해서 만남이 중단되는 것은 아니다. 아니, 중단되어서는 안 된다. 정열적인 사랑의 순간이 지나가면 자연스레 정(情)으로의 이행이 이루어진다. 이러한 단계에 접어들면 커플은 서로에게 익숙해지면서 상대에 대한 이해의 폭이 깊고 넓어지며, 어느 정도 양보의 미덕을 발휘할 줄도 알게 된다. 이러한 커플은 연애하다가 맞이했던 몇

차례 위험한 고비를 넘어 마침내 상대에게 끈끈한 교감과 정을 느낄 수 있는 고지에 오른 것이다.

달콤함만이 느껴지는 연애 단계가 지나가면서 서서히 찾아오는 갈등을 우리가 단순히 회피하고 싶다고만 생각해서는 안 된다. 이러한 갈등은 풋풋한 사랑에서 성숙한 사랑으로 도약하기 위해 부득불 겪어야 할 의례라고 생각해야 한다. 국화꽃이 피려면 소쩍새가 울어야 하고 천둥이 먹구름 속에서 울어야 한다. 이렇게 해서 핀 꽃은 온갖 역경과 갈등을 뒤로하고 돌아온, 성숙함이 물씬 풍기는 내 누님같이 생긴 꽃이다. 이 꽃은 우리의 시선을 확 잡아끄는 화려함을 갖추고 있지 않지만 자꾸 봐도 질리지 않으며, 은근히 우리의 시선을 붙들어 놓는다. 연애가 이런 단계에 이르는 것이야말로 사랑의 승리이자 인간 승리라 할 것이다.

4부

보론: 진화심리학에 대한 비판과 대응

지금까지 우리는 남녀의 특징에 대한 진화심리학의 설명, 그리고 이를 연애에 활용하는 방법들에 대해 살펴보았다. 그런데 진화심리학은 많은 장점이 있음에도 오해를 적지 않게 받고 있으며, 그만큼 대접 또한 제대로 받지 못하는 것처럼 보인다. 진화심리학에 대해 불평을 하는 사람들은 이러한 이론이 각종 차별을 정당화하며, 기존 체제를 유지하고자 하는 보수적 태도를 옹호한다고 생각한다. 또한 진화심리학에 대해 어느 정도 들어본 사람들은 어떻게 인간의 특성이 생물학적으로 결정될 수 있는가를 물으면서 진화심리학의 설명에 등을 돌린다. 진화심리학에 대한 비판에는 다음과 같은 것들이 있다.

1) 진화심리학은 자유의지를 부정한다.
2) 진화심리학은 환경이나 문화의 영향을 부정한다.

3) 진화심리학은 부당한 이데올로기를 정당화할 수 있다.

4) 진화심리학은 사이비 과학이고 독단적이다.

이러한 지적들은 대체로 진화심리학에 대한 오해에서 비롯된 것이다. 필자는 이러한 오해를 불식시키기 위해 마지막으로 진화심리학 비판에 대한 반론을 추가하고자 한다.

1) 진화심리학은 자유의지를 부정한다

성에 대한 진화심리학적 접근에 대해 제기되는 비판 중의 하나는 그러한 설명이 자유의지를 부정하고, 우리의 행동이나 의식이 전적으로 생물학적으로 결정된다고 주장한다는 것이다.

이러한 비판은 한마디로 적절치 못하다. 대체로 진화론을 이용해 행동이나 심리를 설명하고자 하는 사람들은 모든 행동이 일일이 유전자에 의해 결정된다는 식의 강한 결정론을 옹호하고 있지 않다. 진화심리학자들은 우리에게 이성 능력이 있으며, 이를 활용하여 생물학적 본성에 대항할 힘이 있음을 인정한다. 예컨대 리처드 도킨스(Richard Dawkins)는 "우리는 유전자에 대항할 힘이 있으며, 이 지상에서 유일하게 우리 인간만이 이기적인 자기 복제자들의 전제적 지배에 반역할 수 있다"[1]라고 밝혔다. 또 리처드 알렉산더(Richard Alexander)는 "유전자에 소용이 되기 위해 우리가 진화했다고 해서, 우리가 유전자에 소용이 되어야 할 의무가 있는 것은 아니다"[2]라고 주장한다.

---

1 리처드 도킨스, 『이기적 유전자』, 홍영남 옮김, 을유문화사, 1993, 301쪽.

2 Richard Alexander, *The Biology of Moral Systems*(Aldine de Gruyter, 1987), p. 40.

이처럼 진화심리학자들은 본성을 이야기할 때 의지 능력을 부정하려 하지 않고, 단지 우리에게 생래적으로 주어진 성향이 있음을 강조하려 한다. 가령 남성에게 다수의 성 파트너를 갖고자 하는 경향이 있다고 하더라도 남성은 그러한 경향을 행동으로 드러내지 않을 수 있다. 마찬가지로 시각에 의해 성적인 자극을 받더라도 그러한 자극에 따라 행동하지 않을 수 있다. 진화심리학자들은 결코 이와 같은 사실을 부정하는 것이 아니다. 그들은 다수의 성 파트너를 갖고자 하는 경향이나 시각적으로 자극을 받는 경향이 맹아로 주어져 있음을 이야기할 뿐, 거기에 대항할 능력마저 없다고 말하지는 않는다.

여기서 유심히 살펴보아야 할 사항은 진화심리학자들이 말하는 강제가 행위 차원이 아니라 심리적 차원에서 주어졌다는 의미의 강제라는 점이다. 그들이 말하는 강제는 예컨대 남성이 젊고 건강한 여성의 나신을 보았을 때 성적인 자극을 받는다는 것이며, 이것이 자신의 의지와 무관하게 느껴진다는 것이다. 그들에 따르면 어떤 상황에서 이러한 느낌을 갖게 되는 것은 어쩔 수가 없다. 그럼에도 인간은 통제 능력을 이용해서 이러한 자극을 외면하거나 이러한 자극에 따라 행동하지 않으려 할 수 있다. 이렇게 보았을 때 우리는 ① 진화로 인해 주어진 성향이 우리를 어느 방향으로 이끌지만 여전히 따르지 않을 수 있는 경우와 ② 진화로 인해 주어진 성향이 너무나도 강렬하여 우리가 거기에 따르지 않을 수 없는 경우를 구분해야 할 것이다. 여기서 전자는 자유의지를 인정하고 있음에 반해, 후자는 자유의지를 인정하고 있지 않다. 비판자들은 진화심리학을 ② 와 같이 해석하고 있는 듯한데, 이는 잘못이다. 진화심리학자들이 말하는 '결정됨'은 강한 의미라기보다는 약한 의미다. 다소 투박하게 지그문트 프로이트(Sigmund Freud)의 인성 구조론에 입각해서 정리하자면, 진화심리학자들은 인성이 이드(id)로만 구성되어 있다고 생각하지 않는다. 그들이 주장하려는 것은 인성 내에 이드가 있음을 부정할 수 없다는 것일 뿐, 우리는 의지를 통해 이를 따를 수도 있고 따르지 않을 수도 있으며, 초자아(superego)의 명령에 따를 수도 있는 것이다.

2) 진화심리학은 환경이나 문화의 영향을 부정한다

진화심리학에 대해 흔히 제기되는 또 다른 비판은 진화심리학이 문화나 환경의 영향을 외면한다는 것이다. 앞에서의 비판이 인간의 자유의지를 부정한다는 측면의 비판이었다고 한다면, 이와 같은 비판은 인간이 유전적인 측면으로 설명될 수 없으며, 문화나 환경이라는 측면에서 설명되어야 한다는 비판이다. 하지만 진화심리학자들은 문화적 또는 환경적 요소의 개입을 인정하고 있다. 그들은 우리의 행동이 생물학적인 요소와 문화적인 요소의 결합을 통해 드러나는 것이라고 말하지, 오직 생물학적인 요소만으로 특정한 행동을 하게 된다고 생각하지 않는다. 그들이 양자의 중요성을 인정하고 있음은 에드워드 윌슨(Edward Wilson)의 인간의 공격 행동에 대한 설명에서 잘 드러난다.

> 공격성은 용기의 벽에 끊임없이 압력을 가하는 유체(流體)와 같은 것이 아니다. 또한 공격성은 빈 용기에 주입되는 일련의 활성화 물질 같은 것도 아니다. 좀 더 엄밀하게 비유하자면, 공격성은 이미 존재하고 있는 화학 물질 혼합물로, 특별한 효과가 있는 촉매를 첨가하여 가열하고 휘저으면 변화를 일으킬 준비가 되어 있는 물질과 같다.[3]

윌슨이 생각하기에 우리에게 유전되는 것은 공격성과 관련한 문화적 장치를 만들어내려는 본래적인 성향이다. 문화는 우리의 공격성에 구체적인 형식을 부여하며, 구성원들이 어떤 방식으로 공격성을 발현시킬 것인가에 대한 통합적인 지침을 제공한다. 중요한 것은 윌슨이 폭력의 구체적인 행사 방법은 유전된다고 생각하지 않는다는 것이다. 윌슨은 ① 유전적 성향, ② 사회가 처해 있는 환경, ③ 그 사회의 역사라는 세 가지 요인이 동시에 작용함으로써 공격성의 문화적 진화가 이루어진다고 본다. 진화심리학자들은 이처럼 세 가지 요인이 동시에 작용한다는 입장을 인간의 공격 행동뿐만 아니라 성 행동과 도덕성 등에 일관성 있게 적용한다.[4]

하지만 이처럼 세 가지 요인이 작용한다는 것을 인정한다고 해도 진화심리학자들이 인간의 생물학적 측면으로 인한 제약을 염두에 두는 것은 분명하다. 다시 말해 인간의 문화가 환경에 의해서 변화되거나 발전을 해 나가기도 하지만 그러한 변화에는 어느 정도의 한계가 있다고 생각한다는 것이다. 이러한 입장에서 매트 리들리(Matt Ridley)는 "문화는 종종 인간 본성에 영향을 미치기보다는 인간 본성을 반영한다"[5]고 주장한다. 비유를 하자면 해바라기의 씨앗을 심었다고 했을 때 이 씨앗은

---

3 Edward Wilson, *On Human Nature*, p.114.

4 이와 같은 요인들이 공동으로 작용하고 있는 사례로 윌슨(Edward Wilson)과 럼스덴(Charles Lumsden)은 언어 습득 과정을 포함한 다양한 사회적 행동을 제시하고 있으며, 이 밖에도 문화와 유전의 공진화 이론(culture & gene co-evolution theory) 및 발생이 이루어지는 동안 해부학적·생리학적·인지적, 또는 행동적 특성을 특정한 방향으로 향하게 하는 규칙인 후성적 규칙(epigenetic rule) 등을 통해 양자가 상호 작용함을 보이고 있다. Lumsden, C., Wilson, E.의 *Gene, Mind, and Culture*(Harvard Univ. Press, 1981)와 *Promethean Fire*(Harvard Univ. Press, 1983) 참조.

5 매트 리들리, 『본성과 양육』, 89쪽.

환경의 영향에 따라 크게 자랄 수도 있고, 아예 싹을 피우지도 못할 수 있다. 하지만 어떤 환경 속에 있다고 하더라도 결코 해바라기가 소나무가 될 수는 없다. 진화심리학자들이 생물학적으로 주어진 특성을 이야기할 때, 그들은 이러한 특성이 맹아로 주어진다는 것을 말하고 있으며, 환경의 영향에 따라 이러한 특성이 강하게 드러날 수도, 극도로 억제되어 심지어 당사자가 제대로 느끼지 못할 수도 있다고 생각한다.

만약 1)과 2)에서 살펴본 바와 같이 진화심리학이 자유 의지를 부정하지도 않고, 환경이나 문화 등의 영향도 부정하지 않는다면 그들이 말하는 이성(異性)을 대할 때의 성차는 통계적이고, 평균적이며, 예외가 있을 수밖에 없다. 실제로 진화심리학자들이 차이를 말한다고 해서 남성 또는 여성이 남김없이 어떠한 특성을 지닌다고 주장하는 것은 아니다. 그들은 여성 중에서 소위 남성의 특성(물론 남녀 간의 특성을 규정한다는 자체를 부정하는 사람도 있겠지만)을 지닌 사람이 있다고 생각하며, 그 반대도 마찬가지다. 하지만 남성 중에서 여성보다 키가 작은 사람이 있음에도 평균 신장에서 남녀의 차이가 분명하게 나타나듯이, 또한 여성 중에서 평균적인 남성에 비해 힘이 센 여성이 있음에도 남녀 간의 힘의 세기에서 차이가 분명하게 나타나듯이, 그들은 남성과 여성 간의 평균적인 성 심리적인 특성에서도 차이가 있다고 주장한다.

이러한 점을 감안한다면 진화심리학에서 이야기하는 성 특성에 부합되지 않는 남녀를 확인할 수 있다고 해서 곧장 진화심리학이 잘못되었다고 말하는 것은 적절치 못하다. 예컨대 "여성 중에서도 여러 명의 성 파트너를 얻고자 하는 여성이 있다"와 같은 주장은 진화심리학이 잘못임을 보여주는 증거가 될 수 없다. 진화심리학이 이러한 여성들이 있을 수 없다고 말하고 있는 것은 결코 아니기 때문이다. 많은 사람들은 평균적인 남녀 간의 외적 차이를 인정하면서도 심리적인 차이가 있다는 생각에 대해서는 부정적인 태도를 취하는데, 왜 그렇게 생각해야 하는지 한 번쯤 자문해 볼 일이다.

3) 진화심리학은 부당한 이데올로기를 정당화할 수 있다

다음은 인간에 대한 생물학적 설명을 이데올로기의 측면에서 비판한 글이다.

> 생물학적 결정론은 인간 사회에서 벌어지는 사회적 현상과 사회적 행동은 각 개인이 갖고 있는 생물학적 특성에 의해 결정된다고 규정한다. 예를 들면 계급, 성, 인종 간의 지위, 부, 권력에서의 불평등은 그들의 생물학적 특성에 의해 결정된다는 것이다. 또한 남성은 여성보다 능력에서 앞서고, 그것은 뇌와 생식기 구조의 차이와 같은 생물학적 특성에 의존한다고 주장하는데, 이러한 논의가 정당화될 수 있다면 역사를 통해 이어진 가부장제는 불가피한 것이 된다.[6]

인간에 대한 생물학적 설명에 대해서는 이데올로기적 남용의 가능성과 관련한 비판이 유달리 많이 제기된다. 이와 같은 생물학적 설명에 대한 적대감은 아마도 과거 사회 진화론(social darwinism)의 폐해가 남

6 스티븐 로우즈, 리처드 르원틴, 레온 카민, 『우리 유전자 안에 없다』, 이상원 옮김, 한울아카데미, 1993, 9쪽.

긴 잔영이라고 말할 수 있을 것이다. 사회 진화론자들은 우리가 살아가는 데 필요한 규범이나 지침을 진화에서 적극적으로 구해야 한다고 주장한다. 그런데 이상과 같은 입장에 설 경우 사회 진화론자들이 진화의 본래적 특성을 어떻게 규정하느냐는 중요한 문제가 된다. 왜냐하면 이를 어떻게 규정하느냐에 따라 우리가 지향해야 하는 생활 지침이나 규범 또한 달라질 수 있기 때문이다. 유감스럽게도 사회 진화론자들은 '적자생존(survival of the fittest)'을 진화의 특징으로 간주하였는데, 진화의 특징을 이와 같이 규정함으로써 사회 진화론은 진화 과정 자체의 불가피성과 연결되어 약육강식을 정당화하는 이론으로 자리 잡게 된다. 예를 들어 사회 진화론은 당대의 정치·경제 체제를 정당화하는 수단으로 사용되어 미국에서는 사회 진화론이 자본주의와 개인주의를, 독일에서는 에른스트 헤켈(Ernst Haeckel)에 의해 국가를 찬양하는 이데올로기로 탈바꿈하게 된다. 이뿐만 아니라 사회 진화론은 자유방임적 자본주의와 정치적 보수주의를 지지하고, 계급 간의 불평등, 제국주의, 식민주의, 그리고 인종주의 정책을 합리화하기도 하였는데, 이로 인한 폐해는 상당히 심각한 것이었다.

다음으로 생물학적 설명을 강조할 경우 기존의 체제를 개혁하려는 의지를 갖기보다는, 현재의 불가피성을 받아들여야 한다고 생각하게 할 우려가 있는데, 이는 진화심리학적 설명에 대해 거부감을 갖는 또 다른 이유다. 이른바 양육(nurture) 쪽에 무게를 두는 이론은 인간의 발전과 변화 가능성을 신뢰할 뿐 아니라 사회 개혁을 통해 현재의 문제 상황을 개선시켜 나갈 수 있으며, 비교적 체계적인 실험 방법 등을 갖기 때문에 생물학적 설명보다 매력적인 입장으로 받아들여진다. 이에 반해 본성(nature)에 무게를 두는 진화심리학의 입장은 사람들에게 부정적인 느낌을 주기 쉽다. 그 이유는 본성을 강조할 경우 유전적으로 주어진 우연한 특성을 극복할 수 없다는 생각을 갖게 할 수 있고, 이에 따라 사회를 개선하려 하기보다는 기존의 체제가 어쩔 수 없다는 방향으로 흘러가기가 쉽기 때문이다. 이뿐만 아니라 본성을 강조하는 입장은 양육의 중요성을 강조하는 입장에 비해 실험 방식이 엄정하지 못하다. 때문에 본성을 강조하는 입장은 실험 체계가 제대로 갖추어져 있는 양육 쪽을 강조하는 입장의 집중 포화를 받기가 쉬운 것이다.

이러한 지적들에 대해서는 다음과 같은 대응이 이루어질 수 있다. 첫째, 오늘날의 진화론자들은 더 이상 사회 진화론자들이 아니며, 이에 따라 적자생존을 진화의 본래적인 특성으로 생각하지 않고, 그러한 특성으로부터 구체적인 삶의 지침을 구하려고도 하지 않는다.

둘째, 과학적 논의 결과가 미칠 수 있는 각종 영향으로 인해 생물학적 특성을 강조하는 입장이 필요 이상으로 비판을 받아서는 안 된다. 물론 이러한 비판은 과거에 진화론이 각종 부당한 차별을 정당화하기 위해 사용되었던 경우가 있었기 때문에 현재에도 어느 정도 의미 있는 비판이라 할 수 있다. 하지만 설령 과거에 잘못을 범했고, 현재에도 오용의 가능성이 있다고 하더라도, 그리고 이론 자체에 비판을 받을 만한 문제점이 있다고 하더라도 그와 같은 것들로 인해 진화심리학적 설명의 의의 자체가 부정되는 것은 바람직하지 못하다고 할 것이다. 우리가 유의해야 할 점은 이데올로기를 강화하는 데 사실을 오용하는 것이지, 사실 자체를 거부하려 해서는 안 된다.

셋째, 성에 대한 진화심리학적 접근에 대해 불만을 갖는 이유 중의 하나는 그것이 기존의 부당한 성 문화와 규범을 정당화하는 것처럼 보이기 때문이다. 예컨대 다수의 성 파트너를 얻고자 하는 남성의 성 특성은 성매매와 포르노그래피, 나아가 성폭력 등의 불가피성을 말하고자 하는 것처럼 느껴진다. 하지만 이는 남성의 특징에만 초점을 맞추고 여성의 특징을 외면할 경우에 생길 수 있는 오해다. 아무리 남성이 다수의 성 파트너를 얻고자 한다고 해도 만약 여성이 선택적으로 관계를 맺고자 한다면 남성이 그와 같은 욕구를 마음대로 충족시킬 수 없고, 그렇게 해서도 안 된다. 이 세상이 남성만으로 채워져 있는 세상이 아니며, 여성의 입장을 남성 못지않게 고려해야 하기 때문이다. 이처럼 남성의 성 특징뿐만 아니라 여성의 성 특징까지 아울러 고려해 볼 경우, 우리는 진화심리학이 사람들이 바람직하지 않다고 생각하는 성에 관한 관행들을 정당화하는 이론이 아님을 알 수 있다.

마지막으로 지적해야 할 것은 설령 진화심리학자들이 남녀 간의 생물학적인 특징의 차이를 인정한다고 해도, 그들이 이를 정당하다고 이야기하고 있는 것은 아니라는 점이다. 그들이 말하는 성차는 기술적인(descriptive) 차원이지, 규범적인(prescriptive) 차원이 아니다. 다시 말해 그들은 단지 남녀 간에 어떤 경향성의 '차이'가 있음을 말하고 있을 뿐 이러한 경향성을 추구하는 것이 옳다고 주장하는 것은 아니다. 진화심리학자들은 사실의 문제와 가치의 문제를 적절히 구별하고 있고, 사실로부터 가치를 직접적으로 이끌어낼 수 없음을 적절히 인식하고 있다.

4) 진화심리학은 사이비 과학이며 독단적이다

진화심리학을 이용한 인간 이해에 대한 마지막 비판은 이러한 이론이 사이비 과학이며 독단적이라는 것이다. 이러한 입장에서 진화심리학의 인간 이해를 비판한 대표적인 학자는 스티븐 굴드(Steven J. Gould)다. 굴드에 따르면 한 이론은 얼마만큼 엄정한 절차를 통과하였는가에 따라, 그리고 얼마만큼 반박 가능성에 열려 있는가에 따라 그 설득력이 입증된다. 반대로 어떠한 이론이 너무나도 많은 것을 설명할 경우, 그와 같은 이론은 이론으로서의 적합성이 의심스럽게 되며, 그것은 과학 이론이기보다는 '그렇고 그런 이야기(just so stories)'에 불과하다. 그런데 굴드에 따르면 진화심리학의 설명은 모든 것을 끼워 맞추기 식으로 구성하려 한다는 측면에서 사이비 과학에 불과하다. 예컨대 그들은 적응이라는 개념을 너무 포괄적으로 사용하고 있다.

하지만 진화심리학자들은 윌리엄스(G. C. Williams)의 "적응이란 그것이 실제로 필요한 곳에만 사용되어야 할 특별하고도 성가신 개념이다"라는 절약의 원리에 입각해서 이러한 용어를 사용하려 하며, 자신들의 이론을 가설로 제시하고, 이에 대한 반증의 가능성을 충분히 인정함으로써 과학적 엄밀성을 고수하려 한다. 그들은 유전자 선택이론을 근간으로 그로부터 도출될 수 있는 몇 가지 인간의 특성에 대한 가설을 내세우며, 그러한 가설이 무조건적인 진리라고 우기는 것이 아니라, 검증 가능한 가설이라고 주장한다. 그러면서 그들은 사회학, 문화 인류학을 포함한 사회 과학적 자료뿐만 아니라 문학 작품이나 대중문화 등의 자료, 그리고 설문조사 등을 통해 자신들의 가설을 최대한 과학적으로 입증하고자 한다. 이렇게 보았을 때, 최근의 진화심리학은 가설을 설정하고 이를 검증하려고 노력한다는 측면에서 굴드의 비판을 극복하고 과학으로의 면모를 갖추어 가려고 노력하고 있다고 말할 수 있을 것이다.

다음으로 진화심리학자들은 오직 자신들의 이론만이 옳다고 생각하지 않으며, 다른 이론들이 가지고 있는 설명력 또한 인정하고 있다. 그들은 단지 대안 이론과 비교해 보았을 때 자신들의 이론이 '현재로서는' 매우 유력한 가설이라고 생각할 따름이며, 사회 과학적인 설명보다 심층적인 설명이라고 생각할 따름이다. 예를 들어 그들은 근친상간에 대한 금기가 역할 혼동을 방지함으로써 가족 간의 통합을 유지시켜 준다는 인류학자들의 설명의 타당성을 인정하며, 이에 대한 금기가 있음으로써 상이한 사회 집단 간에 흥정을 벌일 때 여성의 교환이 용이해진다는 클로드 레비 스트로스(Claude Lévi-Strauss)의 주장을 부정하지도 않는다.

진화심리학자들은 이와 같은 이론들의 설득력을 인정하면서 가족의 통합이나 신부 교환이라는 측면보다는 근친혼을 함으로써 야기되는 심각한 생물학적 불이익에 초점을 맞추고자 할 따름이다. 이처럼 다른 이론의 설득력을 인정할 수 있는 이유는 진화심리학자들이 원인(ultimate cause)과 근인(proximate cause)을 구분하고 있기 때문이다. 진화심리학자들은 자신들이 원인에 대한 설명을 하고 있음에 반해 다른 사회과학적인 설명은 근인에 대한 설명이기 때문에 얼마든지 두 입장이 양립 가능하다고 주장한다.

지금까지 진화심리학에 대한 비판과 대응에 대해 살펴보았다. 이러한 대응들에 대해 또다시 재반론이 제기될 수도 있을 것이다. 그럼에도 분명한 것은 "진화론적 관점은 사람들의 심리와 동기를 이해하는 데 도움을 줄 수 있으며, 특정한 사회적 패턴이 계속 반복적으로 나타나는 이유와 방법을 더욱 잘 파악하게 하는 데 도움을 줄 수 있다"[7]는 것이

---

7 Linda Mealey, *Sex Differences-Developmental and Evolutionary Strategies* (Academic Press, 2000), p. 241.

다. 아무리 그 의의를 축소한다고 해도 진화심리학은 인간의 심리에 대한 이해의 폭을 확장시킨다는 측면에서 분명 나름의 의미를 갖는다고 할 수 있을 것이다.

지은이 김성한

고려대학교 불문학과를 졸업하고 동 대학교 대학원 철학과에서 박사학위를 받았으며, 현재 숙명여대 의사소통센터 조교수로 있다. 저서로는 『어느 철학자의 농활과 나누는 삶 이야기』, 『생명윤리』, 『인간 본성에 관한 철학 이야기』(공저), 논문으로는 「도덕에 대한 발달사적인 접근과 메타윤리」, 「오늘날의 진화론적 논의에서 도덕이 생래적이라는 의미」, 역서로는 『동물 해방』, 『사회생물학과 윤리』, 『프로메테우스의 불』, 『동물에서 유래된 인간』, 『섹슈얼리티의 진화』 등이 있다.

왜 당신은 동물이 아닌 인간과 연애를 하는가
진화심리학으로 보는 연애 이야기

2014년 11월 15일 초판 1쇄 인쇄
2014년 11월 20일 초판 1쇄 발행

지은이 | 김성한
펴낸이 | 권오상
펴낸곳 | 연암서가

등 록 | 2007년 10월 8일(제396-2007-00107호)
주 소 | 경기도 고양시 일산서구 호수로 896번지 402-1101
전 화 | 031-907-3010
팩 스 | 031-912-3012
이메일 | yeonamseoga@naver.com
ISBN 978-89-94054-64-3 03180

값 14,000원